JENS HILDEBRAND · INTERNET-RATGEBER FÜR LEHRER

D1677378

Jens Hildebrand

internet: ratgeber
für lehrer

6. aktualisierte Auflage 2000/2001

**av
d** AULIS VERLAG DEUBNER

Die Deutsche Bibliothek – CIP-Einheitsaufnahme

Hildebrand, Jens:
Internet-Ratgeber für Lehrer / Jens Hildebrand. – 6., aktualisierte Aufl. 2000/2001 –
Köln : Aulis-Verl. Deubner, 2000
ISBN 3-7614-2265-2

Best.-Nr. 2123
© Alle Rechte bei AULIS VERLAG DEUBNER & CO KG, Köln, 2000
Druck und Bindung: SIEBENGEBIRGS-DRUCK, Bad Honnef
ISBN 3-7614-2265-2

Inhaltsverzeichnis

Einleitung

„AOL übernimmt mit Time Warner" – vor Jahren hätte man eine solche Meldung wohl für einen Aprilscherz gehalten. Offiziell wird von einer Fusion gesprochen, tatsächlich handelt es jedoch um nichts anderes als die Übernahme des größten „klassischen" Medienkonzerns Time Warner durch ein Unternehmen, das seine Existenz und Größe allein dem Boom um Computernetze, vor allem dem Internet verdankt. Man erinnert sich noch der Versuche von AOL, in den Jahren 1995 und 1996 auf dem deutschen Markt Fuß zu fassen (in Kooperation mit Bertelsmann). Heute hat AOL weltweit mehr als 20 Millionen Mitglieder (= Kunden), setzt dabei z.zt. zwar „nur" 4,8 Milliarden Dollar jährlich um, verzeichnet aber einen Börsenwert von etwa 164 Milliarden Dollar (Time Warner: ca. 83 Milliarden Dollar). Der in Deutschland entfachte Börsenboom wird durch den diesjährigen Börsengang von T-Online weiter angeheizt.

Derlei Meldungen führen nicht nur vor Augen, *dass* das Internet ein wichtiges Medium geworden ist, sondern insbesondere, *wie* bedeutend es heute vor allem in jener Welt ist, auf welche die Schule die ihr anvertrauten Kinder und Jugendlichen vorbereiten muss. Diese benutzen den Computer häufig längst, hauptsächlich in ihrer Freizeit. Wofür und wie sie ihn tatsächlich *nutzen*, möchte man allerdings oft gar nicht so genau wissen. Eltern, die ihre Kinder an eine sinnvolle Nutzung des Computers heranführen, gibt es noch weniger als Eltern, die ihren Kindern vermitteln, sinnvoll mit dem Fernsehen umzugehen. Viele Eltern geben auch an, vom Computer und seinen Nutzungsmöglichkeiten überfordert zu sein. Dem Lehrer scheint man derlei Vorbehalte kaum zuzugestehen, was bei vielen Kollegen zu Frustrationen führt: Zu den breit gefächerten Funktionen, die der Lehrer heutzutage ausfüllen darf, kommt nun auch noch die des Medientrainers. Noch schonungsloser formuliert: Was die Gesellschaft, vor allem das Elternhaus nicht leisten kann, soll die Schule erledigen – bei schrumpfenden Etats, überalterten Kollegien, steigender Belastung durch Stundenerhöhungen und wachsende Klassen, eben jenen „Zappelphilipp" domptierend, den solche Medien wie Fernsehen und Computer doch erst geschaffen haben...

Was das Internet mit Kindern und Jugendlichen wirklich macht, ist derweil sehr umstritten. Selbst bei einem scheinbar viel dramatischeren Problem wie der Wirkung gewaltverherrlichender Computerspiele auf Jugendliche gehen die Forschungsergebnisse weit auseinander.[1] Tatsache ist, dass man den kul-

---

[1] Hartmut Gieselmann: Die Gewalt in der Maschine. *in:* c't 4/2000, S. 132-136.

turellen Untergang des Abendlandes wohl nicht befürchten muss. Gerade von Jugendlichen wird das Internet zu Hause noch wenig genutzt: Nach einer Befragung des Medienpädagogischen Forschungsverbundes Südwest setzen sich zwar ca. 60 % der männlichen Jugendlichen in ihrer Freizeit vor den Computer, während nur 30 % Bücher lesen. Doch die Zahlen bei den Mädchen sehen weniger spektakulär aus: Hier sitzen nur 33 % vor dem Bildschirm, es lesen 47 %. Weiter relativiert sich die allgemeine Vorstellung von den „surfenden Teenies", wenn man untersucht, was genau diese am PC tun: 66 % der Jungen und immerhin 37 % der Mädchen spielen, 40 % bzw. 44 % schreiben Texte – und nur 10 % bzw. 3 % surfen im Internet.[2] Hierfür findet sich eine naheliegende Ursache: In Deutschland ist das Internet als Freizeitmedium schon deshalb wenig attraktiv, weil es – anders als z.b. in den USA – keine pauschalen Telefongebühren gibt und daher die beim Surfen entstehenden Telefonkosten viel zu hoch sind.

Hieraus ergibt sich nun nicht der Schluss, dass die Schule das Internet links liegen lasse könne, oder dass die Jungen vor der Verdummung gerettet werden müssten, während die Mädchen offenbar kaum „gefährdet" seien. Das Internet ist (noch) kein wichtiges Freizeitmedium, aber das sollte wohl kaum der Maßstab für die Erwägung sein, ob sich die Schule damit beschäftigen muss. Tatsächlich ist das Netzwerk aller Netzwerke aus der computerisierten Welt von Wirtschaft und Wissenschaft, die junge Menschen nach ihrer Schullaufbahn betreten, nicht mehr wegzudenken. Dort wird nicht im Netz gespielt, sondern damit gearbeitet, d.h. in der Hauptsache informiert und kommuniziert. Wer in einer Zeit bestehen will, in der sich das Weltwissen etwa alle fünf Jahre verdoppelt, muss über Mittel und Wege verfügen, dem Verfall des eigenen Wissens entgegenzuwirken, es zu aktualisieren. Dabei wird die Möglichkeit, in der größten Wissensdatenbank aller Zeiten zu recherchieren, trotz aller Schwierigkeiten, die damit verbunden sind, keine geringe Rolle spielen.

Das Internet ist folglich keine Playstation, sondern ein schwer beherrschbares Bildungs- und Arbeitsmittel, dessen kompetente Beherrschung in der Schule vermittelt, zumindest vorbereitet werden muss. Zu den erwähnten Schwierigkeiten hierbei zählt nicht zuletzt der Umstand, dass die über das Internet erreichbaren Inhalte nur in den allerwenigsten Fällen für einen Lerner erstellt wurden und nicht dementsprechend organisiert vorliegen. Lehrer und Schüler müssen dieses Medium erobern, um mit seiner Hilfe lernen zu können, und sich kritisch mit dem Medium auseinandersetzen, um auch außerhalb der

---

[2] Harro Albrecht et.al.: „Kevin ist total beklobt". *in:* Der Spiegel 42/1999. S. 290-301.

Schule sinnvoll damit umgehen zu können. Besonderes Augenmerk sollte hierbei den weiblichen Jugendlichen gelten: Die Tatsache, dass sie das Internet nur in geringer Zahl nutzen, sollte kein Anlass zum Aufatmen sein – in Zeiten der angestrebten Chancengleichheit ergibt sich hier die dringende Notwendigkeit, Schülerinnen an den Computer als Arbeitsgerät und Informationsquelle heranzuführen.

Das Internet ist gnadenlos: Wie und zu welchem Zweck man es nutzt, welche Gewinne man mit seinem Einsatz erzielt, welche Resultate eine Recherche abwirft – all das sagt sehr viel über die Kompetenzen seines Benutzers aus. Dem Internet selbst mangelt es nicht an Qualität, nur weil man darin Unnützes findet. Da prinzipiell jeder im Internet publizieren kann, vom Hobbyforscher bis zum seriösen Wissenschaftsmagazin, *hat* es gar keine einheitlich bestimmbare Qualität. Was der Benutzer im Netz findet und für gut befindet, definiert in erster Linie seine eigenen Qualitäten als Lektor. Denn genau das ist er: jemand, der Informationen und Material sammelt, um es anschließend zu selektieren.

Schülern muss daher die heutzutage (mit Recht) immer wieder ins Bewusstsein gerufene Medienkompetenz vermittelt werden, die mit Blick auf das Internet nicht nur die Bedienung der nötigen Programme, sondern auch effiziente Recherche- und Publikationstechniken sowie spezifisches Wissen und besondere Haltungen in Bezug auf das Medium umfasst. Um den Unterricht nicht zu einer reinen Medienshow verkommen zu lassen, sollte der Einsatz des Internet in Fächer und Unterrichtssequenzen eingebunden werden, die von der Nutzung dieses Mediums auch profitieren; also z.B. immer dann, wenn eine Recherche nach aktuellem Material ansteht, seien es Texte, Daten oder Statistiken. Unter dem Gebot des Gegenwartsbezugs kann kaum ein Fach, das mit solchen Materialien arbeitet, das Internet als Recherchewerkzeug vernachlässigen. Zweifellos muss die Eignung des Angebots im Netz für eine bestimmte Reihe zuvor geprüft werden, denn die eierlegende Wollmilchsau für Unterrichtsmaterial ist das Internet gewiss nicht. Es ist wie ein Bergwerk, in dem man neben abertausenden von Geröllbrocken viele wunderbare Steine finden kann, die jedoch zum Teil noch geschliffen und aufbereitet werden müssen, damit sich der Schüler mit ihrem Glanz schmücken kann.

Oft genug ist leider der Eindruck entstanden, man könnte durch den Einsatz des Internet Schüler zu wahren Lernwundern machen. So sehr Schüler durch den PC auch motiviert werden (oft genug auch dazu, Unsinn an den Geräten zu treiben), leichter lernen sie mit dem Internet wohl nur, wenn sie ohnehin leicht lernen. Das Netz liefert eben keine fertigen Lernprogramme, sondern *Informationen, die man verarbeiten muss.* Der Lerner muss das theoretisch zugängliche „Wissen" selbst finden, sammeln, erforschen, organisieren und in das eigene Wissen einordnen – eine sehr anspruchsvolle Aufgabe. Wer seinen Schülern auch das Lernen beibringen möchte, findet kaum ein Medium, das eine größere Herausforderung darstellte. Dass diese Klippe zu nehmen ist, steht allerdings außer Frage.

Jens Hildebrand,
Girbelsrath im März 2000.

Email-Adresse: Jens.Hildebrand@t-online.de
Homepage: www.jens-hildebrand.de

1. Einführung in das Medium

1.1 Grundlagen

Das Internet ist ein Medium, das mit Computern zu tun hat. Diese Tatsache allein mag jemanden, der noch gar nicht mit dem PC arbeitet, beunruhigen. Weder der PC noch das Internet stellen aber Herausforderungen dar, vor denen man zurückschrecken müsste. Die meisten Kollegen haben sich den PC mittlerweile als Arbeitsgerät (hauptsächlich zur Textverarbeitung) erschlossen – nicht ohne Widerstände und Rückschläge, aber letztlich dennoch erfolgreich. Wer sich diesen Schritt zutraut oder ihn schon vollzogen hat, braucht, wie die folgenden Ausführungen zeigen werden, das Internet und seine zunächst verwirrend vielfältigen Funktionen nicht zu fürchten: Wer mit dem PC umgehen kann, kann auch im Internet surfen. Daher nehmen die folgenden Erläuterungen nur dort auf technische Aspekte Bezug, wo es zum Verständnis des Mediums, seiner Strukturen und Nutzungsmöglichkeiten nowendig ist.

Das Internet ist ein Computernetz.

Als Sie Ihr Fahrzeug im Autohaus zur Inspektion abgeben, machen Sie darauf aufmerksam, dass eine Blinkerabdeckung ersetzt werden müsse. Unheil ahnend, stellt der den Auftrag entgegennehmende Mitarbeiter an seinem Computer fest, dass die erforderliche Abdeckung nicht im hiesigen Lager vorrätig ist. Er prüft daher im Computer, ob das gesuchte Teil vielleicht in einer der angeschlossenen Filialen auf Lager liegt – mit Erfolg. Der Mitarbeiter ordert das Teil zur sofortigen Lieferung ins eigene Haus.

Dieser Vorgang wird durch ein **Computernetzwerk** ermöglicht. Ein solches Netzwerk ist eine Verbindung zwischen mehreren Computern, die mit dem Ziel eingerichtet wurde, einem bestimmten Kreis von Benutzern einheitliche Informationen zur Verfügung zu stellen. In dem geschilderten Fall ist zunächst der Computer der Reparaturannahme mit dem Computer im eigenen Lager verbunden, der den aktuellen Bestand an Ersatzteilen verzeichnet: ein Netzwerk im eigenen Haus, im wesentlichen realisiert durch Kabelverbindungen zwischen den einzelnen Geräten. Darüber hinaus besteht sogar eine Verbindung zu den Computern der übrigen Filialen in anderen Städten, ebenfalls verwirklicht durch Kabel – in diesem Fall eine Telefonleitung.

Die Steuerung und Überwachung des Datenverkehrs und der Funktionen eines solchen Netzwerks wird üblicherweise von einem **Server** übernommen, der den anderen angeschlossenen Computern als Schaltzentrale „dient".

Das Internet ist nichts anderes als ein solches Netzwerk, aber doch ein ganz besonderes. In der Tat verbindet es mehrere PCs miteinander, die an eine Telefonleitung angeschlossen sind und auf diesem Weg Daten austauschen, in denen dann Informationen aller Art stecken. Was das Internet zu einem so außergewöhnlichen Netzwerk macht, soll im folgenden kurz vorgestellt werden.

Wer sich mit dem Netz verbindet, ist online.

Den eigenen PC an das weltweite Netz von Computern anzuschließen, ist nicht schwer (weitere Hinweise hierzu in Kapitel 7.1). Wie bereits angedeutet, sind die abertausende Computer des Internet meist nicht über spezielle Netzwerkkabel, sondern schlichtweg über Telefonleitungen miteinander verbunden. Es gibt hierbei besonders leistungsfähige „Nervenstränge", die sehr viele Daten sehr schnell übertragen können, und natürlich die herkömmlichen Telefonleitungen, wie sie Ihr Telefon mit der nächstgelegenen Schaltzentrale der Deutschen Telekom verbinden. Über genau diese Leitung können Sie sich selbst in das Internet einschalten – zwar nicht als zentraler „Server", auf den jeder andere Internet-Benutzer zugreifen könnte (wer würde das auch schon gerne haben), aber immerhin als „Client", der die Server des Internet anzapfen kann – freilich nur mit noblen Intentionen. Sobald Sie diese Verbindung hergestellt haben, sind Sie mit Ihrem PC als digitalem Telefonhörer ein Teil des Internet. Sie sind „online".[3]

Das Internet ist ein Netz um die ganze Welt.

Wer sich auf der Homepage des Weißen Hauses in Washington über die amerikanischen Präsidenten informieren will, nutzt natürlich nicht nur die eigene Telefonverbindung ins Internet (obwohl er nur diese bezahlt, meist zum Orts- bzw. Citytarif). Er benötigt auch eine Verbindung in die USA, zum Server des Weißen Hauses selbst. Eine solche „Datenautobahn", auf der die Informationen mit viel größerer Geschwindigkeit z.b. von Washington nach Deutschland gelangen können als mit der Briefpost, stellt das **Internet** dar. Wie sein Name schon andeutet, ist es ein internationales Netz, das über das weltweite Telefonnetz nicht nur Deutschland und die USA, sondern (beinahe) die ganze Welt miteinander verbindet.

---

[3] online = in der EDV ursprünglich die Eigenschaft eines Geräts, das per Kabel mit einem Computer verbunden ist.

Das Internet ist unzerstörbar.

Wie eingangs erwähnt, entspricht das Internet nicht völlig den Vorstellungen von einem gängigen Netzwerk, und zwar nicht nur, weil es Computer auf der gesamten Welt verknüpft. Sein Aufbau ist auch insofern einzigartig, weil es nicht *einen* Server hat, der als Schaltzentrale fungiert und den Datenverkehr überwacht, sondern mehrere, tatsächlich sogar *mehrere tausende.* Diese Server sind über Standleitungen permanent mit den zentralen Datensträngen des Netzes (d.h. mit schnellen Telefonleitungen) verbunden, damit jederzeit Daten von diesen Computern abgerufen werden können. Die nichthierarchische Struktur des Internet hat ihren Ursprung in einem Forschungsnetz namens ARPA, das von der gleichnamigen Agentur, der Advanced Research Projects Agency, ins Leben gerufen wurde. Die Absicht, dieses Netz auch für militärische Zwecke zu benutzen, führte zu der Idee, ein Netz mit mehreren gleichberechtigten „Schaltzentralen" zu bauen, durch das die Daten nicht nur über einen einzigen Weg von A nach B gelangen könnten, sondern über *mehrere* mögliche Wege. Hintergrund dieser Konzeption ist der Gedanke, dass Nachrichten in einem solchen Netzwerk auch dann noch ankommen, wenn eine der Schaltzentralen ausgefallen ist, z.b. durch einen Atombombenschlag. Gäbe es nur *einen* Server (also eine echte Zentrale), wäre das Netzwerk leicht angreifbar und mit einem einzigen Schlag zu zerstören.

In einem solchermaßen aufgebauten Netzwerk gelangen Daten, wie die folgende Grafik zeigt, auch dann noch von einem Knotenpunkt A zu einem anderen Knotenpunkt B, wenn einer der Punkte auf dem kürzesten Weg dorthin ausfällt. In diesem Fall wandern die Daten über einen anderen Weg (und da Daten sehr schnell durch Telefonleitungen fließen, ergeben sich praktisch keine Zeitverzögerungen, folglich auch keine wirklichen „Umwege").

Im Extremfall können die Daten, die stets in mehrere kleine „Pakete" verpackt werden, auch gleichzeitig verschiedene Wege einschlagen. Ein strenges Protokoll (das *Internet Protocol*, oder einfach *IP*), wacht darüber, dass die Daten am Zielort wieder ordnungsgemäß „ausgepackt" und in der richtigen Reihenfolge zusammengesetzt werden, damit man sie wieder lesen bzw. in der richtigen Weise verarbeiten kann.

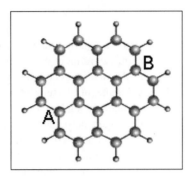

Unterhalten werden die Server des Internet von Universitäten, Forschungseinrichtungen, Behörden oder Firmen. Mitunter stellen solche Einrichtungen
oder Unternehmen ihre Server kleineren Firmen und Privatkunden als Tor ins
Internet zur Verfügung. Solche Anbieter ermöglichen demjenigen, für den
sich die Einrichtung eines eigenens Servers mit Standleitung (kostet mehrere
tausend Mark im Monat) nicht rechnet, die Einwahl in das Internet. Darüber
hinaus vermieten sie Speicherplatz auf ihrem Server, damit die Kunden auch
ihre eigenen Seiten im Internet veröffentlichen können. Anbieter, die sich auf
diese Dienstleistungen spezialisiert haben, nennt man **Provider**. Unterhalten
sie neben dem Internet ein eigenes Datennetz mit besonderen Funktionen
(wie z.B. AOL/America Online – „Bin ich drin ?") bzw. ein ausführliches
Informationsangebot, spricht man von einem sogenannten **Online-Dienst**.

Freilich: Wo ein Server ist, da ist auch ein Netzwerk. Daher hängt hinter den
Servern des Internet üblicherweise ein lokales Netzwerk, eben das der Universität oder Firma, die den Server eingerichtet hat. Somit kann man das
Internet auch als *Netzwerk von Netzwerken* bezeichnen.[4] Wie viele Computer
tatsächlich mit dem Internet verbunden sind, lässt sich daher niemals sagen –
nur, dass es viele sind.

Die folgende Abbildung veranschaulicht den Aufbau des Internet mit seinen
verschiedenen Herzstücken und Zugangsmöglichkeiten.

---

[4] Damit man aber aus dem Internet nicht einfach in ein lokales Netzwerk hinein-
schlüpfen und in den dortigen Daten herumstöbern kann, schützen die Betreiber ihre
Server mit entsprechenden Programmen, auch „Firewalls" genannt.

Online-Dienste
mit eigenem Netzwerk
und Internet-Zugang
für Heim-PCs

Internet-Provider
mit Internet-Zugang
für Heim-PCs

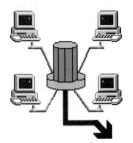

**Web-
Server**

in Firmen,
Forschungsein-
richtungen, Unis,
Organisationen etc.

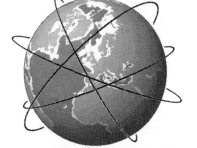

**Lokale Netzwerke,
Intranets**
mit Internet-Zugang,
in Firmen, Schulen etc.

Wer sich als Privatmann über den heimischen PC ins Netz einwählt, landet stets zunächst auf einem Server, der ihn dann in die Endlosigkeit des weltweiten Datenmeers entlässt. Der eigene Rechner stellt daher, auch wenn er mit dem Internet verbunden ist, keinen Server, sondern „nur" einen *Client* dar. Im Grunde hat er, wie die Fachtermini andeuten, die bequemste Rolle: Er muss keinen Datenverkehr für andere Nutzer abwickeln, sondern kann sich einfach Daten von den Servern holen; sich also von ihnen bedienen lassen.

Das Internet bietet viel – aber man muss es sich holen.

Das Internet ist nicht nur eine „Datenautobahn" für die schnelle Kommunikation, sondern insbesondere auch eine Plattform zur Veröffentlichung jeder Art von Information. Die beschriebene Struktur des Netzes hat auf beide Grundfunktionen mehr oder weniger dramatische Auswirkungen: Es gibt kein zentrales Verwaltungsorgan, das die im Netz ausgetauschten Nachrichten oder veröffentlichten Inhalte prüfte, selektierte und kategorisierte. Demzufolge steht dem Benutzer kein zentrales Inhaltsverzeichnis aller Veröffentlichungen zur Verfügung. Die Inhalte sind „chaotisch" über den Erdball verstreut. Außerdem findet man neben veröffentlichungswürdigen Texten und Informationen vieles, was im Filter eines Lektorats hängengeblieben wäre – entweder wegen mangelnder Qualität oder Fragwürdigkeit des Inhalts. In der Kommunikation kommt es zudem mitunter zu Problemen oder gar Auseinandersetzungen, weil es nur in den wenigsten Fällen der Online-Kommunikation vermittelnde Moderaten gibt und man anderen Menschen vielleicht manche Dinge schreibt, die man ihnen nicht gesagt hätte. Somit erfordert das Internet einen völlig anderen Rezipienten als beispielsweise das Fernsehen, das man fast ausschließlich empfängt und in das man nur entscheidend eingreift, wenn man einen Kanal auswählt (oder im einfachsten Informationssystem, dem *Videotext*, surft). Der Internet-Nutzer muss aktiver und wachsamer sein, die gewünschten Inhalte erst suchen. Während der Fern-Seher einen fertigen Film sieht, muss sich der Internet-Nutzer seinen Film selbst zusammenstellen. Ein Filmregisseur kann zwar auf mehr oder weniger ausgebildete Schauspieler zurückgreifen; die Art und Qualität einer Szene hängt jedoch wesentlich von *seinen* Fähigkeiten ab – er muss Brauchbares von weniger Brauchbarem trennen, also selektieren, von anderen Produziertes lenken, koordinieren und moderieren, und nicht zuletzt bei all dem eine konstruktive, aber kritische Haltung zeigen. Für den Benutzer des Internet ergeben sich ganz ähnliche Notwendigkeiten:

– Er muss selbst eine Recherche nach den gewünschten Inhalten betreiben, sich ein eigenes Bild des Sachverhalts zusammenstellen und die hierzu erforderlichen Fähigkeiten und Strategien erwerben.

– Er sollte den Fundstücken kritisch gegenüberstehen und so weit wie möglich ihre Quellen (Autoren, Institution, Verlag etc.) prüfen.

– Er sollte auf weniger gehaltvolle oder sogar unseriöse Inhalte gefasst sein, sich darüber im klaren sein, dass das Internet auch ein Medium der Unterhaltung und der Wirtschaft ist, und keine didaktisch aufbereitete Informationsquelle.

– Und er sollte sich auch bei der Online-Kommunikation gewisser Beschränkungen und Risiken bewusst sein.

Diese **Fähigkeiten und Haltungen** sollen nicht in nur in den folgenden Abschnitten und Kapiteln erläutert, sondern natürlich auch den Schülern vermittelt werden. Die Kunst wird wohl darin liegen, hierbei nicht das Kind mit dem Bade auszuschütten und den Schülern ein Medium zu verleiden, das zwar problematisch, aber auch faszinierend und nützlich ist: wenn man es zu nutzen weiß.

Die folgende Übersicht gibt einen Überblick über die verschiedenen **Nutzungsmöglichkeiten** des Internet, wobei neben ihrer Bezeichnung im Fachjargon auch die Funktion angegeben wird, die dahintersteckt:

Funktionen und Nutzungsmöglichkeiten des
Internet

↙   ↓   ↘

World Wide Web (WWW)	**Email**	**Chat**	**Newsgruppen**	**FTP/ Gopher**
↓	↓	↓	↓	↓
Informations-Plattform	elektronische Post	Online-Konferenzen	elektronische Pinnwände	Datei- und Daten-Archive

Wie in den Stichwörtern angedeutet, ist das Internet mehr als ein Spielzeug für Computerfreaks. Allein aufgrund seines Ursprungs als Kommunikationsmittel der Wissenschaft bietet es in Technik und Inhalt wahrlich fantastische Möglichkeiten: Es ist Nachschlagewerk für Texte, Bilder, Videos, Daten (im engeren Sinn, z.b. Statistiken), Musik, Plattform für eigene Publikationen, Werbe- und Verkaufsfläche, blitzschneller Nachrichtenaustauschdienst, Konferenzzentrum, Archiv für Daten und Informationen – und all diese Funktionen sind jedem seiner Nutzer über die Grenzen hinweg zugänglich. Die folgenden Abschnitte stellen in größtmöglicher Kürze sowohl die Nutzungsmöglichkeiten als auch die grundlegenden Risiken der o.a. Funktionen vor.

1.2 Email (Electronic Mail): Die elektronische Post

Als das Internet noch nicht mehr war als der Zusammenschluss der Groß-computer einiger Universitäten in den USA, war **Email** (= electronic mail) bereits eine der beliebtesten seiner Funktionen. Das Netzwerk, das die Universitäten verband, erlaubte es, an Computer A eingetippte Nachrichten an Computer B zu senden – egal, ob dieser irgendwo in der eigenen Universität oder in einer anderen stand. Diese elektronischen Briefe hatten gegenüber der tatsächlichen Briefpost (im Internet-Jargon "snail-mail") zwei wesentliche Vorteile: Sie kosteten nichts, und sie erreichten den Empfänger in der kurzen Zeit, die Daten für ihren Weg durch die Netzwerk- und Telefonkabel brauchen, d.h. innerhalb weniger Sekunden.

So wie damals zwischen verschiedenen Universitäts- und Bibliothekscomputern funktioniert auch das heutige Email-System des Internet: Jeder, der sich einen Internet-Anschluss (man spricht auch von einem *account*) zulegt, bekommt mit diesem eine unverwechselbare Email-Adresse. Über diese Adresse ist er im „globalen Dorf" für jeden anderen Internet-Teilnehmer erreichbar und kann in Sekundenschnelle elektronische Briefe aus aller Welt erhalten. Mit einem speziellen Programm kann er selbst Nachrichten schreiben, eingangene Post lesen und beantworten.

Im Zeitalter der Schnelligkeit kommt es bei der Nutzung solcher Medien logischerweise auch zu den aus anderen Bereichen bekannten negativen Auswirkungen: Sowohl äußerlich wie inhaltlich sind Email-Nachrichten mitunter sorgloser und oberflächlicher verfasst als Briefe, die man mit größerer Ruhe und mit der Hand geschrieben hätte. Email macht es zudem möglich, scheinbar mit vielen Menschen auf der ganzen Welt in Kontakt zu stehen und viele Freunde zu haben – die man jedoch nur in den seltensten Fällen jemals gesehen hat. Der Vorwurf, das Internet begünstige die Flucht von Stubenhockern in eine Scheinwelt mit reichen sozialen Kontakten, ist leider nachvollziehbar.

1.3 World Wide Web: Die multimediale Informationsquelle

Stärkster Antrieb für den Boom des Internet war die Erfindung und Verbreitung einer Funktion, welche die Möglichkeiten der Kommunikation radikal erweiterte. Das Email-System ermöglichte es Wissenschaftlern, die über die ganze Welt verteilt an demselben Problem arbeiteten, sich gegenseitig über den Stand ihrer Forschungen auf dem laufenden zu halten. Schwierig blieb es jedoch, die Kollegen z.b. mit Bildern von Versuchsaufbauten oder Tabellen mit Versuchsergebnissen zu versorgen, die man zwar als einzelne Dateien per Email schicken konnte, deren Zusammenstellung zu einer übersichtlichen Information jedoch dem Empfänger überlassen blieb. Zudem musste man die neuen Erkenntnisse erst jedes Mal an jeden Kollegen auf die Reise schicken. Das neue System mit dem Namen **World Wide Web (WWW)**, erfunden 1989-1990 am Europäischen Labor für Teilchenphysik CERN in Genf, nimmt dem Interessenten den aufwendigsten Teil der Arbeit ab und macht es ihm zugleich möglich, Informationen zu jeder Tages- und Nachtzeit abzurufen. Wenn er mit dem zum Abrufen der Informationen vorgesehenen Programm, dem **Browser**, die gewünschte Seite anwählt, werden ihm die dort hinterlegten Informationen in einer ganz besonderen Form durch das Netz zugeschickt: Er erhält Fotos, Grafiken, sogar Videos oder Musik, Querverweise zu anderen Seiten und natürlich den Quelltext. Dieser enthält jedoch nicht nur den Text, der auf der Web-Seite erscheinen soll, sondern auch die Anweisungen dazu, *wie* der Text auf der Seite angezeigt und wo eventuelle Fotos und weitere Elemente eingebaut werden sollen. Diese Art Code, der dem Interessenten übermittelt wird, muss von dessen Browser erst übersetzt werden, damit die Web-Seite richtig angezeigt wird. Dies geht allerdings sehr schnell.

Die Methode des WWW, Daten zu übertragen, hat ihren Ursprung in einer Art Programmiersprache, der _Hypertext Markup Language (HTML)_. Diese Sprache besteht aus nichts weiter als den Anweisungen im Quelltext eines Web-Dokuments, die dessen Gestaltung steuern. Eine Web-Seite bleibt dadurch sehr schlank, kostet also wenig Daten und damit wenig Übertragungszeit. Auch muss sich ein Internet-Server, der die Daten verschickt, nicht selbst mit der richtigen Komposition des Dokuments aufhalten – das übernimmt eben einmal derjenige, der die Webseite entwirft, und zum anderen der Browser desjenigen, der die Seite abruft.

Ein besonderer Vorteil dieser Technologie ist die Möglichkeit, den Text durch weitere Informationen aufbereiten zu können, d.h. durch Elemente, wie sie heutzutage zum normalen Erscheinungsbild von Informationsmedien gehören: Fotos, Schaubilder, Diagramme, Animationen, Filme, Ton, Musik etc. – eben **Multimedia**.

Das wohl faszinierendste und Computermedien vorbehaltene Element sind dabei die **Links** (oder *Hyperlinks*). Wie der Name schon sagt, handelt es sich dabei um Verknüpfungen mit weiteren Quellen im WWW. Klickt man auf der Webseite, die man gerade sieht, einen solchen Link an, gelangt man z.b. zu detaillierteren Informationen beim selben Anbieter oder sogar zu neuen Seiten auf einem anderen Computer irgendwo in der Welt. Auf diese Weise steuert man die eigene Reise durch das weltweite Datenmeer. Ein Menü, wie herkömmliche Computerprogramme, hat das WWW nicht. Doch gibt es Anlaufpunkte der im Internet vertretenen Institutionen, Firmen und Einzelpersonen: die **Homepages**, die eine Art Empfangsseite darstellen und zu weiteren Dokumenten mit spezifischeren Informationen führen.

Doch genug der eher technischen Erläuterungen. Seitdem das Internet die Grenzen der Universitäten und Forschungsinstitute überschritten hat, ist das Informationsangebot des WWW mindestens so interessant wie seine Entstehung: Der Englischlehrer mit Internet-Anschluss kann sich z.b. Artikel des Time-Magazine oder aktueller Tageszeitungen (Guardian, New York Times, USA Today etc.) besorgen. Er kann landeskundliche Informationen aller Art einholen, z.b. Material zu *tourist attractions* oder geographischen Besonderheiten (Stonehenge, Grand Canyon). Er kann die politischen Institutionen des UK und der USA erforschen (Whitehouse, Houses of Parliament, Queen, political parties). Er kann auf historische Reden berühmter US-Präsidenten oder andere historisch bzw. literarisch relevante Texte zugreifen, so sie copyright-frei sind (Gettysburg Address, Clinton's Inaugural Address, Moby Dick, Bible). Er kann historisch bedeutende Orte besuchen (Jamestowne) und Informationen zu historischen Ereignissen recherchieren (Watergate). Alle genannten Quellen sind Beispiele für die Vielfalt des Informationsangebots des WWW – und Beleg seiner besonderen Eignung als Fundgrube gerade für den Anglophilen.

Leider hat auch das WWW seine Schattenseiten: In einem gigantischen Buch, in das prinzipiell jeder hineinschreiben kann, muss man nicht nur nach dem gewünschten Material suchen, sondern jedem Fundstück besonders kritisch begegnen. Während man bei seriösen Quellen wie dem Time Magazine zumindest auf die journalistische Qualität des Artikels vertrauen kann, weiß man bei einem Text von Autor XY über indianische Minderheiten in den USA auf den ersten Blick weder, ob der Text inhaltlich und formal anspruchsvoll genug ist, noch ob seine Attitüde *balanced* oder *biased* ist – oder gar extrem. Weder die Kompetenz eines Verfassers noch die Verlässlichkeit der von ihm gelieferten Informationen lassen sich überprüfen, wenn man seinen Hintergrund nicht kennt; wenn er nicht unter dem Dach eines bekannten Verlags oder Instituts veröffentlicht, sondern auf seiner privaten Homepage.

Trotz aller Bemühungen von staatlicher Seite, den Bürger vor unzulässigem oder abstoßendem Material zu schützen, kann man solchem Material begegnen, weil sich ein so gigantisches Medium wie das Internet letztlich eben nicht effizient kontrollieren lässt (und z.T. gar nicht kontrolliert werden will). Grund genug, Schülern solche Risiken bewusst zu machen, anstatt das Internet pauschal zu verteufeln.

1.4 Newsgroups: Elektronische Pinnwände

Eine weitere Kombination aus Information und Kommunikation stellen die **Newsgroups** oder **Newsgruppen** dar. Hierbei handelt es sich um die elektronische Pinnwände des Internet, die in die verschiedensten Themengebiete gegliedert sind und auf denen jeder Internet-Benutzer Botschaften und Beiträge hinterlassen kann. Diese Nachrichten, die sogenannten *Artikel*, sind als offene Mitteilung an alle gedacht, die sich für das jeweilige Thema interessieren, und sollen zur weiteren Debatte einladen. Auf diese Weise entstehen Diskussionsforen zu den verschiedensten (denkbaren und undenkbaren) Themen.

Darüber hinaus sind Newsgruppen auch hervorragende Informationsquellen für Hilfesuchende: Wenn Sie ein bestimmtes Problem haben, ob mit einem hyperaktiven Schüler oder den Rosenstöcken in Ihrem Garten – mit Gewissheit gibt es zu diesem Thema eine mehr oder weniger spezialisierte Newsgruppe, in der Sie einen Hilferuf hinterlassen können. Die Geschwindigkeit, mit der Sie Antwort erhalten, ist immer wieder verblüffend.

Newsgruppen haben ähnlich wie WWW-Seiten Adressen, die mit einem allgemeineren Teil beginnen, z.b. mit *comp* für Computer, und sich mit Hilfe von weiteren Abkürzungen immer weiter verzweigen und ausdifferenzieren (Beispiel: *alt.tv.x-files*). Die gröbsten Kategorien sind:

intern.	*deutsch*	*Inhalt*
comm	**de.comm**	Themen rund um Kommunikation
comp	**de.comp**	Themen rund um den Computer
alt	**de.alt**	alle möglichen Themen
news	**de.news**	Themen zu den Newsgruppen selbst
rec	**de.rec**	Themen zu Hobbys + Freizeit (recreation)
sci	**de.sci**	Themen aus Wissenschaft + Forschung (science)
soc	**de.soc**	Themen aus dem gesellschaftlichen Bereich
talk	**de.talk**	Diskussionen

Das System, das die Newsgruppen verwaltet, wird im übrigen auch das **Usenet** genannt. Der erste Schritt, diese Art der Verständigung zu nutzen, ist die Auswahl einer Newsgruppe: Über ein hierauf spezialisiertes Programm erhalten Sie zunächst eine grobe Übersicht der mehreren tausend Newsgruppen. Nun wählen Sie ein Thema aus, das Ihnen attraktiv erscheint – so als stünden Sie vor einer langen Wand mit verschiedenen Pinnwänden und sähen sich nun eine bestimmte Pinnwand etwas näher an. Als nächstes wird Ihnen eine Liste der Artikel übermittelt, die in der letzten Zeit in dieser Newsgruppe geschrieben wurden. Jeder Artikel ist mit einem Titel versehen, damit man den Inhalt zumindest erahnen kann. Erst durch Anklicken eines Titels, der Aufschlussreiches verspricht, wird der Text des Artikels übertragen und auf Ihrem Bildschirm angezeigt. Diesen können Sie nun einfach oder auch gleich beantworten, entweder indem Sie selbst einen Antwortartikel verfassen, der dann in der Newsgruppe veröffentlicht wird, oder dem Autor eine persönliche Email schicken.

Das Programm, mit dem man auf die Newsgruppen zugreift, merkt sich die ausgewählten Gruppen und ruft beim nächsten Start automatisch alle neuen Artikel bzw. deren Titel ab, die seit Ihrem letzten Besuch neu erschienen sind. Daher spricht man auch vom Abonnieren von Newsgruppen. Ein weiterer nützlicher Automatismus der meisten Newsgruppen-Programme ist die Erkennung von Dateien, die an Artikel angehängt sind. In einem solchen Artikel folgt dem Brieftext der Code einer binär aufgebauten Datei (der entsprechend kryptisch aussieht). Das Programm bemerkt dies jedoch beim Herunterladen des Artikels und speichert die Datei (ein Textdokument, Bild, Musikstück o.ä.) separat ab. Ein Newsgruppen-Artikel mit angehängter Datei lässt sich mit einem beschrifteteten Briefumschlag vergleichen, den jemand an eine Pinnwand gehängt hat und in dem sich z.b. ein Foto befindet – von dem sich allerdings beliebig viele Besucher eine Kopie mit nach Hause nehmen können.

Ein problematischerAspekt der Newsgruppen ist die Flut an Artikeln, deren Bewältigung auch bei Beschränkung auf wenige Themengebiete einigen Zeitaufwand erfordert. Die Bedienungsprogramme unterstützen den Anwender z.b. dadurch, dass zunächst nur die Titel der neu veröffentlichten Artikel heruntergeladen werden. Nachdem man diese Liste studiert hat, ohne dabei online gewesen zu sein (also ohne tickende Kostenuhr im Hintergrund), holt man schließlich nur die Beiträge aus dem Netz, die interessant erscheinen.
Das Fehlen einer zentralen Organisation des Internet macht sich besonders im Usenet bemerkbar, da nur wenige Newsgruppen moderiert werden. Diese Moderatoren arbeiten auf ehrenamtlicher Basis und versuchen, die Artikel innerhalb einer Newsgruppe in weitere Unterthemen (die *threads*) zu organisieren oder Artikel zu entfernen, die mit dem Thema nichts zu tun haben

(z.B. Werbung). Außerdem versuchen sie zu vermitteln, wenn eine Diskussion durch allzu hitzige Beiträge (genannt *flames*) in eine heftige Auseinandersetzung (einen *flame war*) ausartet – angesichts der im Internet aufeinander prallenden Kultur- und Menschenvielfalt kein seltenes Vorkommnis. Grob unhöfliche oder aggressive Teilnehmer werden entweder ignoriert oder, soweit technisch möglich, aus der Newsgruppe ausgefiltert.

Letztlich stellt man nach einem etwas tieferen Blick in diesen Bereich des Internet fest, dass die zig-Millionen Benutzer, die sich im Netz tummeln, nur zu einem recht geringen Teil das Usenet benutzen (sonst würde es wohl auch zusammenbrechen). Eine Ursache könnte in dem nicht unerheblichen Zeitaufwand liegen, der allein für das Abwickeln von Emails und die Recherche im WWW anfällt. Wer sich diesen wohl ergiebigsten Funktionen des Internet widmet, findet vielleicht nicht mehr die Zeit, sich auch noch im Usenet auf dem Laufenden zu halten.

Eine Untersuchung des folgenden Schnappschusses zeigt ferner, dass die Newsgruppen-Liste zum Thema Literatur eher dürftig ist, ebenso wie ihre Frequentierung (die Zahl rechts neben dem Namen der Gruppe zeigt die Zahl der Beiträge):

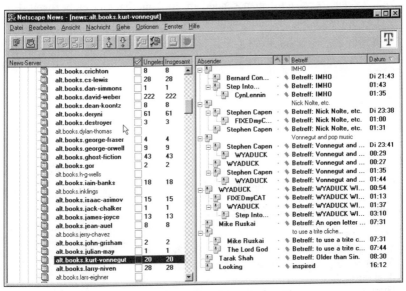

Es hat folglich den (tröstlichen) Anschein, als würde die Mehrheit der Menschen lieber direkt mit anderen kommunizieren oder sich Informationen vorzugsweise im WWW multimedial präsentieren lassen. Darin liegt auch der Nachteil der Newsgruppen für die Schule: Hier wird nicht informiert, sondern diskutiert, und zwar von einem unüberschaubaren Nutzerkreis. Zur Kommunikation mit einer Partnerschule eignet sich ohnehin das Email-System wesentlich besser, da hier der Nachrichtenaustausch auf die beiden Partnerklassen beschränkt bleibt. Aufgrund der sehr eingeschränkten Nutzbarkeit für die Schule verzichtet dieses Buch auf eine ausführliche Bedienungsanleitung zum Usenet wie zu den beiden folgenden Funktionen.

1.5 Chat: Live-Konferenzen im Netz

Sowohl bei der Verwendung von Email als auch von Newsgruppen findet die Kommunikation zeitversetzt, also nur indirekt statt: eine Nachricht wird zu einem späteren Zeitpunkt gelesen, als sie verfasst wurde. Der **Chat** im Internet bietet die Möglichkeit einer Online-Konferenz in Echtzeit, d.h. die Teilnehmer einer solchen Konferenzschaltung kommunizieren live miteinander. Nach dem Betreten eines **Chat-Raums** liest man zunächst die letzten Äußerungen, um herauszufinden, worüber genau gerade gesprochen wird. Möchte man sich selbst äußern, tippt man die Botschaft ein und schickt sie ab. Daraufhin erscheint sie nicht nur auf dem eigenen Bildschirm, sondern auch auf den Monitoren aller übrigen zugeschalteten Chat-Teilnehmer rund um die Welt. In der Regel wird man schnell in die Unterhaltung einbezogen. Ein Chat zum Thema *Movies* sieht dann beispielsweise so aus:

```
Rays76:          didn't see it
Rays76:          wuz it good?
Chuy56745:       What?
Crieur:          i hate st elmo's fire...
Rays76:          deep impact wuz really really good
Kate98314:       deep impact??
Crieur:          i like the breakfast club
Crieur:          and scream
Chuy56745:       Why CRIEUR?
Kate98314:       i know but it was sad
Crieur:          it just wasnt good to me...
```

Oder zum Thema *Fußball-WM 98* z.B. so:

```
Joekrauss:       guter scherz
Sweety2208:      jamaika-tunesien ?????????
Ronald0001:      hey joe du bist ja genial
Joekrauss:       yes
Bucero:          wie stehts denn italien-kamerun? mein fernseher hat den
                 geist aufgegeben
Ronald0001:      endspiel deutschland gegen jamaik
Ronald0001:      italien 1zu null
```

Einige Schwächen des Chats offenbaren sich bereits in diesen Beispielen: Es ist nicht leicht, der Unterhaltung zu folgen, weil die Teilnehmer sich auf verschiedene Äußerungen beziehen. Zudem kann es vorkommen, dass man gerade an einer Antwort tippt, während das Thema durch andere Beiträge schon weitergeführt wird. Mit Blick auf den Inhalt wie die Sprache wird ebenso schnell klar, dass hier tatsächlich „geschwatzt" wird, und nur selten wirklich ernsthaft diskutiert. Für solche Gelegenheiten gibt es jedoch fest terminierte Online-Konferenzen, die ein bis zwei Stunden dauern und z.B. in Online-Diensten regelmäßig angesetzt sind. Mitunter lassen sich in solchen Online-Events auch bekannte Persönlichkeiten „ausfragen".

Es gibt drei Varianten des Chat: den IRC (Internet Relay Chat), der mit einem speziellen Programm bedient wird und ähnlich dem Amateurfunk in (inhaltlich differenzierte) Kanäle unterteilt ist; den Web-Chat, der mit Hilfe des Browsers im WWW stattfindet; und den Chat, der innerhalb eines Online-Dienstes veranstaltet wird (AOL ist bekannt für sein reiches Angebot an Chat-Räumen). Letztere sind durchweg moderiert, was ein Abgleiten von Thema und Ausdruck aber nicht immer verhindert. Lediglich in professionellen Chat-Umgebungen wie dem Angebot „The Well" (http://www.well.com), das nur registrierten Nutzern gegen eine Monatsgebühr von $ 10 offensteht, findet man die Möglichkeit kultivierter Konversation.

Eine besonders störende Begleiterscheinung beim „Chatten" ist die Tatsache, dass sich in für jedermann offenen Chat-Räumen auch Leute herumtreiben, die an ganz anderen Dingen interessiert sind: Nachdem man einen Chat verlassen hat, findet man im Email-Kasten plötzlich Werbebriefe, z.B. für Autos, Aktien, oder gar nicht erotische Bilder. Verbale Attacken gegen die Absender nützen da weniger als ignorierendes Schweigen, es sei denn, Sie erhalten wiederholt Post von ein und demselben Anbieter.

1.6 Diverse

Ein im Boom um das WWW fast versunkener Bereich des Internet ist ein Service namens **Gopher**, der im wesentlich aus umfassenden Archiven bestand. Viele dieser Angebote sind inzwischen ins WWW übergegangen oder verschwunden. Ein Gesamtverzeichnis ist erreichbar unter gopher://gopher.tc.umn.edu/11/ . Die hier unter „Libraries" erhältlichen Texte sind z.B. eine wahre Fundgrube für Englischlehrer: Hier gibt es historische Texte, Reden, Klassiker der englischsprachigen Literatur von Jane Austen über Herman Melville zu Edgar Allan Poe, sowie Artikel zu aktuellen Filmen und Fernsehserien etc.:

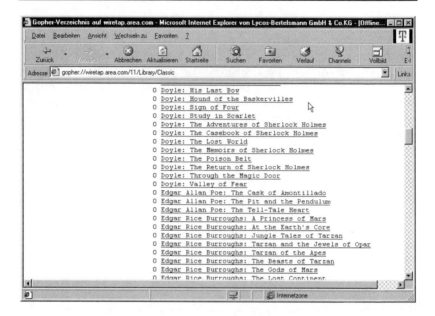

Ein Gopher-Server lässt sich mit dem normalen Browser anwählen und durchstöbern. Das Erscheinungsbild ist auf Text beschränkt und daher weniger attraktiv als das WWW. Als Informationsfahnder muss man sich durch eine Struktur von Verzeichnissen und Dateien klicken, ähnlich wie auf dem eigenen PC im Windows-Explorer.

Sowohl hinter den Seiten des WWW und als auch hinter den Texten des Gopher verbergen sich Dateien, die auf Abruf auf den Heim-PC des Internet-Nutzers übertragen werden und nach Verlassen des Netzes wieder verschwinden (wenn man sie nicht gezielt abspeichert, s. Kapitel 2.4). Bei der Anwendung des **File Transfer Protocol** geht es jedoch primär um Programmdateien, d.h. um Computerprogramme, Treiber für Grafik- und Soundkarten, Updates etc. Daher sieht FTP auch nicht vor, die ausgewählten Dateien auf dem Bildschirm anzuzeigen. Statt dessen überträgt es die Datei auf den Heim-PC, speichert sie dort ab und überlässt die weitere Nutzung dem Anwender. Wenn Sie sich beispielsweise eine neue Grafikkarte angeschafft haben, kann es sein, dass der Treiber, der die Karte in Ihrem PC ans Laufen bringt, noch verbesserungsbedürftig ist. Eine perfektionierte Version erhalten Sie dann – wieder mit Hilfe des herkömmlichen Browsers – im FTP-Archiv des Herstellers (oder auf seiner Homepage, die jedoch letztlich auch auf ein FTP-Archiv zurückgreift).

Das Herunterladen von Dateien – welcher Art auch immer – aus dem Internet wird im übrigen auch als **Download** bezeichnet.

Noch eher etwas für Computer- und Technikfreaks, für den Englischlehrer mit häufigem Kontakt nach GB oder in die USA aber nicht uninteressant ist die **Internet-Telefonie**. Hier wird mit Hilfe der Soundkarte, Mikrofon, Kopfhörer bzw. Lautsprecher und spezieller Software ein Telefon simuliert, welches das Internet als Übertragungsmedium benutzt. Der Vorteil: Anstatt teurer Verbindungsgebühren nach Übersee bezahlt man nur die eigene Verbindung zum Internet, die meist im City-Tarifbereich liegt. Die Haken: Der Partner am anderen Ende der Leitung muss (noch) ebenfalls über einen Internet-Anschluss verfügen und den gleichen technischen Aufwand betreiben. Des weiteren ist die Tonqualität noch nicht dem herkömmlichen Telefon vergleichbar. Sowohl in der Perfektionierung der Technik als auch in der Vereinfachung ihrer Anwendung sind allerdings Entwicklungen zu erwarten.

1.7 Zugangsmöglichkeiten: Provider und Online-Dienste

Der Weg ins Internet führt für den Privatmann, für Firmen und Schulen über Unternehmen oder Institutionen (wie z.B. eine Universität), die eigene, schnelle und für viele Personen gleichzeitig nutzbare Zugänge zum Internet betreiben: sogenannte **Provider** (auch: Service-Provider). Es gibt Firmen, die nur als Provider auftreten und ihren Kunden nichts weiter zur Verfügung stellen als ebendiesen (mehr oder weniger) leistungsfähigen Internet-Zugang. Einige andere Unternehmen, wie z.B. die Deutsche Telekom oder Bertelsmann, betreiben eigene bundesweite Computernetze, über die sie nicht nur einen Zugang zum Internet, sondern auch eigene Informationsangebote und Leistungen (Stichwort Homebanking) offerieren: die **Online-Dienste** (für Details siehe Kapitel 7.2). Die bekanntesten Dienste in Deutschland sind:

T-Online -> Deutsche Telekom
AOL (America Online) -> in Deutschland: Bertelsmann
Compuserve -> übernommen von AOL (läuft aber als eigenständiger Dienst weiter)

2. Web-Recherchen: Unterrichtsmaterial aus dem Internet

Das folgende Kapitel befasst sich mit der Möglichkeit, die große Informationsquelle des Internet, das **World Wide Web**, im schulischen Bereich zu nutzen. Im Mittelpunkt dieser Nutzung steht die Recherche nach für das gewählte Unterrichtsthema geeigneten Informationen, um vorhandene Medien durch Texte, Bildmaterial, Statistiken etc. zu ergänzen und zu aktualisieren, nicht zuletzt aber auch durch den Einsatz des Internet den Unterricht zukunftsgewandt und für die Schüler spannend zu gestalten. Es kann nicht genug betont werden, dass die Suche nach Informationen im Netz eine wesentlich wichtigere Rolle beim Umgang mit diesem Medium spielt als das Rezipieren des Materials am Bildschirm. Aufgrund der Unordnung der Inhalte bleibt dem Benutzer zum einen gar keine Wahl, als auf Entdeckungsreise zu gehen, es sei denn, irgend jemand hat ihm eine nützliche Web-Adresse genannt. Zum anderen eignet sich der Computer gar nicht als Buchersatz, wie Dieter E. Zimmer bekräftigt: „Am Bildschirm wird nachgeschlagen, nicht gelesen. Die Grenze liegt bei etwa 1500 Wörtern, vier bis fünf Buchseiten. Alles, was länger ist, liest man am Bildschirm nur im Notfall. Und ein Buch von 500 Seiten druckt man sich auch nicht aus."[5] In der Tat käme niemand, der sich nicht einen Schaden an Nacken und Augen einhandeln will, auf die Idee, einen längeren Text am PC zu lesen, nicht den „Moby Dick", noch nicht einmal Poes „Grube und Pendel". In einer in den USA durchgeführten Studie kamen Morkes und Nielsen zu der Erkenntnis, dass 79 % der Benutzer eine Web-Seite lediglich scannten (wie z.B. die Titelseite einer Zeitung), und nur 16 % die Seite Wort für Wort lasen.[6]

Der mit dem Internet verbundene PC ist also vornehmlich ein Instrument der Recherche, und es wäre reines Blendwerk zu behaupten, man könnte *alles* mit seiner Hilfe finden. Aktuelle fiktionale Literatur kann man sich beispielsweise zwar über das Internet bestellen, aber nicht als elektronischen Text herunterladen. Da dieser Weg auch wenig Sinn ergäbe – ein Buch ist einfacher und kostengünstiger in der Buchhandlung gekauft als aus dem Netz geladen und am eigenen Schreibtisch ausgedruckt – , haben die Verlage diesen möglichen Geschäftszweig kaum weiterverfolgt. Zudem sind im Internet veröffentlichte Texte einigen Gefahren ausgesetzt, nicht zuletzt der Manipulation (des öfteren schon ersetzten Hacker, meist als Widerstand gegen von der US-Regierung geplante Kontrollmechanismen für Web-Inhalte, offizielle

---

[5] Dieter E. Zimmer: Auf der Suche nach dem vollen Text. *in:* „Die Zeit": D.E. Zimmers Digitale Bibliothek 2, S.3/6. URL: http://www.zeit.de/tag/digbib/digbib1.html
[6] John   Morkes   &   Jakob   Nielsen: Writing   for   the   Web.   URL: http://www.useit.com/papers/webwriting/

und und gut besuchte Homepages wie die der NASA durch eigene Protest-
schreiben). Die einzigen „elektronischen Bücher" sind von Enthusiasten
eingetippte Versionen älterer, d.h. copyright-freier Werke (eine Auswahl ist
auf S. 33 zu sehen). Mitunter wirbt ein Internet-Buchhändler mit Auszügen
aus Neuerscheinungen, so dass man einen Vorgeschmack auf das Gesamt-
werk bekommen und es dann gleich online bestellen kann. Zur seligmachen-
den Bibliothek für Belletristik wird das Internet dadurch allerdings nicht.
Die Vorteile des Internet als Quelle liegen eher im Bereich der Sachtexte und
–information. Zahlreiche Tageszeitungen, Zeitschriften und Magazine aus
der ganzen Welt publizieren zumindest einen Teil der Texte aus ihrer aktuellen Printausgabe im World Wide Web. Hinzu kommen Forschungsinstitute,
Unternehmen, Organisationen und Privatpersonen nahezu jedweder Nationa-
lität und Ausrichtung, die Material ebenso unterschiedlicher Qualität und
Brauchbarkeit für den Unterricht anbieten. Ist der Anbieter als Profi bekannt
oder als solcher erkennbar, kann man nicht nur auf die Qualität des Inhalts
vertrauen, sondern auch auf seine Aktualität, was bei Schulbüchern nicht
immer der Fall ist. Dennoch sei eines ganz klar gesagt: Das Internet ist *eine
weitere* Quelle für Unterrichtsmaterial, aber keine, die die bisherigen Unterrichtsmedien ersetzen könnte. Alles, was sich im Bereich der Grundlagen
bewegt, d.h. nicht an Aktualität verliert, findet man in Schulbüchern und
Materialiensammlungen für den Unterricht leichter und meist in besserer
Form, weil es für den Unterricht erstellt wurde. Eine komplette Sequenz nur
mit Material aus dem World Wide Web zu bestreiten, wird nur in ganz selte-
nen Fällen gelingen.[7] Wer z.B. im Physikunterricht eine Reihe zum Thema
„Sonne" durchführen möchte, merkt sehr bald, dass die im WWW zugänglichen Materialien kaum besser sind als jene, die von den etablierten Schulbüchern angeboten werden. Nur wenige Webseiten werden direkt für den Unterricht erstellt, und vieles liegt noch dazu nur in englischer Sprache vor.
Wo das Internet ins Spiel kommt, geht es vor allem um die Beschaffung von
aktuellem Material: Hier holt man sich die neuesten Bilder, Infos zu For-
schungsprojekten und aktuelle Erkenntnisse, womöglich tritt man sogar direkt mit Wissenschaftlern per Email in Kontakt; letztendlich publiziert man
vielleicht auch die Ergebnisse der Reihe oder des Projekts im WWW.
Vor diesem Hintergrund wird jedenfalls die Notwendigkeit offensichtlich,
den schulischen Einsatz des Internet in fachspezifische Unterrichtsreihen
einzubinden. Wer „einfach mal mit seinen Schülern ins Netz geht", ohne
fachspezifische Ziele zu verfolgen und den Lernprozess durch weiteres, didaktisch strukturiertes Material zu unterfüttern, vermittelt den Schülern einen

---

[7] In welchen Fächern und dort verankerten Themengebieten dies möglich ist, verraten
u.a. die demnächst erscheinenden fachspezifischen Bände der Reihe „Unterrichtsideen
Internet", Aulis Verlag, Köln.

falschen Eindruck von diesem neuen Medium: Es ist eben kein Füllhorn für leicht erwerbbares Wissen. Man wird nicht einfach schlau, indem man irgendwelche Seiten ansurft. Und als Lehrer findet man zwar leichter aktuelles Material, z.b. Texte und auch schon einmal Unterrichtspläne, aber man gelangt nicht spielerisch zu kompletten Unterrichtsreihen. Ein solches Versprechen wäre nicht zu halten. Das World Wide Web stellt eine zu tückische Quelle dar, die sich nicht einfach erschließt, sondern der man nur mit Hilfe intelligenter Recherchetechniken beikommt – die Schüler sich erst einmal erarbeiten müssen.

Das Internet ist ein zu komplexes, aber mit Blick auf die Zukunft auch ein zu wichtiges Medium, als dass man es einfach zum Erschleichen von Schülermotivation missbrauchen sollte. Und obwohl dieses Medium keinen geringen Einsatz des Lehrers erfordert: Zweifellos hält es überaus interessante und hilfreiche Quellen für den Unterricht bereit, und zwar nicht für die Naturwissenschaftler, die das Medium Computer bislang vorherrschend benutzt haben, sondern auch und gerade für Lehrer der Sprachen und der Gesellschaftswissenschaften.

Einige Beispiele mögen das **Potential des World Wide Web als Informationsquelle** verdeutlichen:

– Die **Deutschlehrerin** sucht einen Zeitungsartikel zu einem aktuellen Thema, z.B. einen Kommentar. Über das Suchwerkzeug Paperball unter (http://www.paperball.de), das alle im Internet verfügbaren deutschsprachigen Tageszeitungen und Magazine durchsucht, wird sie mit Sicherheit fündig.

– Der **Englischlehrer** benötigt für seine Unterrichtsreihe in einem LK 12 einen oder mehrere expositorische Texte zu einer aktuellen Thematik – auf den umfangreichen, von einer Profi-Redaktion erstellten WWW-Seiten des „Time"-Magazins (http://www.pathfinder.com/time) oder einer der zahlreichen englischsprachigen Tageszeitungen im Internet wird er sicher fündig. Auf ähnliche (wenn auch nicht ganz so zahlreiche) Quellen können seine Kollegen und Kolleginnen der Fächer **Französisch**, **Spanisch** und **Italienisch** zurückgreifen.

– Die Lehrerin des Fachs **Geschichte** möchte für ihre Schüler ein Arbeitsblatt über Napoleon Bonaparte zusammenstellen. Hierzu schaltet sie sich ins Internet ein, benutzt eines der Suchwerkzeuge und findet die Homepage der „Napoleon Foundation" (http://www.napoleon.org). Hierbei ergibt sich die Gelegenheit, die Lerngruppe an das neue Medium heranzuführen und zugleich das elektronische Informationsangebot zu analysieren und zu bewerten. (Die Tatsache, dass das Angebot in englischer Sprache gehalten ist, sollte in einem Oberstufenkurs kein Hindernis, sondern eine Herausforderung darstellen, die sogar fächer- bzw. kursübergreifenden Unterricht ermöglicht.)

– Die **Geographielehrerin** sucht Material über das Phänomen Erdbeben, inklusive Informationen zu einem aktuellen Beben. Die Homepage unter der Adresse http://www.earthquake.com bietet als zentrale Anlaufstelle zu diesem Thema Auskünfte zu aktuellen Beben, diesbezüglichen Nachrichten, interessante Infos (z.b. den „Earthquake Safety Guide") und ein reichhaltiges Archiv.

Sowohl für Geistes- wie für Naturwissenschaftler reizvoll ist es darüber hinaus, sich über **aktuelle Forschung, Entwicklungen und Trends** in den eigenen Fächern zu informieren. Da das Internet in seinen ersten Jahren im wesentlichen von den Universitäten getragen wurde, stellen tausende internationaler Institute Inhalte ins Internet, über die jeder „Surfer" Einblick in die aktuelle Forschung und Lehre nehmen kann. Außerdem kann er die Archive vieler Universitäten benutzen und stellenweise sogar an Vorlesungen teilnehmen. Der Physiklehrer mag sich dabei für Forschungsprojekte der Astro- oder Teilchenphysik interessieren, oder für die auch bei den Schülern sehr populären Theorien von Stephen Hawking. Die Biologielehrerin informiert sich in den USA, dem Eldorado des „genetic engineering", über die neuesten Entwicklungen und Produkte. Im Internet hat jeder Lehrer Zugang zu Informationsquellen jeder Fachrichtung und zu speziellen Angeboten mit Inhalten von didaktischem Interesse.

Alle dargestellten Anlässe, die Quellen des Internet zur Vorbereitung und Organisation schulischer Belange einzusetzen, bieten einen weiteren elementaren Vorteil: Die gesammelten Informationen und Daten liegen nach dem Herunterladen in elektronischem Format vor, d.h. als Computerdateien, die man sofort weiterverarbeiten und z.b. über die Textverarbeitung in Unterrichtsmaterialien integrieren kann. Der heruntergeladene Zeitungstext wird in die entsprechende Form gebracht, didaktisch aufbereitet, anschließend auf dem eigenen Hausdrucker ausgedruckt und über den Kopierer in der Schule vervielfältigt.

Das Internet ist angesichts der geschilderten Möglichkeiten auch für die **häusliche Arbeit der Schüler** interessant. Immer mehr Schüler nutzen das Internet bzw. die Online-Dienste, um ihren privaten Interessen nachzugehen oder private Kontakte zu unterhalten. Dies geschieht oft mittels des Internet-Zugangs einer nahen Universität, über den Zugang eines Freundes oder auch über den eigenen PC. Durch den Zugriff auf die Datenautobahn ergeben sich für die Jugendlichen auch Gelegenheiten, schulische Aufgaben auf diesem Weg zu lösen. So kann ein Schüler, der zur Erledigung einer Hausaufgabe oder zur Erstellung eines Referats nach Informationen sucht, auf die Suchwerkzeuge und Quellen des Internet zugreifen oder gleich im eigenen Online-Dienst fündig werden. Möglicherweise ist das daraus entstandene Referat so informativ, dass sich daran sogar die Nutzungsmöglichkeiten des neuen Mediums für die Mitschüler transparent machen lassen. In jedem Fall lässt sich an solchen Beispielen das Internet als Werkzeug zur selbständigen Recherche vorstellen, wodurch sich die Schüler in selbstverantwortlichem Arbeiten schulen lassen – mit Blick auf die für einige Schüler nahe Zeit selbständigen Studiums an der Universität ein sehr sinnvoller Effekt.

Während der Recherche für diese Arbeit wurden auch die Internet-Erfahrungen von Schülern gesammelt. Ein schönes Beispiel lieferte Tim Bartel, ein Schüler aus Jülich: Über den Internet-Zugang einer nahen Forschungsanstalt nutzte Tim das Internet zum „Aufpeppen" seiner Hausaufgaben und Referate. In den Vorbereitungen für ein Referat zu „Leben und Werk des Sokrates" benutzte er die Suchmaschinen des Internet, um entsprechende Seiten zum Thema zu finden. Mit dieser Hilfe stieß er auf Texte, Zeittafeln und Abbildungen, die er für das Referat verwenden konnte. (Nebenbei strandete er auch an einer Seite, auf der T-Shirts mit Sokrates-Motiven und -Sprüchen angeboten wurden.) Interessant sind Tims Hinweise auch in bezug auf das Sprachproblem: „Den Großteil der Informationen habe ich zwar aus verschiedenen Büchern zusammengetragen, aber das lag zum Teil auch daran, dass ich auf Anhieb natürlich mit deutschsprachigen Büchern eher etwas anfangen kann als mit englischen Texten." Das Beispiel illustriert sehr gut den Nutzen, den Schüler aus dem Internet als internationalem Quellenarchiv ziehen können, sowie gewisse Grenzen und Probleme wie Sprachbarrieren.

Die Vorerfahrungen solcher Schüler lassen sich auch in den Unterricht integrieren und als Bausteine für anspruchsvolle Unterrichtsstunden nutzen. Einerseits können sie ihre Mitschüler selbst über die Online-Medien informieren. Dabei sammeln sie Erfahrungen im Vermitteln von Kenntnissen und den Umgang mit einer Zuhörerschaft, wobei eventuelle Probleme in der Vermittlung oder didaktischen Aufbereitung wiederum im Unterricht reflektiert werden können. Andererseits können solche Schüler anhand ihrer eigenen Erfahrungen auch über die Nachteile des Mediums Auskunft geben, z.B. über eventuelle Schwierigkeiten bei der Suche oder Sprachprobleme.

Der scheinbaren Gefahr, dass Schüler auf dem bequemen Weg Inhalte aus dem Internet entnehmen bzw. diese unreflektiert verwenden, muss man durch entsprechende Kommentierung und Diskussion solcher Referate oder Hausaufgaben entgegenwirken. Ein offensiver Besuch des „Cheat-Net" (http://www.cheat.net), einer Art Sammelstelle für Referate und Hausaufgaben, kann Schüler über die zweifelhafte Qualität der dortigen Angebote aufklären (die meisten stammen von Schülern und sind keineswegs z.B. mit Lektürehilfen anerkannter Verlage vergleichbar) und ihnen bewusst machen, dass Online-Inhalte nicht nur kritisch betrachtet, sondern, wenn man sie wirklich verwenden möchte, mit Blick auf die eigene Zielgruppe aufbereitet werden müssen. Nur äußerst selten findet man im Internet Material, welches in der vorliegenden Form für das spezifische Thema einer Unterrichtsstunde geeignet wäre und nicht gesichtet, neu zusammengestellt und ergänzt werden müsste. Hausaufgaben-Datenbänke liefern daher sogar einen Anlass, diese Notwendigkeit zu verdeutlichen.

Die im folgenden vorgestellten Grundkenntnisse ermöglichen die Nutzung des Internet zur Recherche sowohl bei der Unterrichtsvorbereitung, in welcher der Lehrer z.b. eine prüfende Vor-Recherche nutzbarer Quellen im WWW durchführt, als auch beim Einsatz des Mediums im Unterricht. Es geht folglich um:

– die Bedienung des zentralen Steuerprogramms für WWW-Seiten, des Browsers (Kapitel 2.1);

– die Suche nach für den Unterricht brauchbaren und interessanten Web-Seiten bzw. nach deren Adressen (Kapitel 2.2);

– die Analyse und Bewertung gefundener Quellen (Kapitel 2.3);

– und das Festhalten von Web-Seiten für den „offline"-Gebrauch, wenn die Verbindung zum Internet beendet worden ist und das Material weiter bearbeitet werden soll (Kapitel 2.4 und 2.6).

– das Sammeln und Verwalten dieser Adressen (Kapitel 2.5);

Diesen Abschnitten folgt die Vorstellung der Grundkonzeption für ein Web-Projekt im Unterricht, das die zuvor eingeführten Grundkenntnisse an die Schüler weitervermittelt bzw. vertieft und zugleich zu einem möglichst sinnvollen Einsatz des Mediums Internet im Unterricht anregen will (Kapitel 2.8 und 2.9).

Zunächst soll an einem konkreten Beispiel gezeigt werden, wie sich der Lehrer aus dem elektronischen Füllhorn der Information bedienen kann.

2.1 Mit dem Browser ins WWW

Zum Surfen durch das Datenmeer, vor allem durch das World Wide Web, benötigt man ein eigenes Programm, ein spezielles Surfbrett: den **Browser**. Auch hier zeigt sich das Internet als etwas Besonderes, da man dieses Programm nicht erst teuer kaufen muss – er wird mit der Software für Online-Dienste oder Provider üblicherweise kostenlos geliefert. Womöglich besitzen Sie als „Nichtsurfer" bereits einen Browser, ohne sich seiner Präsenz bewusst zu sein: Er ist in die Betriebssysteme Windows 95, 98 und NT integriert und kann über „Start -> Programme -> Internet Explorer" aufgerufen werden. Der größte Konkurrent ist der „Navigator" (meist als Browserpaket namens „Communicator" angeboten), das der Hersteller Netscape ebenfalls kostenfrei anbietet (beim Herunterladen aus dem Internet fallen freilich die üblichen Nutzungsgebühren an). Bei den meisten Online-Diensten bzw. Providern lassen sich sowohl der „Internet Explorer" als auch der „Navigator" bzw. „Communicator" problemlos einsetzen, so dass Sie als Benutzer ganz nach eigenen Vorlieben entscheiden können, mit welchem Brett Sie surfen wollen.

Um über einen Online-Dienst auf die virtuelle Reise zu gehen, muss man im Programm des Dienstes (auch *Decoder* genannt) das entsprechende Symbol anklicken, über welches der Browser aktiviert wird. Die folgenden Grafiken zeigen die Symbole in den Decodern von **T-Online** und **AOL**:

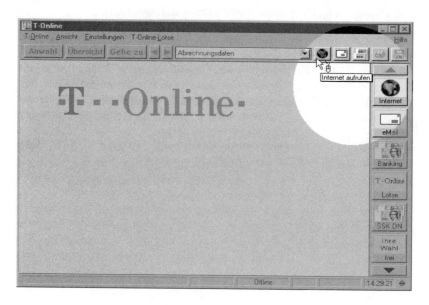

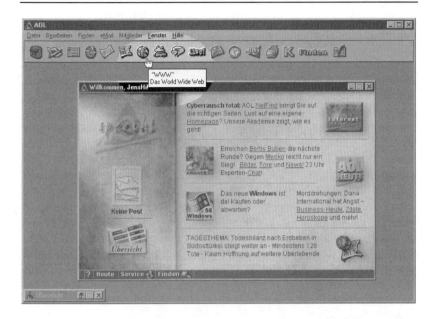

Bei den reinen Service-Providern ist die Einwahl meist noch einfacher, direkter: Nachdem man unter Windows eine DFÜ-Verbindung zum Einwahlpunkt des Anbieters hergestellt hat (Details in 7.2), braucht man nur noch den Browser selbst zu starten. Einen besonderen Decoder wie z.b. für AOL benötigt man dann nicht.

Nach dem Start des Browsers wählt dieser automatisch eine voreingestellte Startseite an. Solange Sie die ursprüngliche Einstellung nicht verändern, handelt es sich meist um die Homepage Ihres Providers, also z.B. die Homepage von T-Online oder AOL. Da Online-Dienste bzw. Provider ihre Kunden vernünftigerweise nicht an einem einsamen Strand des Datenmeers stehen lassen möchten, bieten sie ihnen verschiedene Starthilfen für die bevorstehende Reise ins Netz an. Diese bestehen zum einen in einer Auswahl von Links, die direkt zu interessanten Angeboten im WWW führen, und zum anderen in mindestens einer Verknüpfung mit einer Suchmaschine, mithilfe derer sich gezielt Web-Seiten und Informationen suchen lassen (mehr hierzu in Kapitel 2.2). Darüber hinaus bietet T-Online auf seiner Homepage durch ein Menü am linken Rand der Seite, wie in der folgenden Grafik zu sehen, einen schnellen Zugriff auf thematisch sortierte Informationen, z.B. zu aktuellen „Nachrichten" oder zu „Politik und Umwelt".

Die T-Online-Seite vom 13. Februar 2000 zeigte folgende Links sowie die Verknüpfung zur Suchmaschine „Infoseek" (oben rechts, neben dem Symbol „Email"):

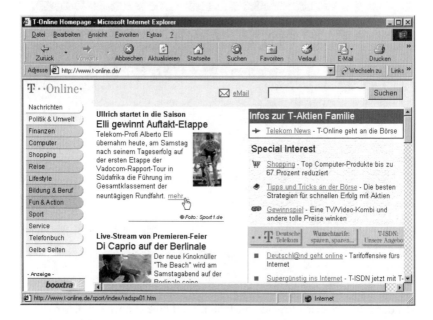

Die Verbindung zur Suchmaschine „Infoseek" ist in diesem Fall sogar so komfortabel gestaltet, dass man bereits an dieser Stelle, also ohne sich auf der Homepage von „Infoseek" zu befinden, einen Suchbegriff eingeben kann. Durch Bestätigung des Begriffs mit der Enter-Taste erzeugt die Suchmaschine das Ergebnis, während am linken Bilschirmrand die T-Online-Menüleiste erhalten bleibt.

Ein **typischer Link** besteht lediglich aus einer Textzeile, üblicherweise in blauer Schrift und unterstrichen, oder auch aus einem Bild. Man erkennt einen Link daran, dass sich der Mauszeiger in eine Hand verwandelt, sobald man ihn über den Link bewegt. In obigem Beispiel würde man durch Anklicken der Zeile „mehr..." (siehe Mauscursor) zu einer Seite mit dem kompletten Bericht zur Auftaktetappe des erwähnten Radrennens. Am unteren Rand des Fensters, in der **Statuszeile**, zeigt der Browser übrigens stets an, mit welcher Web-Seite die Zeile oder das Bild verknüpft ist: in diesem Fall mit einer Seite namens http://www.t-online.de/sport/index/radspx01.htm.

Die Angabe bezeichnet in diesem Fall eine weitere, einzelne Seite auf dem Server von T-Online, versteckt in recht verschachtelten Unterverzeichnissen, wie man sie auch vom eigenen PC kennt. Es könnte sich bei dem verknüpften Dokument jedoch ebenso gut um eine Seite auf einem ganz anderen Server handeln, z.B. um die Homepage der Wochenzeitschrift „Die Zeit". Deren Web-Adresse, als Beispiel für eine typische Homepage-Adresse, lautet:

http://www.zeit.de

http://	**www.**	**zeit.**	**de**
= *Hypertext*	= *World Wide Web*	= *„Die Zeit"*	= *eine deutsche*
Transfer Protocol			*Seite*

Dem bekannten Vorspann *http://www* folgt üblicherweise (allerdings nicht immer) die **Domäne** (engl.: domain name), d.h. die Bezeichnung, unter welcher die jeweilige Firma oder Institution im Internet registriert ist. Das zweite wichtige Element einer Web-Adresse ist das Suffix, das oft als Länderkennung fungiert. Insbesondere Web-Adressen in den USA haben keine Länderkennung, sondern Suffixe, die auf den Charakter der Institution schließen lassen, die den Server unterhält. Folgende Endungen existieren (Auswahl):

*.arts	ein kulturelles Angebot
*.com	ein kommerzielles Angebot
*.edu	das Angebot einer Bildungsstätte
*.firm	ein Unternehmen
*.gov	die Seite einer staatlichen Institution
*.info	Informationsangebote
*.mil	die Seite einer militärischen Organisation
*.net	eine Netzwerk, meist als eine Art „Gemeinde" im Internet gemeint
*.nom	für private Homepages
*.org	die Web-Seite einer Organisation (üblicherweise ein nicht-kommerzielles Angebot)
*.rec	Unterhaltungsangebote
*.sci	eine Seite aus dem Bereich Wissenschaft und Forschung
*.shop	Online-Shopping-Angebote
*.web	Angebote zum Thema WWW
*.de	eine deutschsprachige Web-Seite
*.uk	eine Seite im United Kingdom
*.fr	eine französische Seite
*.it	eine italienische Seite
*.es	eine spanische Seite
*.ch	eine Seite in der Schweiz
*.at	eine Seite in Österreich

Während die Seite, die der Browser beim Start selbsttätig anwählt, voreingestellt ist, muss man zum Ansteuern weiterer Seiten entweder deren Web-

Adresse kennen oder sie per Suchwerkzeug recherchieren. Gehen wir zunächst davon aus, dass Sie die Web-Adresse (im Fachchinesisch auch *URL = Uniform Resource Locator* genannt) des amerikanischen Nachrichtenmagazins „Time" in einem Text gefunden haben. Nun möchten Sie einmal nachsehen, was dabei herauskommen mag, wenn ein solches Printmagazin ins Internet transportiert wird.

Um das herauszufinden, wird die elektronische Anschrift am einfachsten in das **Feld „Adresse"** unterhalb der Symbolleiste eingegeben, indem man mit der Maus in das Feld klickt und einfach lostippt.[8] Die Eingabe:

http://www.pathfinder.com/time

wird durch die Enter-Taste bestätigt, und schon beginnt der Browser mit der Suche nach den Daten im Netz. Ein Tip: Der Vorspann *http://www.* kann in den neueren Browsern einfach weggelassen werden!

In diesem Moment beginnt nun eine **sensible Phase**, in welcher man den Fortschritt der Datenübertragung anhand der Meldungen in der Statuszeile aufmerksam verfolgen sollte. Hier werden die Dateien bzw. Objekte angezeigt, die gerade auf den Heim-PC geladen werden, so dass man die Geschwindigkeit des Datenverkehrs grob einschätzen kann. Ein Browser informiert seinen Benutzer auch durch Prozentzahlen oder einen Laufbalken darüber, wieviel von einer Datei bereits geladen wurde; da man aber nur in den seltensten Fällen in genauen Zahlen weiß, welche Datenmenge auf einen zukommt, hilft diese Angabe nicht viel weiter. Der *Explorer* zeigt (ab der Version 4.0) an, wieviele Objekte (d.h. Textelemente, Bilder etc.) noch geladen werden müssen. Wie groß die Web-Seite insgesamt ist, bleibt aber auch hier unklar.

Die folgenden Grafiken zeigen die Empfangsseite des Time-Magazins vom 14.02.1999, und zwar noch **während des Ladens** im *Navigator* und im *Explorer* (aus technischen Gründen jedoch nicht zum völlig identischen Zeitpunkt der Übertragung, so dass in der *Explorer*-Grafik mehr Objekte angezeigt werden, woraus aber keine Rückschlüsse auf die Leistungsfähigkeiten der Browser gezogen werden können).

---

[8] alternativ über den Hotkey *STRG + O* oder über die Menüzeile: *Datei -> Öffnen* (im *Explorer*) bzw. *Datei -> Datei in Browser öffnen* (im *Navigator*)

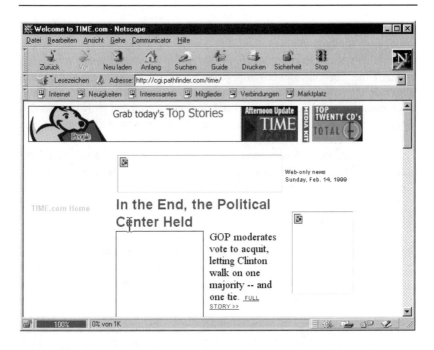

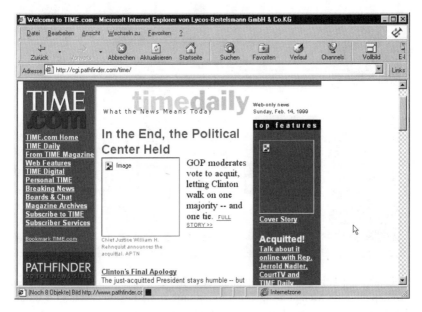

Stockt die Anzeige der Seite bzw. fällt die Übertragungsrate immer weiter ab, steckt man im Datenstau. In diesem Fall sollte man zunächst Geduld haben, da der angewählte Server möglicherweise just in diesem Moment von vielen anderen Internet-Teilnehmern angewählt wurde. Sobald die Geduld jedoch am Ende ist, sollte man auf das Symbol „Abbrechen" klicken und die Seite noch einmal anwählen. Im schlimmsten Fall muss man den Browser und den Decoder schließen, die Verbindung zum Provider neu aufbauen und die Web-Adresse erneut anwählen. Es kann allerdings auch sein, dass der Provider an der schlechten Verbindung schuld ist, d.h. seine eigenen Leitungen überlastet bzw. zu gering ausgelegt sind. Müssen Sie sich ständig mit Raten unter 3 K/Sek abfinden, ist Ihr Provider schlichtweg zu langsam. In diesem Fall sollten Sie sich nach einer Alternative umsehen.

Im Normalfall meldet der Browser jedoch in der Statuszeile mit „Fertig" bzw. „Dokument: übermittelt" Erfolg. Die Homepage des „Time"-Magazins sieht dann folgendermaßen aus (wobei sowohl die Titel-Stories als auch die Werbung natürlich aktualisiert werden):

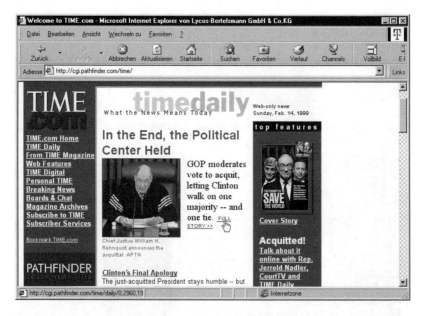

Bei näherem Hinsehen erkennt man, dass hinter den weiteren Seiten dieser Homepage eine Menge an Informationen lauert, die beispielsweise für einen Englischlehrer, aber auch für einen Politiklehrer interessant sind. Es gibt:

– tägliche Nachrichten
– ausgewählte Artikel der aktuellen „Time"-Ausgabe
– über den Archiv-Service sogar Zugriff auf frühere Ausgaben
– und nicht zuletzt Titel-Stories wie jene über die Clinton-Lewinsky-Affäre.

An diesem Beispiel lässt sich gut zeigen, wie Internet-Seiten als Quellen thematisch verknüpfter Information dienen und somit den Lehrer beim Sammeln von Unterrichtsmaterial unterstützen können.

Schauen wir uns den Artikel zur Entscheidung des Senats, zum damaligen Zeitpunkt das Topthema, einmal näher an, und zwar per Mausklick auf den entsprechenden Link, den der Mauszeiger in der vorigen Grafik wieder in Form der Hand anzeige. Es öffnet sich folgende Seite:

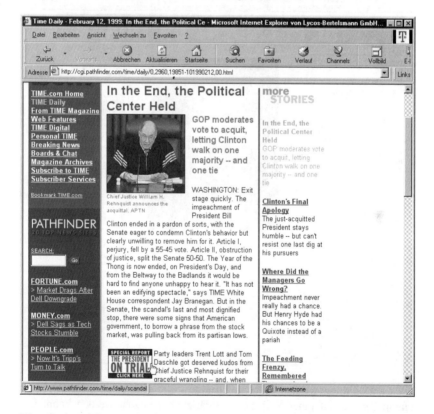

Hier findet sich nun der komplette Text des Artikels. Während am linken Rand der Seite der feste Rahmen zur Ansteuerung der verschiedenen Bereiche der „Time"-Homepage bestehen bleibt, finden sich am rechten Rand

weitere interessante Links zum Thema. Ein ganz besonderer Link ist als
kleine Grafik direkt in den Text eingebaut (siehe Mauscursor als Hand):
Diese Verknüpfung führt zu einem „Special Report" zum Verfahren gegen
Clinton – eine potentiell sehr willkommene Quelle, wenn man in einem Eng-
lischkurs gerade eine landeskundliche Reihe zu den USA bestreitet und auch
das politische System thematisieren möchte. Durch Anklicken des Links
öffnet sich die Startseite des Sonderberichts:

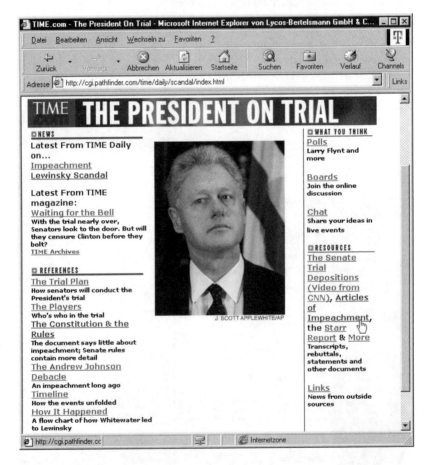

Dieses Dokument verdeutlicht, welch eine Fülle relevanter Information zu
einem Thema auf einer Web-Seite zugänglich gemacht werden kann, und
von welch unterschiedlicher Art das Material sein kann. Da finden sich Archive zu den Tagesmeldungen und Artikeln des „Time"-Magazins zur Affä-
re; Hintergrundinformationen zum Impeachment-Prozess, seinen Beteiligten,

seiner verfassungsmäßigen Verankerung sowie dem historischen Johnson-Prozess; eine Zeitleiste und Grafiken zum Verlauf der Krise und ihrer Entstehung über mehrere Jahre hinweg; Umfragen, Foren und Live-Diskussionen im Internet; Videoclips aus dem Prozess, relevante Artikel aus der Verfassung zum Impeachment-Verfahren, der Starr-Report, Transkripte der verschiedenen Aussagen Clintons und weiterer Personen; und natürlich Links zu Berichten aus anderen Nachrichtenquellen.

Die wichtigsten Funktionen des Browsers sind übrigens durch **die Icons in der Symbolleiste** erreichbar. Diese Leiste findet sich zwischen der Menüleiste und der Adresszeile. (Im obigen Bildschirmschnappschuss, wie in den übrigen auch, sind nicht alle Symbole zu sehen, da der Text nicht die volle Bildschirmbreite ausnutzt. Die fehlenden Icons werden jedoch weiter unten gezeigt und erläutert.)

Die erste Gruppe von Icons dient **dem Navigieren durch die angewählten Seiten:**

Durch einen Klick auf den **nach links gerichteten Pfeil** gelangte man nun zurück zu jenem Artikel über den Ausgang des Verfahrens (siehe Seite 49). Dort angekommen, wäre nun auch der **nach rechts weisende Pfeil** aktiviert, mit dem man wieder „vorwärts" blättern könnte. Die beiden Pfeile dienen also dem Umschalten zwischen den Seiten, die man während der aktuellen Internet-Sitzung aufgerufen hat.

Mit Hilfe des Schalters *Abbrechen* bricht man eine laufende Übertragung ab, z.b. wenn man feststellen muss, dass die angewählte Seite offenbar mächtiger ist, als man angenommen hatte, und der Transport der Daten schlichtweg zu lange dauert. Unglücklicherweise kommt es auch vor, dass die Datenübertragung gänzlich zum Erliegen kommt und sich gar nichts mehr tut. Auch in diesem Fall sollte man die Übertragung zuerst über *Abbrechen* beenden, bevor man den nächsten Schritt unternimmt (z.B. eine andere Adresse anwählt). Wurden vor dem Datenstau bereits Teile der Seite übertragen, kann man es über die Schalter *Abbrechen* und *Aktualisieren* noch einmal versuchen. Der letztgenannte Schalter aktualisiert ferner die Anzeige einer Web-Seite, z.B. wenn man die Optionen zur Ansicht verändert hat. So lässt sich im *Explorer* über *Ansicht -> Internetoptionen -> Erweitert* in der Rubrik *Multimedia* einstellen, ob mit dem Text und den Links einer Web-Seite auch Bilder, Animationen, Videos und Sound heruntergeladen werden sollen. Merkt man, dass ein Anbieter seine Dokumente mit besonders aufwendigen Multimedia-Elementen versehen hat, die kostbare Ladezeit und Nerven kosten, kann man solche Elemente auf die beschriebene Art herausfiltern und sich auf den Text konzentrieren. Verändert man diese Optionseinstellung wieder und kehrt zu einer Seite zurück, die zunächst ohne Multimedia-Elemente geladen wurde, frischt das Symbol *Aktualisieren* die Anzeige auf, indem es z.b. die Bilder nachlädt.

Über das Symbol **Startseite** gelangt man zurück zu jener Homepage, die bei jedem Start des Browsers aufgerufen wird. Meist handelt es sich hierbei um die Homepage des Providers. Diese Voreinstellung lässt sich jederzeit über *Ansicht -> Internetoptionen -> Allgemein* im Feld *Startseite* verändern. Auf diese Weise gelangt der Benutzer beim Start des Browsers direkt auf eine für ihn und seine speziellen Vorlieben interessante Seite, z.b. auf die Seite des Magazins „Spektrum der Wissenschaft" o.ä. Wenn man sich im Datenmeer verschwommen hat, ist das Icon *Startseite* in jedem Fall ein guter Rettungsanker.

Doch zurück zur Clinton-Reportage. Ein Mausklick auf „Articles of Impeachment" öffnet eine weitere interessante Seite, welche die Anklagepunkte gegen den amerikanischen Präsidenten im genauen Wortlaut enthält. Über den Scrollbalken am rechten Bildschirmrand könnte man dann im Text nach unten blättern, um die Anklageschrift in voller Länge zu lesen.

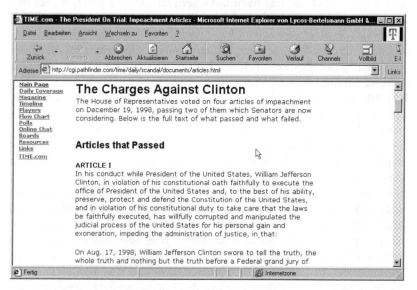

In eine landeskundliche Unterrichtssequenz eingebaut, könnte der hier beschriebene Rechercheweg chronologisch noch weiter- bzw. zurückführen, zur Entstehung der amerikanischen Verfassung und zu weiteren zentralen

Dokumenten der US-Geschichte – die ebenfalls allesamt, auf gleichsam seriösen und mit interessantem Material ausgestatteten Seiten, im WWW zu finden sind.[9] Auch wenn die Clinton-Affäre wie der Watergate-Skandal inzwischen nur noch ein weiteres Kapitel der amerikanischen Geschichte sind, zeigt dieses Beispiel doch, wie sich über professionelle, seriöse Quellen im World Wide Web Informationen und Material finden und zusammenstellen lassen, aus denen sich wiederum Unterrichtssequenzen der unterschiedlichsten Ausrichtung entwickeln können.

Damit man im WWW entdeckte Quellen später wiederfindet, z.B. in der nächsten Sitzung oder gar im Unterricht, sollte man ihre **Adressen festhalten**. Eine ausführliche Darstellung darüber, wie man Web-Adressen für den eigenen Gebrauch und den Unterricht sammelt und organisiert, folgt in **Kapitel 2.5**. An dieser Stelle sei zunächst auf das Icon *Favoriten* hingewiesen, über das sich die Adresse der gerade angewählten Seite speichern lässt (wohlgemerkt, nur die *Adresse*, nicht der Inhalt der Seite). Das Icon befindet sich in einer weiteren Gruppe von Schaltern der Symbolleiste, die sich alle mit der Verwaltung der gefundenen Seiten und ihren Inhalten befassen:

Das Symbol **Suchen** bringt den Benutzer zu einem voreingestellten Suchwerkzeug (mehr zu Suchwerkzeugen im folgenden Kapitel). Der Schalter *Verlauf* öffnet eine Leiste am linken Rand des Browserfensters und listet die Seiten auf, die man während der aktuellen Sitzung sowie in den letzten 20 Tagen aufgerufen hat (auch dieses Zeitlimit lässt sich über *Ansicht -> Internetoptionen* im Feld *Verlauf* modifizieren; Details siehe Kapitel 2.4). Eine besondere Form, Web-Seiten zu abonnieren, d.h. sich regelmäßig über ihren Inhalt informieren zu lassen, sind die *Channels*. Wie der Begriff nahelegt, erhält man über diese Funktion die Möglichkeit, auf sich ständig verändernde Inahlte zuzugreifen, ähnlich der Anwahl eines Fernsehkanals, dessen Inhalte sich ebenfalls laufend verändern. Hinter *Channels* stehen daher in der Regel Anbieter von Web-Seiten, die besonders aktuelle Informationen liefern möchten, wie z.B. Nachrichten oder Börsenkurse.
Ein Klick auf das Icon *Channels* öffnet eine Leiste am linken Rand des Browser-Fensters. In dieser *Channel-Leiste* findet man beim ersten Start eine Vorauswahl interessanter deutschsprachiger Web-Kanäle. Der Benutzer hat

---

[9] Eine detaillierte Internet-Reihe zur amerikanischen Geschichte findet sich demnächst in: Unterrichtsideen Internet: Englisch, Aulis Verlag, Köln.

nun die Gelegenheit, sich den aktuellen Inhalt des jeweiligen Kanals zunächst einmal anzeigen bzw. sich über das enthaltene Angebot informieren zu lassen, indem er einfach einen der Kanäle anklickt; im folgenden Beispiel den Kanal des Magazins „Bild der Wissenschaft":

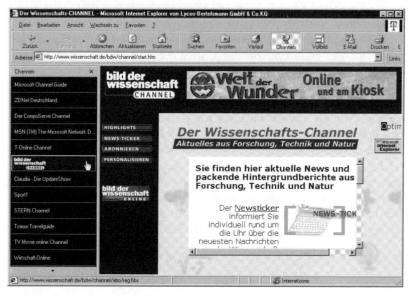

Möchte man nach weiteren Channel-Angeboten suchen, klickt man in der *Channel-Leiste* auf das Feld *Channel-Guide* und folgt den weiteren Anweisungen der aufgerufenen Web-Seite.

Wird das Angebot des Kanals dann im Hauptfenster des Browsers angezeigt, lässt sich zunächst einmal ergünden, ob das Angebot des Kanals interessant ist. Möchte man den Kanal festhalten, gibt es verschiedene Optionen:

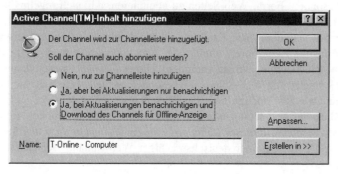

– Option 1: Falls der Kanal noch nicht in der *Channel-Leiste* enthalten ist (d.h. wenn man ihn gerade erst über den *Channel-Guide* gefunden hat), lässt er sich dieser hinzufügen. Kanäle, die keine Möglichkeit zum Abonnement bieten, lassen sich auf diese Weise wenigstens schnell auf den Browser-Bildschirm holen.

– Option 2: Der Kanal wird der Channel-Leiste hinzugefügt und informiert den Benutzer automatisch, wenn Aktualisierungen vorliegen, d.h. wenn sich der Inhalt der Web-Seiten geändert hat. Die Informationen werden aber nicht automatisch abgeholt.

– Option 3: Der Inhalt der Web-Seiten wird automatisch übertragen, und zwar in regelmäßigen Abständen, die der Anbieter des Kanals festlegt (täglich, monatlich etc.). Diese Option hat nicht nur den Vorteil, dass man nicht selbst nachschauen muss, ob neue Meldungen vorliegen, sondern nach der Übertragung der aktualisierten Infos die Verbindung zum Internet trennen und sich die neuen Seiten *offline* anschauen kann.

Die bisherigen Darstellungen bezogen sich auf Funktionen, die sowohl im „Internet Explorer" von Microsoft als auch im „Navigator" von Netscape zu finden sind. Die auf den Bildschirmschnappschüssen zu sehenden Symbole stammen aus dem „Explorer", lassen sich jedoch in ähnlicher Form auch im Navigator wiederfinden, da es sich ja um zentrale Funktionen handelt. So bietet auch der „Navigator" (im Paket des „Communicator") die Anwahl von Kanälen an, mit Hilfe derer aktuelle Inhalte bequemer aus dem Netz geholt werden können. Hier übernimmt diese Funktion jedoch ein Teilprogramm namens „Netcaster", das separat gestartet werden muss.

Die letzte Gruppe von Symbolen enthält weitere wichtige Funktionen eines Browsers:

Hier kann man das gesamte Browserfenster auf die volle Bildschirmgröße erweitern, auf schnellem Weg das Email-Programm zum Verfassen und Lesen elektronischer Briefe starten und eine gefundene Web-Seite ausdrucken (Details zum Ausdrucken von Web-Seiten in Kapitel 2.4). Der Schalter *Bearbeiten* aktiviert ein Programm, mit dem man das aktuell geladene Web-Dokument selbst bearbeiten und modifizieren kann – einen Editor für Web-Seiten also (zum Publizieren im WWW siehe Kapitel 3).

Der folgende Abschnitt befasst sich nun mit dem Prozess der Recherche selbst, die den Mittelpunkt der meisten Internet-Sitzungen sowohl bei der Unterrichtsvorbereitung als auch im Unterricht selbst bildet.

2.2   Suchmöglichkeiten und -werkzeuge im WWW

2.2.1   Suchmaschinen

Im Internet, speziell im World Wide Web, lagert eine gigantische Menge an Information auf mehreren hundert Millionen Seiten. Das Schlimme daran ist, dass diese Informationssammlung keine inhaltliche Ordnung hat. Wer sich mit dem Browser ins WWW einwählt, landet vor einem riesigen Haufen aus einzelnen Textseiten, Bildern, Ton- und Videocassetten, Musik-CDs und Disketten. Manches ist brauchbar bis sehr gelungen, die Qualität reicht vom „Zeit-Artikel" bis zur verstaubten Witzesammlung, vom handverwackelten Urlaubsfoto bis zur Profiaufnahme. Genug Material gibt es also, doch wie aus dem chaotischen Wust das Richtige herausfischen, statt nur darin herumzusurfen ? Gibt es in dieser riesigen Medien-Bibliothek keine Wegweiser, keine Kataloge ?

So fanatisch in das Chaos verliebt waren schon die Wissenschaftler und Studenten nicht, die das World Wide Web in seinen ersten Jahren eher im Stillen nutzten. Wer im Internet und speziell im WWW nach Seiten eines bestimmten Anbieters, zu einem gewissen Thema oder zu einer Person sucht, kann hierzu verschiedene Werkzeuge einsetzen. Viele dieser Hilfsmittel sind einmal von Studenten als enthusiastische Projekte begonnen worden; dass aus diesen Studenten nun gemachte Leute geworden sind und ihre Homepages zu den meist angewählten im ganzen Netz gehören, ist wieder einer dieser wahrgewordenen amerikanischen Träume.

Es gibt zwei grundlegende Kategorien von Suchwerkzeugen für das World Wide Web: **Suchmaschinen** und **Schlagwortkataloge**. Suchmaschinen bieten eine Suche nach selbstdefinierten Begriffen. Sie greifen dabei auf große Datenbanken zurück, in denen die Adressen von Web-Seiten und kurze Stichworte bzw. Inhaltsangaben aufgelistet sind. Um die Datenbanken auf dem Laufenden zu halten, schicken die Suchmaschinen ständig spionierende Programme (sogenannte *Spider* oder *Crawler*) durch das gesamte Internet, die neue Seiten im WWW ausfindig machen, ihre Adressen einfangen und daraus Listen erstellen. Diese lassen sich dann wiederum von jedem „Surfer" mit Hilfe eines Suchprofils (Suchbegriff mit Suchoptionen) abfragen und liefern ihm die Adressen der dem Profil entsprechenden Web-Seiten. Da die Künstliche Intelligenz gerade im Bereich der Spracherkennung kaum über die akustische Wahrnehmung hinaus ist, d.h. die Helfer der Suchmaschinen noch nicht mehr als Roboter sind, werden die Web-Seiten leider nur gesammelt, aber nicht nach Informationsgehalt und weiteren Qualitätsmerkmalen sortiert. Eine Redaktion, welche die gefundenen Seiten selektierte, gibt es nicht, und so findet man mit Hilfe einer Suchmaschine auch Seiten, die man lieber nicht gefunden hätte. Andererseits sind Suchmaschinen im Gegensatz zu Schlagwortkatalogen, deren Zusammenstellung menschliche Hand- und

Denkarbeit erfordert, zumindest theoretisch aktueller, bieten also weniger „tote" Links an. Da außerdem im Meer der Information niemand jeden Fisch registrieren kann, der irgendwo herumschwimmt, kann durchaus auch einmal ein gelungenes Angebot dem Auge der Schlagwortredaktionen entgegen, und dann findet man es nur mit Hilfe einer Suchmaschine.

In letzter Zeit wurde allerdings das Vertrauen selbst in die bekanntesten Suchmaschinen erschüttert. Laut einer Studie des Unternehmens NEC finden auch die größten Maschinen im Durchschnitt nur etwa ein Viertel aller Seiten, die dem eingegebenen Suchprofil entsprechen:[10]

Q Ergebnisse NEC-Studie:	
Suchmaschine:	**von existierenden Seiten gefunden:**
Altavista: http://www.altavista.com	45 %
Northern Light: http://northernlight.com	33 %
Microsoft: http://search.msn.com	24 %
HotBot: http://www.hotbot.com	20 %
Excite: http://www.excite.com	13 %
Infoseek: http://www.infoseek.com	13 %
Lycos: http://www.lycos.com	8 %

Die Studie zeigt jedoch nicht nur das Dilemma, sondern auch einen Lösungsweg: Die Kombination mehrerer Suchmaschinen verbessert die Trefferquote etwa um das 3,5fache. Das bedeutet Gott sei Dank nicht, dass man als Suchender nun jede der Suchmaschinen einzeln abfragen müsste, um ein zuverlässiges Ergebnis zu erhalten. Abhilfe schaffen sogenannte **Meta-Suchmaschinen**, die den vom Benutzer festgelegten Begriff automatisch gleich bei mehreren Suchmaschinen abfragen. Das Ergebnis ist eine sicherere Abdeckung der real existierenden Seiten im WWW, aber möglicherweise auch eine größere Menge von gefundenen Adressen – die der Benutzer schließlich immer noch sichten muss.

Die folgende Übersicht der Suchmaschinen ist bei weitem nicht vollständig, sondern listet nur die bekanntesten und im Rahmen des Messbaren zuverlässigsten Anbieter auf. Manche haben inzwischen deutsche Filialen gegründet,

---

[10] Steve Lawrence, C. Lee Giles: Searching the World Wide Web. *in:* Science, Volume 280, Number 5360, p. 98. Eine Zusammenfassung der Studie und die hier verwendeten aktualisierten Daten sind natürlich auch im WWW erreichbar, und zwar unter http://www.neci.nj.nec.com/homepages/lawrence/websize.html .

die Suchmasken und Bedienungshinweise in deutscher Sprache zur Verfügung stellen; Versionen für andere Länder (Großbritannien, Frankreich)
wurden nur notiert, wenn sie auch wirklich ein spezielles, auf das jeweilige
Land zugeschnittene Angebot bereithalten. Auf den Homepages mancher
Maschinen findet man zugleich einen Katalog, der in Kategorien organisiert
ist (die manchmal verwirrenderweise auch „Channels" genannt werden, mit
den Browser-Kanälen jedoch nichts gemein haben). Mit den etablierten,
mächtigen Schlagwortkatalogen wie z.b. „Yahoo" können Sie allerdings
nicht konkurrieren (siehe hierzu Kapitel 2.2.2).

Internationale Suchmaschinen (Zentrale in USA):	
http://www.altavista.com	Altavista: sehr gute Maschine mit recht hoher Zuverlässigkeit, verfeinerter Suchmöglichkeit, Zusatzsoftware und Übersetzungsservice; sucht auch in Newsgruppen (Usenet)
http://www.aol.com	AOL NetFind: ebenfalls sehr populär, mit Katalog, Suche in Newsgruppen, nach Email-Adressen und spezielle Seiten für Kinder; mit Möglichkeit, sich ein spezielles Nachrichten-Angebot einzurichten
http://www.excite.com	Excite: ebenfalls mit Nachrichten und personalisierbar; ein wenig verspielte Vielfalt
http://www.hotbot.com	Hotbot: hohe Trefferzahl und sehr differenzierte Suchoptionen; bietet auch Katalog, Suche in Newsgruppen, Suche nach Domain-Namen, Grafiken, Sounds etc.
http://www.infoseek.com	Infoseek: mit verfeinerter Suche (auch in Newsgruppen) und Katalog; mit personalisierbarem Nachrichtendienst
http://www-english.lycos.com [11]	Lycos: sehr populärer Suchservice mit praktischer Bedienung, differenzierter Profi-Suche und Katalog

---

[11] Die eigentliche Adresse http://www.lycos.com wird bei der Einwahl von einem
deutschen Server automatisch auf die deutsche Filiale unter http://www.lycos.de
umgeleitet.

Internationale Suchmaschinen (Zentrale in USA):	
http://www.northernlight.com	Northern Light: mit vorgefertigten Listen zu populären Suchbegriffen
http://www.webcrawler.com	Webcrawler: bewährt, weniger aufwendig
http://www.yahooligans.com	Suchmaschine bzw. Schlagwortkatalog für Kinder, der nur kindgerechte Quellen ausgibt

Deutschsprachige Suchmaschinen bzw. Filialen:	
http://www.aladin.de	Aladin: einfache Bedienung, Suche auf WWW-Seiten oder in Domain-Namen; mit Katalog
http://www.altavista.de	Altavista: deutsche Filiale, sehr gut
http://www.germany.aol.com	deutsche AOL NetFind–Version; mit erweiterter Suche (s.o.)
http://www.dino-online.de	Dino: Suche im ganzen Netz oder im sehr umfangreichen, gut sortierten Katalog, besonders im Bereich Bildung und Wissenschaft; liefert nur deutsche Seiten
http://www.dino-online.de/dino-regional/	Dino: regional begrenzte Suche (gesteuert über Karten mit Postleitzahl-Bezirken)
http://www.eule.de	Eule: einfache und Profi-Suche, Linktips, Katalog
http://www.excite.de	deutsche Excite-Version (s.o.)
http://www.fireball.de	Fireball: in Kooperation mit Altavista; zuverlässige Express- oder Detail-Suche
http://www.kolibri.de	Kolibri: weniger aufwendig, aber gute Anwahl von Suchoptionen direkt von der Startseite aus
http://www.lycos.de	deutsche Lycos-Version (s.o.)
http://netguide.de	Focus-Netguide: Suchmaschine des Nachrichtenmagazins in Kooperation mit Excite (s.o.)
http://www.blinde-kuh.de	Blinde Kuh: spezielle Suchmaschine für jüngere Kinder, die nur kindgerechte Quellen ausgibt; daher jedoch stark eingeschränkter Suchradius

Filialen in Großbritannien:	
http://www.netfind.co.uk	AOL Netfind UK
http://www.excite.co.uk	Excite UK
http://www.lycosuk.co.uk	Lycos UK
Filiale in Australien:	
http://au.excite.com	Excite Autsralien
Filialen in Frankreich:	
http://www.france.aol.com/netfind	AOL Netfind Frankreich
http://www.excite.fr	Excite Frankreich
http://www.lycos.fr	Lycos Frankreich
Filiale in Spanien:	
http://www.es.lycos.de	Lycos Spanien
Filiale in Italien:	
http://www.lycos.it	Lycos Italien
Internationale Meta-Suchmaschinen:	
http://www.highway61.com	Highway 61: durchsucht mit einer Suchanfrage Lycos, Webcrawler, Infoseek, Excite und den sehr guten Yahoo-Katalog (s.u.); flapsige Sprache, aber gute Parameter einstellbar
http://www.metacrawler.com	MetaCrawler: durchsucht u.a. Altavista, Lycos, Webcrawler, Infoseek, Excite und Yahoo
Deutschsprachige Meta-Suchmaschinen:	
http://www.metager.de	MetaGer: sehr gute Einstellungsmöglichkeiten, vor allem bzgl. der Maschinen und Kataloge, die befragt werden sollen; möglich sind u.a. Fireball, Altavista, Netguide (Excite) und die Kataloge Dino, Yahoo und Web.de

Darüber hinaus gibt es Spezial-Suchmaschinen, die nur die Dokumentensuche innerhalb eines einzelnen Web-Angebots oder innerhalb bestimmter Branchen erlauben, wie z.B. die Suche nach lieferbaren Büchern oder nach online verfügbaren Dokumenten des Deutschen Bundestags. Andere Maschinen haben sogar die Newsgruppen oder Email-Adressen im „Spionage-Visier".

Spezial-Suchmaschinen: Newsgruppen, Mailing-Listen etc.:	
http://www.altavista.com	Alta Vista: Schlagwortsuche auch in den Newsgruppen
http://www.dejanews.com	DejaNews: ebenfalls Schlagwortsuche im Usenet; sogar mit Katalog der Newsgruppen
http://www.liszt.com	Liszt: sucht nach (nicht *in*) Newsgruppen, Mailing-Listen und IRC-Kanälen
http://www.reference.com	Reference.COM: Suche in Newsgruppen, Mailing-Listen und WWW-Foren
Suche nach Email-Adressen:	
http://www.four11.com	Four11: sucht nach Email-Adressen
http://www.suchen.de	Suchen.DE: deutschsprachiges Suchwerkzeug für Email-Adressen
http://mesa.rrzn.uni-hannover.de	MESA: Meta-Suchmaschine für E-mail-Adressen
Diverse:	
http://www.filez.com	Filez: Suche nach downloadbaren Programmen und Dateien
http://www.shareware.com	Suche nach Shareware
http://www.paperball.de	Paperball: sucht nach Artikeln in der deutschen Presse, die im WWW vertreten ist; Suche nach Suchbegriff und Rubrik; sehr nützliches Werkzeug für Textsuchende!!
http://www.guj.de/such	Artikelsuche im Angebot von Gruner + Jahr
http://www.bertelsmann.de/bag/deutsch/suche	Suche bei Bertelsmann
http://www.amazon.com	Suche nach englischsprachigen Büchern und Musik-CDs
http://www.amazon.de	deutsche Amazon-Filiale
http://www.buchhandel.de	Katalog deutscher Bücher

Einen **Katalog für Suchmaschinen**, sowohl für allgemeine wie für spezialisierte, findet man unter:

http://www.klug-suchen.de

Diese Seite bietet zugleich eine gelungene Meta-Suchmaschine an, und zwar nicht als Web-Seite, sondern als sehr hilfreiches, kleines Programm namens „LSM – Die echte deutsche Meta-Suchmaschine" (Details ab S. 76). Ob man letztendlich mit einer einzelnen Suchmaschine, einer Meta-Suchmaschine in Form einer Web-Seite oder in Form eines solchen Hilfsprogramms arbeitet, hängt auch vom Suchziel ab: Sucht man einen spezifischen Anbieter, z.b. eine Firma, ist die Chance recht groß, dass man ihn mit Hilfe einer einzelnen, erprobten Maschine findet. Strebt man eine möglichst komplette Liste aller Seiten an, die sich z.b. mit dem Thema „Cloning" befassen, sind Meta-Suchmaschinen in jedem Fall die zuverlässigeren Helfer. Die folgenden Anwendungsbeispiele machen deutlich, wie man beide Wege geht und zu sinnvollen Ergebnissen gelangen kann.

Das erste Anwendungsbeispiel zeigt die Benutzung der Einzel-Suchmaschine **„Fireball"**, nicht nur die offenbar meistbesuchte deutsche Suchmaschine, sondern auch eine mit praktischer und effizienter Bedienung. Nach Aufruf der Homepage öffnet sich u.a. eine Suchmaske, in die zuerst im Feld *Nach* der **Suchbegriff** eingegeben wird:

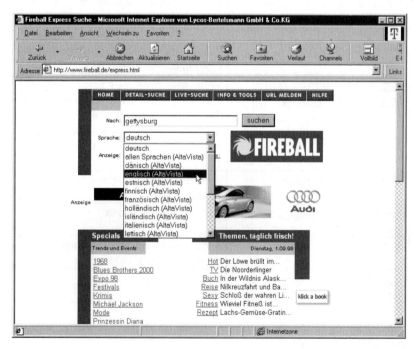

Angenommen, wir wollen uns die berühmte Rede Abraham Lincolns zur Einweihung des Friedhofs in Gettysburg nach der dortigen Bürgerkriegsschlacht besorgen (z.b. für den Englisch- oder den Geschichtsunterricht); im englischen Original, später vielleicht auch gleich mit deutscher Übersetzung. Hierzu wird zunächst der Suchbegriff *gettysburg* (Großschreibung ist nicht erforderlich) eingegeben. Als nächstes Suchparameter kann der Suchraum über die Einstellung *Sprache* näher definiert werden. Obwohl das Internet (fast) die ganze Welt umspannt, kann man die Suche auf Server im deutschsprachigen Raum beschränken, z.b. wenn man sicher ist, dass das gesuchte Material nur von einem Institut in diesem Raum angeboten wird. Im vorliegenden Fall nehmen wir zunächst *englisch* als Einstellung.

Durch Mausklick auf den Schalter *Suchen* wird die Suche gestartet. Da die Suchmaschinen die Anfragen aus dem Netz mit Hilfe komplexer Analyse- und Verarbeitungsverfahren erstaunlich schnell beantworten können, muss man nicht lange auf die Anzeige der Antwortseite warten:

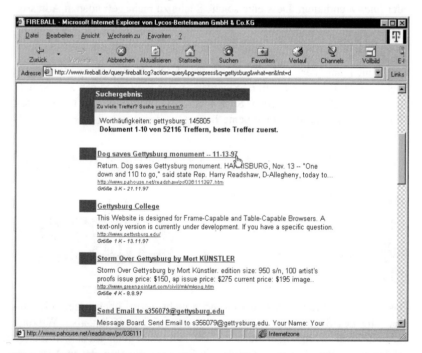

Die erste **Rückmeldung** ist ein wichtiger Indikator nicht nur für das Ergebnis der Suche, sondern auch für unsere Wahl des Suchbegriffs: Die Seite zeigt „Dokument 1-10 von 52.116 Treffern". Das ist schlichtweg zuviel, um von

Hand gesichtet zu werden, und auch ein kurzer Blick auf die erste gefundene Adresse bzw. den kurzen Textauszug der Seite zeigt, dass der Suchbegriff nicht genau genug gewählt war oder allein für ein nutzbares Resultat nicht ausreicht (auch wenn es faszinierend sein mag zu recherchieren, wie ein Hund das Gettysburg-Monument rettete...).

Um die Suche einzuengen, nehmen wir nun einen zweiten Suchbegriff hinzu, zum Beispiel *lincoln*. An dieser Stelle ist bei allen Suchmaschinen Vorsicht geboten: Werden mehrere Begriffe zur Suche verwendet, müssen diese logisch miteinander verknüpft werden, damit das Suchwerkzeug weiß, wie es die Begriffe bei der Suche einsetzen soll. Die hierzu erforderlichen Zeichen oder Symbole sind von Maschine zu Maschine unterschiedlich, weshalb vor der ersten Bedienung die jeweilige Info- oder Hilfe-Seite zu Rate zu ziehen ist. Gibt man z.B. in der Express-Suche von „Fireball" die Suchbegriffe einfach nebeneinander ein, nimmt die Maschine automatisch *ODER* **als logische Verknüpfung** an; d.h. sie sucht nach allen Seiten im WWW, die *gettysburg* oder *lincoln* enthalten. Dass eine solche Suche zu mehr gefundenen Adressen führt als die Suche nach Seiten, die nur *gettybsurg* enthalten, liegt auf der Hand: „Fireball" findet dann statt 52.116 Adressen plötzlich 187.245 – und die Info-Flutwelle ist perfekt.

Eine Einengung der Suche kann nur durch die Verknüpfung der beiden Suchbegriffe durch UND erreicht werden, in der Express-Suche ausgedrückt durch das Zeichen + vor jedem Suchwort (ohne Leerzeichen !). Damit filtert „Fireball" nur noch die Dokumente heraus, in denen sowohl *gettysburg* als auch *lincoln* vorkommt:

Das hierauf gelieferte Resultat kann noch nicht restlos überzeugen, die Eingrenzung des Suchraums durch einen weiteren Begriff hat aber Wirkung gezeigt. Zwar würde man auch 13.000 Adressen noch nicht selbständig selektieren wollen. Jedoch verspricht ein Blick auf die gefundenen Adressen, dass der Inhalt der gewünschten Seiten schon scharf genug umrissen ist:

Suchergebnis:

Zu viele Treffer? Suche verfeinern?

Worthäufigkeiten: gettysburg: 145805; lincoln: 1292198
Dokument 1-10 von 13000 Treffern, beste Treffer zuerst.

Meet Abe Lincoln -- Gettysburg Address
Meet Abe Lincoln at Gettysburg. Speech by President Abraham Lincoln at the
Dedication of the National Cemetery at Gettysburg, Penn. November 19, 1863
http://www.gospel-net.com/meetabelincoln/gettysburg.html
Größe 2 K - 9.4.98 - englisch

Faces of Battle—Lincoln at Gettysburg
LINCOLN AT GETTYSBURG The Words That Remade America Garry Wills.
fter reading The Killer Angels, I wanted. to learn more. about the fighting..
http://www.commonreader.com/8/8466.html
Größe 5 K - 27.2.98 - englisch

Abraham Lincoln - The Gettysburg Address
At The History Place, also has a brief history of the battle and photographs
taken just after the battle.
http://www.historyplace.com/speeches/gettysburg.htm
Größe 5 K - 2.4.98 - englisch

Dieses Suchergebnis verdient es, genauer untersucht zu werden. Wie man an
dem in eine Hand verwandelten Mauszeiger erkennen kann, stellt der ange-
zeigte Titel der gefundenen Seite gleichzeitig einen Link dar – es führt prak-
tischerweise direkt zu der gefundenen Web-Seite, ohne dass man also die
ebenfalls angegebene Adresse selbst eintippen müsste.

Zwischen Link und vollständiger Adresse findet sich ein kurzer Auszug aus
dem Text der Seite, der Aufschluss über deren Inhalt gibt und nahelegt, dass
es dort tatsächlich um die fragliche Rede aus dem Jahr 1863 geht. Zwar
kleingedruckt, aber nicht unwichtig ist auch die Angabe der Größe der Seite
in Kilobyte, hier mit 2 angeführt, und das Datum der letzten Aktualisierung,
hier der 09.04.98. Offensichtlich handelt es sich um eine Seite, die nicht mit
Multimedia-Elementen überladen wurde und lange Übertragungszeiten mit
sich brächte, und die vor noch nicht allzu langer Zeit auf den neuesten Stand
gebracht wurde. Dieses Kriterium mag beim Text der Gettysburg-Rede weniger dringlich erscheinen, könnte für Informationen anderer Art aber durchaus von Bedeutung sein.

Wenn die Ergebnisliste schon einen Link anbietet, soll er auch genutzt und
angeklickt werden:

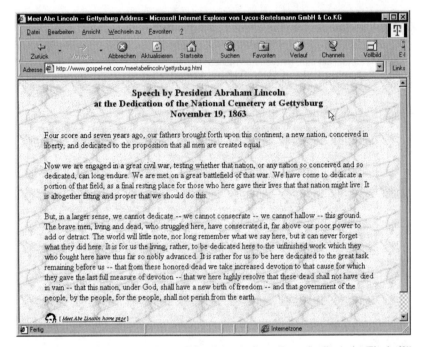

Die Suche war damit bereits erfolgreich, doch soll auch die bei „Fireball"
mögliche Eingabe eines genaueren Suchprofils kurz vorgestellt werden. Wer
auf den Schalter *Detail-Suche* klickt, sieht folgende Maske:

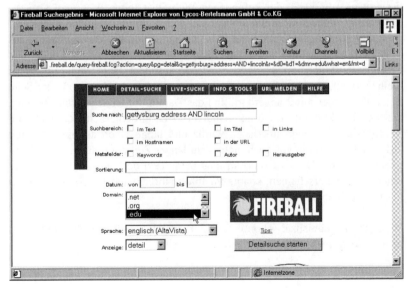

Ein Blick auf die Zeile für die Suchworte verrät, dass hier die logische Verknüpfung der Begriffe auf andere Art angegeben wird, in diesem Fall durch *AND* (Alternativen: *OR, AND NOT* etc.). Die beiden ersten Worte, *gettysburg address*, sollen als zusammenhängender Ausdruck verstanden werden, weshalb sie nicht durch irgendein Wort oder Zeichen getrennt werden. Da es sich hierbei um einen feststehenden Ausdruck für die gesuchte Rede handelt, müsste die gezielte Suche nach ebendiesem Ausdruck auch im World Wide Web zum Ziel führen. Zur weiteren Sicherheit verlangen wir, dass die Seite auch noch das Wort *lincoln* enthält.

Auch die folgenden Optionen sind grundsätzlich interessant, da sich an dieser Stelle festlegen lässt, wo genau der Suchtext in der Web-Seite vorkommen soll, z.b. irgendwo im Text, im Titel oder sogar in der Web-Adresse (URL). Wenn man z.b. weiß, dass die Adresse der Homepage eines bestimmten Unternehmens den Namen dieses Unternehmens enthält, aber weder die genaue Domäne *(aulis* oder *aulis-verlag* ?) oder das Suffix (*com* oder *de, uk* oder *fr* ?) kennt, gibt man einfach als Suchbegriff den Firmennamen ein und wählt die Option *in der URL*.

Die Optionen unter *Metafelder* erweisen sich z.b. als nützlich, wenn man nicht nach einer Seite über die Person XY sucht, sondern nach einem Dokument, dass diese Person selbst verfasst oder herausgegeben hat.

Das Feld *Sortierung* beeinflusst die Reihenfolge der anzuzeigenden Suchergebnisse. Häufiger wird die Einstellung des *Datums* als Parameter benutzt, vor allem um ältere Web-Seiten aus der Suche auszuklammern. Wer nach neuesten Forschungsberichten zu einem Thema forscht, kann die Suche an dieser Stelle auf Dokumente beschränken, die im aktuellen Jahr, Monat, Woche oder gar in den letzten Tagen im WWW publiziert wurden.

Da Lincolns Rede in Gettysburg ein alter Text ist, macht diese Einstellungsmöglichkeit hier wenig Sinn. Interessanter erscheint die Möglichkeit, die Suche auf *Domänen*-Typen, d.h. auf Server bestimmter Institutionen zu begrenzen: kommerzielle Unternehmen kommen als Quellen für das gesuchte Material nicht unbedingt in Frage, eher offizielle Stellen der US-Behörden (das wäre die Domäne *gov*) oder Bildungseinrichtungen wie Universitäten mit der Domäne *edu*. Mit diesem Suffix soll die Detail-Suche zunächst versucht werden.

Wenn auf den ersten Blick auch nicht alle Resultate der folgenden Ergebnisliste als dem Profil entsprechend ins Auge springen (ein zweiter Blick zeigt, dass sie ihm dennoch entsprechen), scheint schon der erste Link eine gute Quelle anzubieten:

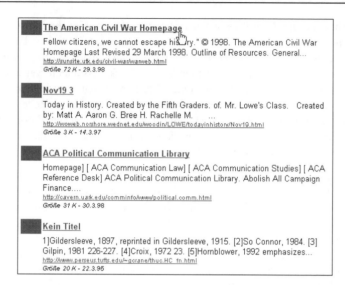

Nach einem Klick auf „The American Civil War Homepage" öffnet sich folgende Homepage, heruntergeladen vom Server der University of Tennessee, Knoxville:

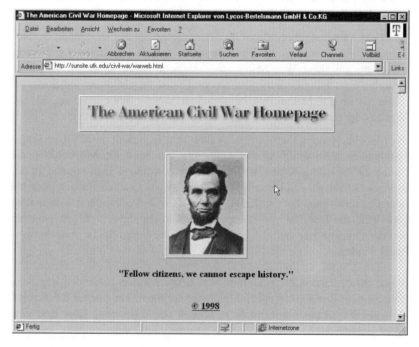

Ein Klick auf den Scrollbalken öffnet eine überaus umfassende Liste von Links zum amerikanischen Bürgerkrieg. Das Durchsehen dieser Sammlung von Verknüpfungen erweist sich als interessant; wer sich diese Zeit allerdings nicht nehmen und nur schnell Informationen zur „Gettysburg Address" finden möchte, kann über die Menüleiste des Browsers *Bearbeiten -> Suchen* anwählen und z.B. *address* als Stichwort eingeben, das dann innerhalb des Browser-Fensters (nicht im World Wide Web !) gesucht wird. Hat der Browser das Wort in der Web-Seite gefunden, wird der Fundort im Dokument automatisch angezeigt.

Auf diese Weise gelangt man in diesem Fall schnell und einfach an folgende Stelle in der beachtlichen Ressourcensammlung, die von Dr. George H. Hoemann (Coordinator for Distance & Continuing Education at the School of Information Sciences, University of Tennessee) betreut wird:

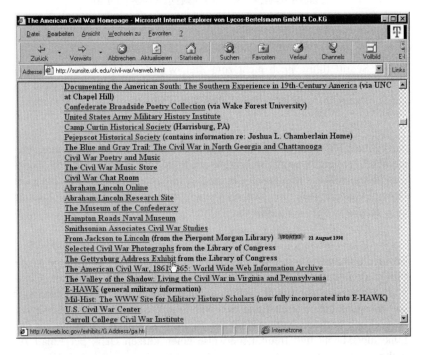

Den angebotenen Informationen zufolge verbirgt sich hinter dieser Verknüpfung eine Online-Ausstellung zur „Gettysburg Address" auf den Web-Seiten der „Library of Congress", der größten Bibliothek (zumindest) der westlichen Welt. Ein nicht ungewöhnliches, durchaus ermutigendes Erlebnis bei der Verfolgung dieses Links soll nicht verschwiegen werden: Ursprünglich meldete der Server der „Library of Congress" nach dem Anklicken des Links:

„Document not found... ". Da es aufgrund bisheriger Erfahrungen mit dieser Institution unwahrscheinlich schien, dass man die Ausstellung einfach aus dem Netz genommen hatte, war eine Strategie zum schnellen Auffinden der Seiten unter ihrer neuen Adresse gefragt. Also wieder eine Suchmaschine einsetzen ?

Ein schnellerer Weg lag in dem Versuch, über die Web-Adresse ans Ziel zu gelangen. Diese Adresse war ja nichts anderes als die Angabe eines Verzeichnis auf dem Server der Bibliothek; und wenn man sich aus dem angegebenen Verzeichnis weiter nach oben klickte, müsste man irgendwann auf einer allgemeineren Ebene ankommen, auf der sich vielleicht auch ein Inhaltsverzeichnis finden ließe.

So wurde aus der offensichtlich nicht mehr aktuellen Adresse:

http://lcweb.loc.gov/exhibits/G.Adress/ga.html

zunächst die zuletzt angegebene Datei entfernt:

http://lcweb.loc.gov/exhibits/G.Adress

Dieser Schritt führte noch nicht zum Ziel, was darauf schließen ließ, dass sich nicht nur die Bezeichnungen für die Seiten geändert hatten, sondern das ganze Verzeichnis. Folglich wurde auch dieses versuchsweise entfernt und

http://lcweb.loc.gov/exhibits

eingegeben. Dies war eine Pfadangabe, die ihrem Inhalt zufolge in ein allgemeines Verzeichnis zu Ausstellungen auf dem Server der Library of Congress führen sollte – und genau das tat sie. In der nun angezeigten Liste der Online-Ausstellungen fand sich auch jene zur berühmten Rede Lincolns, und zwar nun unter der neuen Adresse:

http://lcweb.loc.gov/exhibits/gadd

Bevor die Online-Ausstellung besichtigt werden konnte, galt es, eine kleine Pflicht als Benutzer des World Wide Web zu erfüllen: den Autor der „Civil-War"-Homepage per Email darüber zu informieren (die Adresse fand sich wie meistens am unteren Ende der Web-Seite), dass sich die Adresse der Ausstellung geändert hatte. Schon am nächsten Tag hatte Dr. Hoemann den Link „upgedatet" und freundlicherweise einen kurzen Dank per Email zurückgesandt.

Neben Entwürfen der Rede bietet die Library of Congress übrigens auch folgendes an:

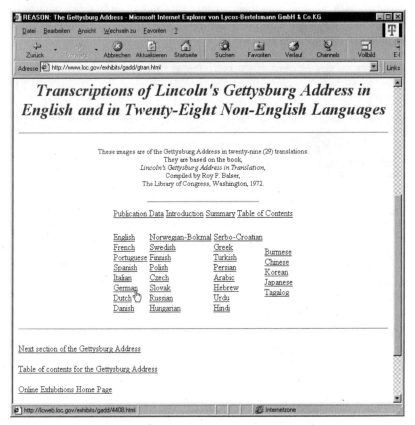

Ein Klick auf den Link „German" erspart die Übersetzungsarbeit, wenn man die Rede nicht im Original einsetzen will. Leider handelt es sich bei dem Dokument, das dann angezeigt wird, um eine Grafik, die sich zwar ebenso abspeichern, aber nicht in eine Textdatei umwandeln lässt (es sei denn mit so erheblichem Aufwand, dass man die Seite ebensogut ausdrucken und den Text dann abtippen könnte). Dennoch war die Recherche per Suchmaschine, unter Einsatz der geeigneten Begriffe und Optionen, letztlich durchaus erfolgreich.

Die differenziertesten Suchoptionen bietet übrigens die Maschine „Hotbot"
über den Link *More Search Options.* Die Festlegung der Suchkriterien
gestaltet sich damit allerdings recht aufwendig und setzt genauere,
technischere Kenntnisse in bezug auf die Elemente voraus, welche in einer
Web-Seite enthalten sein können:

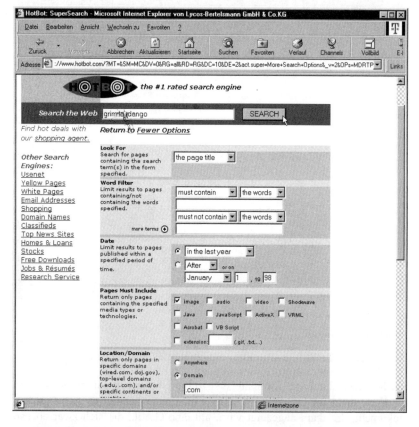

Eine Recherche nach den o.a. Begriffen und Parametern würde nach einer
Seite suchen,

– deren Titel die Worte „Grim Fandango" enthält (das ist der Titel eines
Grafik-Adventures von Lucasarts Inc.);

– die im vergangenen Jahr erstellt wurde;

– die Bilder aus dem Spiel enthält, da man ja sehen möchte, wie gut die Grafik denn gelungen ist;

– und die möglichst vom amerikanischen Hersteller selber stammt, an dessen Namen man sich zwar gerade nicht erinnern kann, der aber mit Sicherheit ein kommerzielles Unternehmen ist – also eine *com*-Domäne hat.

Dass diese Suche auf sehr schnellem Wege zum Ziel führt, kann der mit einem Internet-Anschluss ausgestattete Leser gerne nachvollziehen, wenn er hierbei den in der Option *Date* gesteckten Zeitraum beachtet.

Zweifellos wird der Suchende auch bei virtuosem Einsatz der Suchmaschinen nicht immer im WWW fündig, was einmal damit zu tun hat, dass auch in dieser Quelle bei weitem nicht das gesamte Weltwissen versammelt ist. Zudem erweisen sich die Mechanismen der Suchmaschinen mitunter als unzuverlässig, ihre Funde sind oft genug lückenhaft. Vergleicht man die Ergebnislisten verschiedener Maschinen für denselben Suchbegriff, fallen die Resultate häufig auch unterschiedlich aus. Den Beleg liefert die bereits erwähnte NEC-Studie: Auch die beste Suchmaschine findet höchstens ein Drittel der Seiten, die dem vom Benutzer eingestellten Suchprofil entsprechen und weltweit verstreut auf den Servern liegen.

Wer eine **Meta-Suchmaschine** einsetzt, kann eher damit rechnen, dass sein gewünschtes Dokument in der Ergebnisliste auftaucht, als wenn er nur eine einzelne Maschine befragt. Denkbar ist allerdings auch ein wenig erfreulicher Effekt: Befasst sich das Dokument mit einem populären Thema, fällt die Ergebnisliste einer Meta-Maschine noch länger aus als die einer Einzel-Maschine. Man sollte daher der Strategie folgen, eine Meta-Suchmaschine erst dann anzuwenden, wenn man mit einer zuverlässigen Suchmaschine wie „Fireball" nichts gefunden hat.

Stets sinnvoll ist die Nutzung einer Meta-Suchmaschine allerdings immer dann, wenn man sich einen möglichst validen **Überblick** darüber verschaffen will, welche Quellen das WWW zu einem bestimmten Thema in seiner Gesamtheit anbietet; wenn man nicht gezielt nach einem bestimmten Dokument sucht, sondern prüfen möchte, in welcher Breite und Tiefe sich das Netz mit diesem Thema überhaupt beschäftigt.

Gesetzt den Fall, man sucht für das Fach Biologie, Deutsch, Religion oder Politik Material zu einem so akuten und brisanten Thema wie Klonierung. Da man sich in diesen Fächern eher auf deutschsprachige Quellen stützen wird, empfiehlt sich der Einsatz einer deutschen Meta-Suchmaschine wie MetaGer (unter http://www.metager.de), die sich nicht nur in deutscher Sprache bedienen lässt, sondern auch primär auf deutsche Suchwerkzeuge zugreift.

Auf der dortigen Homepage erstellt man wie gehabt durch Suchbegriff und Optionen ein Suchprofil. Ein elementarer Unterschied zur herkömmlichen Einzelsuche besteht jedoch darin, dass man hier auch festlegen kann, welche

Suchmaschinen automatisch nach diesem Profil befragt werden sollen. MetaGer bietet sowohl prominente Maschinen wie Altavista und Lycos als auch Schlagwortkataloge wie Dino, Web.de und Yahoo an. Welche Werkzeuge durchforstet werden sollen, kann man selbst festlegen:

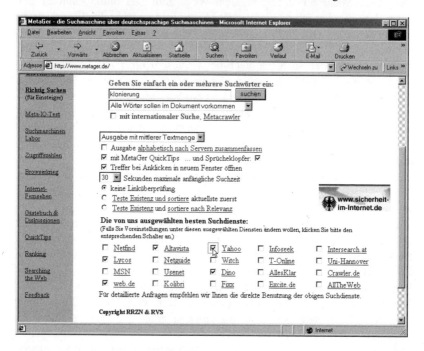

Weitere Optionen umfassen die Möglichkeit, auch die internationale Meta-Maschine „Metacrawler" zu befragen, sowie eine Überprüfung der Existenz der gefundenen Links durchführen zu lassen. Das kostet Zeit, garantiert aber, dass MetaGer keine „toten" Links liefert, die zwar noch in den Listen einiger der Suchmaschinen stehen, jedoch auf nicht mehr vorhandene Web-Seiten verweisen.

Die Recherche nach *klonierung* liefert eine Menge an Adressen, ergänzt durch sinnvoll aufbereitete Informationen. Als erstes teilt eine kurze Übersicht mit, welches Suchwerkzeug wieviele Treffer lieferte, und wieviele Treffer insgesamt erzielt wurden (wenn Kataloge wie Dino und Yahoo nicht antworten, liegt die Ursache darin, dass sie aus verschiedenen Gründen mehr Zeit für die Antwort brauchen, die Meta-Suchmaschine diese Zeit aber nicht abgewartet hat).

Die gefundenen Adressen werden wie üblich mit Titel, Link und kurzem Textauszug angezeigt. Zugleich werden sie jedoch nach Treffgenauigkeit sortiert, d.h. in Abhängigkeit davon, mit welcher Genauigkeit sie dem Such-profil entsprechen (dies ist z.b. abhängig von der Schreibweise des Suchbeg-riffs). Die Treffgenauigkeit wird durch Sternchen angezeigt, absteigend von drei nach eins:

```
Yahoo.de:         20 Treffer  (von 442 maximal)
AltaVista:        10 Treffer  (von 1608 maximal)
Dino-Online:       0 Treffer
Lycos:            10 Treffer
web.de:            0 Treffer
Gesamtanzahl:     40 Treffer
```

Suchergebnisse für: **klonierung**

---

1) *** **Prinzip der Klonierung**

QCheck:
   http://www.bayern.de/stmlu/gen/grundlag/klon.htm
- *(gefunden von: Lycos)* Grundlagen der Gentechnik Prinzip der **Klonierung** Ziel des genetischen Klonierungsexperiments ist die Isolierung eines Gens aus einem Organismus (Mensch/Tier/Pflanze) und dessen Vermehrung in einem and http://www.bayern.de/stmlu/gen/grundlag/klon.htm
- *(gefunden von: AltaVista)* Grundlagen der Gentechnik. Prinzip der **Klonierung**. Ziel des genetischen Klonierungsexperiments ist die Isolierung eines Gens aus einem Organismus... (12-Aug-1999, 7K bytes)
   http://www.bayern.de/STMLU/gen/grundlag/klon.htm - prüfen: QCheck
- *(gefunden von: Lycos)* Grundlagen der Gentechnik Prinzip der **Klonierung** Ziel des genetischen Klonierungsexperiments ist die Isolierung eines Gens aus einem Organismus (Mensch/Tier/Pflanze) und dessen Vermehrung in einem and http://www.bayern.de/STMLU/gen/grundlag/klon.htm

2) *** **Klonierung von Tieren - wie Dolly entstand**

QCheck:
   http://www.lifescience.de/bioschool/sheets/01.html
- *(gefunden von: Yahoo.de)* - **Klonierung** von Tieren - wie Dolly entstand Natürliche Klone Alle Zellen unseres

---

Die z.T. doppelt gelieferten Textauszüge sind nur scheinbar unsinnig: Wenn man ein schnelles Suchergebnis erzielen wollte und daher keine Überprüfung der Existenz der Links durchführen ließ, kann man anhand der Anzahl der Fundstellen abschätzen, ob es die Seite tatsächlich noch gibt oder nicht: Die umfassende Stellungnahme zur „Klonierung beim Menschen" wurde sowohl bei „Fireball" als auch bei „Altavista" gefunden.[12]
Für Naturwissenschafter stellen die Online-Archive der bekannten Wissen-schaftsmagazine besonders interessante Anlaufstellen dar. Die deutschspra-chigen Magazine *GEO, Bild der Wissenschaft* und *Spektrum der Wissen-schaft* unterhalten recht aufwendige Web-Seiten mit ausgewählten Artikeln

---

[12] Die Stellungnahme verschiedener Professoren wurde für den „Rat für Forschung, Technologie und Innovation" erstellt und im April 1997 als Pressedokumentation des Bundesministeriums für Bildung, Wissenschaft, Forschung und Technologie veröf-fentlicht.

der Druckausgaben, Wissenschaftsreports, Linklisten usw. Einen **Zugriff auf alle Artikel der Druckausgaben**, und zwar auf den Volltext, die enthaltenen Bilder und Diagramme, bietet nur *Spektrum der Wissenschaft*, verständlicherweise jedoch ausschließlich für Abonnenten.

Unter den englischsprachigen Magazinen sind *Scientific American, Nature, Science, New Scientist* und *National Geographic* mit recht ergiebigen Seiten im WWW vertreten. (Weitere ausführliche Informationen liefert Kapitel 8.2 „Wissenschaftsmagazine" im Adresskatalog.)

Als besonders gelungen darf die Online-Dependance von *Scientific American* beachtet werden:

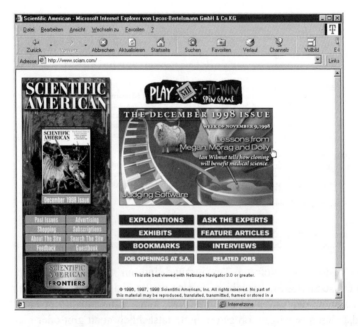

Hier werden neben einem Volltext-Archiv (ab 1996) umfangreiche Online-Artikel geboten, die durch ausführliche Veranschaulichung und Einsatz von Hyperlinks die Vorteile des WWW sehr gut ausnutzen, ohne zu (daten-)gewaltig zu werden. Hochinteressant ist auch das „Ask an Expert"-Archiv, in dem auf Leserfragen hin entstandene Erklärungen zu aktuellen Wissenschaftsfragen (z.B. zu El Niño oder Trends der Gentechnik) gesammelt werden. Die Erläuterungen sind einfach verständlich, ohne unzulässig zu simplifizieren.

Stets wird hier auch ein besonderes Thema aus der Druckausgabe zum Anlass genommen, einen ausführlichen Online-Artikel ins Netz zu stellen, wie hier einen Aufsatz des schottischen Klon-Forschers Ian Wilmut (der Züchter des Schafs „Dolly"). Per Mausklick wird der gesamte Artikel nebst Hyper-links angezeigt, die zu speziellen Grafiken, relevanten Forschungsinstituten oder Diskussionsforen führen:

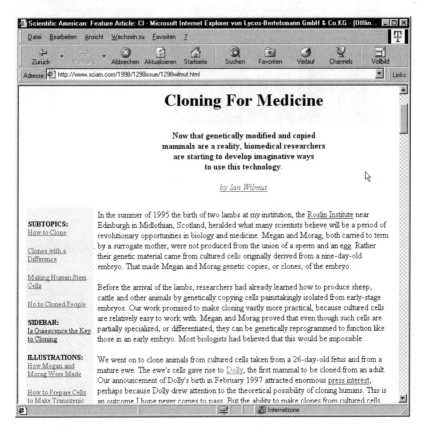

Wer auf der Homepage auf „Current Issue" klickt, erhält einen Überblick über die Artikel der aktuellen Druckausgabe, mit Links zu ausgewählten Artikeln, kurzen Zusammenfassungen etc. Grundsätzlich sind alle aufgeführ-ten Artikel online abrufbar – doch auch hier nur für Abonennten (Abonne-ments lassen sich übrigens direkt online bestellen; Details hierzu ebenfalls im Adresskatalog, wie auch zu den Bezugsmöglichkeiten bei anderen Magazi-nen):

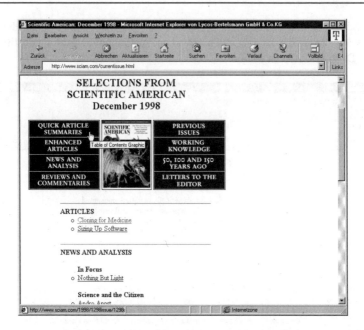

Im folgenden Abschnitt soll nun mit den Schlagwortkatalogen eine weitere
Kategorie von Suchwerkzeugen vorgestellt werden, welche die unüberschaubare Menge der Seiten im World Wide Web etwas eingrenzen.

2.2.2 Schlagwortkataloge

Diese Werkzeuge taugen vor allem, um schnell zu den Startseiten einzelner Anbieter und Institutionen zu gelangen und Homepages zu bestimmten Themen und Personen ausfindig zu machen. Auch wer nur ein einzelnes Dokument sucht, gelangt über einen solchen Katalog oft schneller ans Ziel, da die dort gesammelten Adressen von einer Redaktion selektiert wurden und zumindest einem Grundanspruch an Informationsgehalt entsprechen. Vor allem aber filtert der Nutzer über die Schlagworte eines Katalogs mit jeder Anwahl eines weiteren Schlagworts tausende von Adressen aus, die nicht in sein Suchprofil passen – und zwar wesentlich effektiver, als dies mit einer Suchmaschine möglich ist.

Ein speziell auf didaktisch interessante Quellen zugeschnittener Katalog findet sich in der zweiten Hälfte dieses Buches sowie – per Mausklick leicht und schnell anwählbar – auf der „Aulis Internet-CD für Lehrer", zusammen mit der Zugangssoftware zu T-Online und weiteren nützlichen Surfprogrammen. Den gleichen Zweck verfolgen die Bildungsserver der Länder (Adressen siehe Kapitel 8.3.2) und der **„Deutsche Bildungsserver"** (DBS) unter:

http://dbs.schule.de

Der Link **„Unterrichtsmaterialien und Projekte"** führt auf folgende Seite:

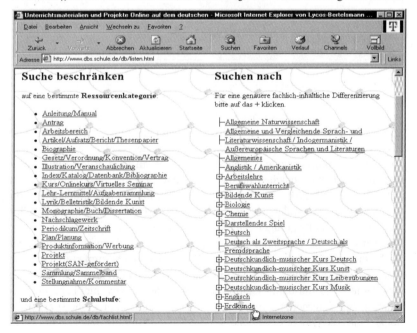

Hier ist es möglich, entweder fachspezifisch oder nach bestimmten Quellen-
typen (z.B. „Onlinekurs" oder „Projekt") zu suchen. Die Auswahl des Fachs
„Erdkunde" fördert folgende Resultate zutage:

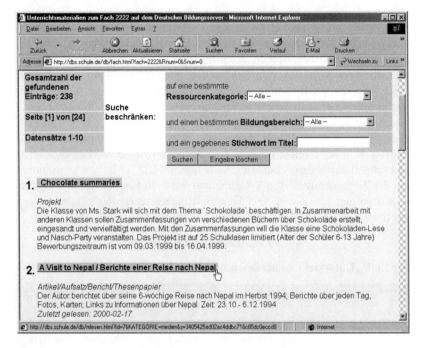

Ein Blick auf den ersten Beitrag zeigt ein wesentliches **Dilemma** dieses
Katalogs. Gewiss findet man hier einige nützliche Adressen, noch dazu
versehen mit kurzen Angaben über den Inhalt. Da die Quellen des
„Deutschen Bildungsservers" allerdings nicht von einer Redaktion
ausgesucht werden, sondern jedweder Besucher selbst einen Eintrag
vornehmen kann, bietet der Katalog ein recht diffuses Bild: Viele, recht
allgemeine Quellen tauchen in allen möglichen Fächern auf, und da findet
sich in der Rubrik „Erdkunde" schon einmal eine Einladung zur
Schokoladenparty, oder unter „Sozialwissenschaften" die (zweifellos
verlockende) Quelle „Fragen Sie einen Vulkanologen"...
Die Auflistung der Quellen zum Fach Erdkunde, die sich im übrigen auch per
Stichwort durchsuchen lässt, ist mit 226 zudem recht umfangreich – im
Grunde *zu* umfangreich, um sie online nach Brauchbarem zu durchforsten, da
dies zuviel Zeit und damit Geld kostete. Also heißt es womöglich, die Verbindung zum Internet zu kappen und offline zu selektieren. Äußerst praktika-
bel ist eine solch lange Liste ohne weitere Kategorisierung daher nicht.

Hat man nun eine vielversprechende Adresse gefunden, gelangt man nicht per einfachem Mausklick zu ihr, sondern zunächst auf eine Seite mit näheren Informationen zur Quelle:

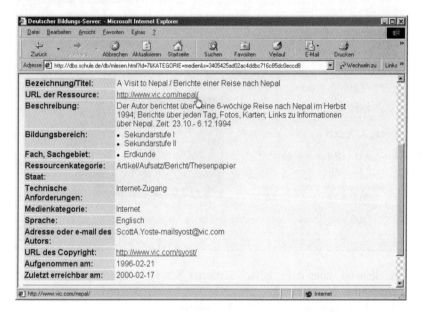

Diese sind zwar gut gemeint, verhindern aber, dass ein kostenbewusster Lehrer die Auflistung der Quellen zu seinen Fächern (wie oben zu „Erdkunde") auf dem eigenen PC abspeichern, dort in Ruhe durchsuchen und bei Interesse eine Adresse direkt anwählen kann; er muss den „Umweg" über den individuellen Eintrag der Quelle im Archiv des DBS nehmen, denn nur dort findet er die URL der Quelle. Ob diese aber für die eigenen Interessen oder Unterrichtspläne nützlich ist oder nicht, muss er am Ende doch eigenhändig überprüfen, d.h. die Adresse selbst anwählen.

Immerhin kann man sich aufgrund der monatlichen Prüfung, ob die Quelle noch im Netz vorhanden ist, recht gut auf die Existenz der aufgelisteten Einträge verlassen. So führt auch der geschilderte und vielleicht ein wenig umständlich anmutende Weg zum Ziel, und zwar in diesem Fall über Kentucky nach Nepal:

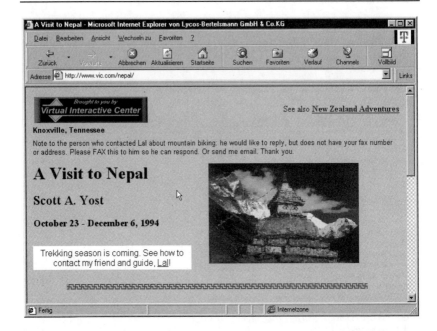

Ein kleinerer, aber dafür besser sortierter Schlagwortkatalog mit ähnlicher Zielrichtung wird von der „Zentrale für Unterrichtsmedien im Internet" (ZUM) betrieben, und zwar unter der Adresse:

http://www.zum.de

Ein weiterer Anlaufpunkt für Didaktiker und Schüler ist das „Deutsche Schul-Web", eine Intiative der Humboldt-Universität in Berlin. Hier sind zum einen – und zwar auf einer interaktiven Landkarte – alle Schulen in Deutschland verzeichnet, die schon mit einem eigenen Angebot im WWW vertreten sind, und zwar mit nützlichen Angaben zu Art und Umfang des Web-Auftritts. Zum anderen gibt es auch Links zu Angeboten aus Forschung und Lehre, einen Schul-Chat sowie Informationen zu aktuellen Projekten im WWW. Die Adresse des Deutschen Schul-Web lautet:

http://www.schulweb.de

Daneben gibt es einige allgemeine Schlagwortkataloge, die natürlich auch didaktisch nutzbare Quellen verzeichnen, jedoch ohne dass die jeweilige Redaktion hierauf ihren Schwerpunkt legte und bei der Selektion entsprechende Kriterien ansetzte. Immer mehr Anbieter von Suchmaschinen gehen im übrigen dazu über, parallel einen Katalog anzubieten, der natürlich aus den eigenen (und nicht immer zuverlässigen) Datenbänken zusammengestellt wurde. Hier eine Übersicht der bekanntesten Verzeichnisse:

Kataloge für Unterrichtsmaterialien:	
http://www.dbs.schule.de	Der deutsche Bildungsserver: Sortierung nach Fach oder Art der Quelle; Eintrag einer Quelle durch Benutzer und regelmäßige Prüfung der Links
http://www.zum.de	Zentrale für Unterrichtsmedien: kleinerer, aber besser sortierter Katalog
Internationale Schlagwortkataloge (Zentrale in USA):	
http://www.w3.org/hypertext/DataSources/bySubject/Overview.html	WWW Virtual Catalogue: riesiger Katalog internationaler (vorwiegend englischsprachiger Quellen) zu allen Wissenschaftsgebieten
http://www.yahoo.com	Yahoo: Zentrale in den USA
http://www.netcenter.com	Netscape: exzellente Schaltzentrale
http://www.aol.com	AOL: Netfind (auch als Katalog)
Deutschsprachige Schlagwortkataloge:	
http://www.rz.uni-karslru-he.de/Outerspace/VirtualLibrary	Deutsche Abteilung der „WWW Virtual Library"
http://www.yahoo.de	Yahoo: wohl der populärste Katalog, mit großer amerikanischer „Zentrale" und diversen internat. Filialen (s.u.)
http://www.dino-online.de	DINO: großer Katalog mit vielen Quellen zu Bildung und Forschung
http://web.de	Web.De
http://germany.aol.com	AOL: Netfind (auch als Katalog)
http://www.lisde.de	Lisde: Katalog für deutschsprachige Mailinglisten
Diverse Filialen:	
http://www.yahoo.co.uk	Yahoo Großbritannien und Irland
http://www.yahoo.ca	Yahoo Kanada
http://www.yahoo.com.au	Yahoo Australien
http://www.yahoo.fr	Yahoo Frankreich
http://www.yahoo.it	Yahoo Italien
http://www.yahoo.es	Yahoo Spanisch

Das folgende Beispiel zeigt die Suche nach Quellen zur **Gentechnologie** in der **deutschsprachigen Filiale von „Yahoo"**. Die Homepage bietet zugleich mehrere Kategorien als auch die Möglichkeit an, einen Suchbegriff einzugeben. Im Gegensatz zu einer Suchmaschine findet die Suche hier allerdings in einem vorsortierten, d.h. natürlich auch in der Zahl seiner Quellen begrenzteren Katalog statt.

Auf der Yahoo-Homepage zu beachten sind die oberhalb der Themengebiete angezeigten Links „Finanzen" und „Schlagzeilen" (auch als Icons am Kopf der Homepage), hinter welchen sich Nachrichtenticker verbergen. Ebenfalls interessant ist die Suche nach „Email-Adressen" anderer Internet-Teilnehmer – d.h. in einem „Telefonbuch" für Email-Anschriften.

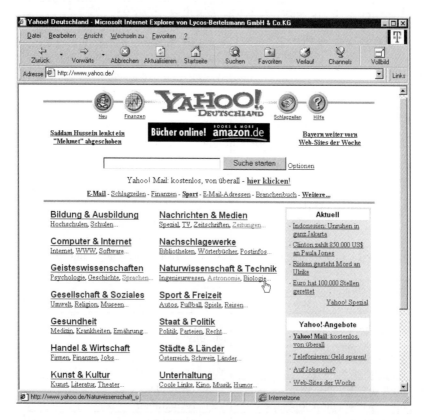

Im Bereich **„Biologie"** erscheinen nun wiederum mehrere, fachspezifische Rubriken, von Anatomie bis Zoologie. Hinter diesen verbergen sich weitere, spezifischere Listen von Adressen. Die Zahl in Klammern gibt die Zahl dieser Quellen an, das Zeichen des Klammeraffen verweist auf einen größeren Bereich, der zahlreiche Quellen enthält und diese sinnvollerweise wiederum in mehrere Kategorien sortiert.

Auch auf dieser Seite ist die Stichwortsuche im Katalog möglich. Dabei lässt sich einstellen, ob die Suche nur in der Rubrik stattfinden soll, in welcher man sich gerade befindet (hier also in „Biologie") oder im gesamten Yahoo-Katalog (z.b. weil man sich verlaufen hat und nun einen kürzeren Weg zum Ziel sucht).

Neben den sich weiter verzweigenden Rubriken finden sich auch hier schon einige Web-Adressen, die folglich dem Profil „Biologie" nur in recht allgemeiner Form entsprechen sollten. Wie ein Blick auf die Einträge zeigt, fällt die Ordnung in diesem Katalog ebenfalls recht diffus aus:

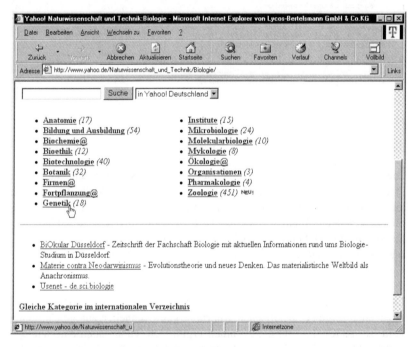

Ein Klick auf eines der Fachgebiete, z.B. auf „Genetik", mag weiterhelfen. Diese Anwahl liefert u.a. die Rubriken „Gentechnologie", „Institute" und „Klonen".

Der weitere Mausklick auf die erstgenannte Rubrik führt schließlich zu einigen brauchbar scheinenden Quellen:

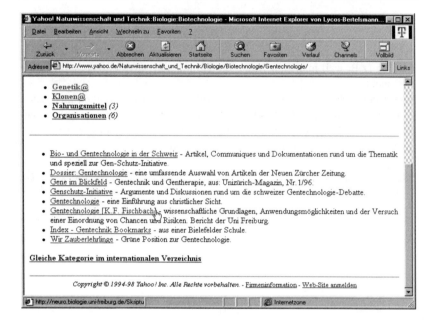

Hier nun endlich finden sich einige Quellen, die tatsächlich dem Suchprofil „Gentechnologie" zu entsprechen scheinen. Ob dies wirklich der Fall ist, kann man nur z.t. den eher knappen Angaben zu jeder Adresse entnehmen, die den eigenen prüfenden Blick natürlich auch hier nicht ersparen. Unter den verzeichneten Quellen findet sich immerhin eine Standardadresse zum Thema: Der Grundlagenaufsatz von K.H. Fischbach zu Chancen und Risiken der Gentechnik.

Der Weg über die Eingabe des Suchbegriffs – entweder direkt auf der Homepage oder in einer spezifischen Rubrik – kann schneller zur gewünschten Adresse im Katalog führen; eventuell ergibt sich jedoch auch eine längere, recht unübersichtliche Liste von Einträgen, wenn es sich um ein sehr ergiebiges Suchwort handelte.

Diese Liste zeigt dann sowohl die Kategorien an, die dem Suchbegriff entsprechen müssten (wie hier die bereits oben erforschte Kategorie „Gentechnologie" im deutschen Yahoo-Verzeichnis sowie die entsprechende Rubrik für die Schweiz), als auch einzelne Adressen. Die Suche nach „Gentechnologie" im gesamten Yahoo-Katalog liefert aufgrund der Bedeutungsschärfe des Begriffs eine überschaubare und brauchbare Auswahl von Web-Adressen.

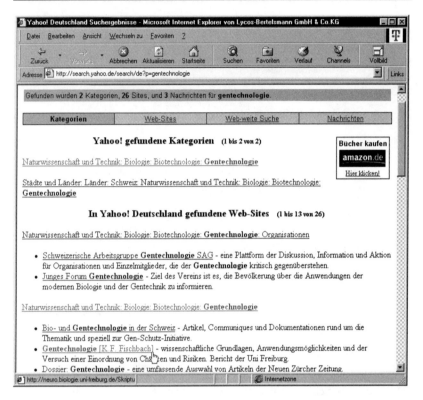

Wie bereits in der Übersicht der Kataloge erwähnt, hat zumindest im Bereich der **Forschung und Lehre** der „DINO"-Katalog einen Vorsprung, wie der folgende Ausschnitt aus der dortigen Rubrik „Gentechnik" zeigt. Es wird auch erkennbar, dass der „DINO" mindestens eine ähnliche Funtionalität bietet, z.B. die Suche in der gerade angewählten Rubrik bzw. im gesamten Verzeichnis.

Natürlich finden sich auch im DINO-Katalog in der großen Fülle der aufgelisteten Quellen – allerdings eher in populäreren Rubriken wie „Science Fiction" – mitunter Adressen, die in Informationsgehalt und/oder Gestaltung nicht unbedingt preisverdächtig wirken. Insgesamt lässt sich jedoch festhalten, dass der „DINO" vor allem im Bereich der Wissenschaften eine wesentlich umfassendere Bandbreite abdeckt als Yahoo. Hierbei muss allerdings betont werden, dass dieser Vergleich die amerikanische Zentrale des Yahoo-Katalogs, eine wahrhaft gewaltige Quellensammlung, nicht miteinbezieht.

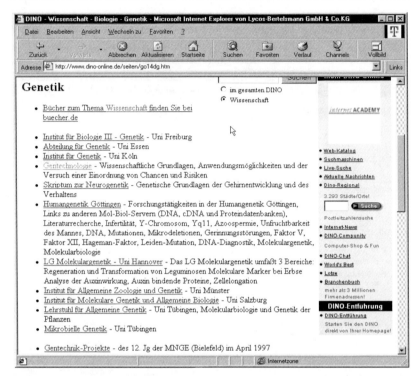

Dass auch die Schlagwortkataloge, die einzigen Kataloge der „digitalen Bibliothek", ihre Grenzen haben, dürfte deutlich geworden sein. Und damit wäre wohl auch ein weiterer Beweis dafür erbracht, wie wenig das Internet diese Bezeichnung verdient. Hieraus ergibt sich schließlich die naheliegende Frage, ob bei der Recherche denn nun **Suchmaschinen oder Kataloge** eingesetzt werden sollten. Diese Frage lässt sich nicht dogmatisch beantworten. Wenn man nach einer Quelle sucht, die sich bekannten Kategorien zuordnen lässt und nicht zu spezifisch oder gar exotisch ist, empfiehlt sich, die Suche über einen Katalog zu starten. Auf diesem Weg gelangt man üblicherweise zumindest zu einigen brauchbaren Quellen zum Thema.

Grundsätzlich darf die Suche allerdings an diesem Punkt nicht beendet werden, da auch die Kataloge oftmals wichtige Quellen nicht verzeichnen. Die Grundlage jeder Recherche, mit welcher das WWW tatsächlich fundiert erforscht werden soll, bilden daher die **Suchmaschinen** – ebenso für die Suche nach sehr spezifischen Informationen (z.B. über die Klonierung von „Dolly") oder nach Exotischem (z.B. nach dem berühmten Zeichner der Donald Duck-Comics). Den Schülern zu vermitteln, wie man diese Suchwerkzeuge sinnvoll anwendet, ist daher oberstes Lernziel einer Web-Recherche.

Q Exkurs:

„Surfen im Internet" bedeutet, eine Seite nach der anderen zu besuchen, hauptsächlich mit Hilfe der Links, welche die einzelnen Homepages und Seiten miteinander verknüpfen. Wie Steven Johnson in seinem Buch „Interface Culture" richtig feststellt, tut der Begriff des „Surfers" dem Benutzer des WWW im Grunde unrecht: Er wurde ursprünglich auf den Fernsehzuschauer angewandt, der seit dem Auftreten von Kabel- und Satellitenfernsehen zwischen zahlreichen Kanälen hin und her „zappen" kann und sich dabei der Willkürlichkeit des gerade angebotenen Inhalts aussetzt (ohne darin etwas Verwerfliches zu sehen). Der Fern-Seher, der nicht in die Programmzeitschrift schaut, kann nicht wissen, was der nächste Klick auf der Fernbedienung bringt.

Selbst der Web-Nutzer, der keinen Schlagwortkatalog zu Rate zieht, bewegt sich auf weniger zufälligen Bahnen, tut also mehr, als bloß richtungslos zu surfen, nur dem Wind des Zufalls ausgesetzt. Denn: „The links that join those various destinations are links of association, not randomness."[13] – Die Verknüpfungen, die ein Autor von der eigenen Seite zu einer anderen Seite setzt, entspringen nicht dem Zufall, sondern seiner bewußten Planung, mit welcher er inhaltliche Bezüge zwischen den eigenen Informationen und solchen herstellt, die auf den Seiten anderer Autoren oder Instiutionen zu finden sind. Daraus ergibt sich auch ein positivers Bild des Web-Nutzers: „A [TV] channel surfer hops back and forth between different channels because she's bored. A Web surfer clicks on a link because she's interested."[14]

Da der Begriff sich dennoch etabliert hat, taucht er auch in diesem Buch dann und wann auf, ist jedoch nicht wertend gemeint. Freilich reichen die Links allein nicht aus, um Ordnung in die unüberschaubare Vielfalt zu bringen (sofern das überhaupt möglich ist), und gewiss gibt es Leute, die sich nur zum Spaß von Link zu Link klicken. Warum auch nicht ? Solange man weiß, dass und wie man das Medium auch für „ernstere" Zwecke nutzt, und die Risiken des Surfens kennt, setzt man sich keiner großen Gefahr aus. Systematischer als das Herumzappen im Fernsehen ist das „Surfen" im Netz, ob aus privatem oder echt professionellem Interesse, allemal.

---

[13] Steven Johnson: Interface Culture – How New Technology Transforms the Way We Create and Communicate. HarperEdge, San Francisco 1997. S. 109.
[14] ebd.

2.3   Wie man Web-Quellen analysiert und bewertet

Die Integration des Internet in den Unterricht kann nicht nur bedeuten, Schülern den technischen Umgang mit dem Medium zu vermitteln und auf diesem Weg an Unterrichtsmaterial zu gelangen. Dass sowohl das hierbei gewonnene Material als auch das Medium selbst kritisch betrachtet werden müssen, klingt wie eine Selbstverständlichkeit. Wie aber ist vorzugehen ? Eine Web-Seite ist kein normaler Text (und wenn sie wie solcher aussieht, ist sie nicht gut), sondern eben Hypertext. Anhand welcher Kriterien diese Textart, als Weiterentwicklung des Printtextes, analysiert und bewertet werden kann, soll im folgenden kurz besprochen werden.

Die Ansatzpunkte für eine Analyse und Bewertung sind nicht neu. Es geht um:

> **-> Inhalt**
> **-> Form**
> **-> Aktualität**
> **-> Quelle**

Die jeweiligen Kriterien nehmen freilich neben den bekannten Aspekten auch die möglichen Elemente und Funktionen von Hypertext ins Visier.

Zum Inhalt:

Wichtigster Gesichtspunkt ist zweifellos die inhaltliche Qualität. Bei der Beurteilung des **Informationswerts** einer Web-Site ist es wichtig, sich von der formalen Gestaltung (s.u.) nicht blenden zu lassen, d.h. von der Gestaltung zu abstrahieren (ein Film mit vielen Special Effects ist nicht selbstverständlich gut...) und zu prüfen, **welche Menge, Art und Qualität an Information** geboten wird. Je nach Art des zu untersuchenden Materials (expositorischer Text, Artikel, Bildsammlung, Versuchsanleitung, Statistik etc.) sind die entsprechenden fachlichen Beurteilungskriterien anzuwenden.
Der Informationswert eines Dokuments im WWW erweist sich zudem nicht nur durch den Inhalt, den es selbst anbietet, sondern auch durch den Inhalt, auf den es – als Hypertext eben – durch **Links** verweist. Jede informative Web-Seite bietet ein Verzeichnis von Hyperlinks zum Thema (Querverweise zu ähnlichen Artikeln, übergeordneten Themen oder spezifischeren Quellen). Hierbei handelt es sich um eine Weiterentwicklung der Literaturliste, mit der besonderen Möglichkeit, auf die verzeichneten Quellen direkt zugreifen zu können. Die volle Qualität einer Web-Seite kann erst vollständig beurteilt werden, wenn sich auch die Qualität der damit verknüpften Dokumente erwiesen hat.

Zur Form:

Besonders hervorgehoben sei die **Dimension der sprachlichen Qualität,** der im Zeitalter der schnell getippten und beinahe ebenso schnell publizierten Information offenbar nicht immer genügend Aufmerksamkeit gewidmet wird. In der Hauptsache geht es um Texte: sowohl in den meisten Schulfächern als auch im WWW. Dennoch bleibt es meist dem Deutsch- oder Fremdsprachenunterricht vorbehalten, die sprachliche Qualität eines Textes zu untersuchen. Eine mögliche Folge findet sich in der viel beklagten mangelnden Qualität von Sachtexten, z.B. in Klarheit und Verständlichkeit. Die Gefahr, weniger sorgfältig erstellten Texten zu begegnen, ist im WWW aufgrund seiner Offenheit (jeder Teilnehmer kann veröffentlichen) besonders groß.

Der erste Blick nach dem Aufruf zeigt zunächst, ob eine Web-Seite überhaupt „**funktioniert**": Während eine nur aus Text bestehende Seite problemlos angezeigt werden müßte, kann es beim Aufbau komplexerer Seiten (z.B. mit Grafiken, Frames oder Java-Programmen) zu Fehlanzeigen oder Fehlermeldungen kommen; womöglich werden Bilder gar nicht angezeigt, Rahmen bleiben leer, Text wird nicht richtig angeordnet, oder es erscheint gar eine Fehlermeldung.

In einem solchen Fall müßte man zu dem Schluss gelangen, dass der Verfasser bzw. Anbieter seine Seite nicht genügend getestet hat, z.B. nicht ausprobiert hat, ob sich seine Dokumente im Netz mit allen üblichen Browsern einwandfrei aufrufen lassen. Da viele solcher Probleme durch Unverträglichkeiten zwischen den Browsern von Microsoft und Netscape entstehen, gehen manche Anbieter sogar dazu über, ihre Seiten ausdrücklich nur für einen der beiden populärsten Browser zu erstellen und Fehlfunktionen beim Einsatz des anderen „Surfbretts" schlichtweg in Kauf zu nehmen – zweifellos eine wenig leser- bzw. benutzerfreundliche Geste.

Neben der offensichtlichen Funktionstüchtigkeit einer Seite steht das **Layout** im Vordergrund: Ziel einer Web-Seite, die der Information dienen soll, muss es eben sein, auf effektive Weise zu informieren, und nicht die möglicherweise dürftige Information hinter bombastischen Bildern zu verstecken. Oberstes Kriterium in einem vorrangig informierenden Medium muss der **Zugriff auf die Information** sein, der einige Detailprüfungen bestehen sollte:

– Existiert ein **Inhaltsverzeichnis** ?

– Ist das **Inhaltsverzeichnis auf jeder einzelnen Web-Seite erreichbar,** d.h. wird es entweder direkt angezeigt (falls nicht zu platzraubend) oder ist zumindest über ein entsprechendes Feld schnell abrufbar ?

– Ist dem Benutzer ersichtlich, an **welcher Position in der Struktur der gesamten Web-Site** (Homepage, Einzelseite, Teilseite eines längeren Artikels o.ä.) er sich befindet ? Eine solche Orientierung wird z.b. durch das stets sichtbare Inhaltsverzeichnis in einem Rahmen am Bildschirmrand oder entsprechende Angaben bzw. Felder am Ende einer Seite erreicht (*„Seite 2 von 5, weiter zu Seite 3, zurück zu Seite 1"* o.ä.).

– Sind die Web-Seiten sinnvoll dimensioniert, d.h. **jeweils nicht länger als drei Seiten** (mehr liest man nicht am Bildschirm) ? Längere Texte sollten in jedem Fall in mehreren Einzelseiten dargeboten werden.

Ein Hypertext–Dokument muss sicher auch daraufhin überprüft werden, inwiefern es die **Möglichkeiten von Hypertext** überhaupt nutzt. Bietet das Dokument **Links** zu anderen Dokumenten im WWW (und erweist sich dadurch erst als Hypertext) ? Hält es neben „kognitivem Futter" auch **Veranschaulichung** durch Bilder, Visualisierungen, Sounds, Video bereit ? In dieser Hinsicht beispielhaft sind die Archive von CNN (http://cnn.com) zu politischen Ereignissen, in denen neben Texten und Fotos auch Tondokumente hinterlegt sind. Für die Überprüfbarkeit der Aktualität (s.u.) unbedingt notwendig ist ein Feld oder Bereich, in dem **das Datum der letzten Änderung** des Dokuments angeben wird. Möglich, aber in ihrer Sinnhaftigkeit nicht immer nachvollziehbar sind „Counter", welche die auf die Seite erfolgten Zugriffe angeben. Auch wenn sich die Qualität eines Angebots im Einzelfall daran ablesen lassen mag, wie oft es aufgerufen wurde – weder die tatsächlich erfolgte Nutzung durch die Besucher noch der wirkliche Nutzen wird aus der Zahl der bloßen Aufrufe ersichtlich. Unsicher sind solche Angaben schon deshalb, weil der Anbieter sie manipulieren kann (dann fängt der Counter erst bei 42.534 Zugriffen an zu zählen...)

Da natürlich auch das Auge mitisst, soll neben den genannten, eher technischen Aspekten der Anspruch an die **Ästethik** nicht zu kurz kommen, der natürlich Teil des Layouts ist. Gerade durch die Möglichkeit zur leichten Integration grafischer Elemente bis hin zur animierten Grafik oder zum Video gewinnen Web-Seiten besondere Gestalt. Dass es hierbei ebenso leicht zu wenig professionellem bzw. sinnvollem Einsatz grafischer Elemente kommt, ist nicht überraschend. Nicht umsonst ist in den vergangenen Jahren mit dem **„Screendesigner"** ein neues Berufsbild entstanden, welches diese Anforderungslücke schließen soll. Solche Profis der Bildschirmgestaltung werden ohne Frage zustimmen: Über Geschmack lässt sich schwerlich streiten – über gutes Design aber schon. Neben der ästhetischen und dem Profil des Anbieters entsprechenden Gestaltung (vor allem bei Unternehmen ein elementares Kriterium) steht die Funktionalität des Designs im Mittelpunkt, zumal der Datenübertragung im Internet noch immer recht enge Kapazitäts-grenzen gesetzt sind.

Ein grundsätzliches und von allen zuvor genannten Faktoren abhängiges Qualitätsmerkmal von Web-Seiten ist daher die Frage, **wie schnell sie bei einer normalen Übertragungsgeschwindigkeit geladen werden können**. Sind die Seiten so effizient gestaltet, dass sie (und damit die angebotene Information) gut zugänglich sind, oder führen beispielsweise üppige grafi-sche Elemente dazu, dass die Übertragung aufgrund der Bilddaten unerträg-lich lange dauert ?

Letzterer Aspekt der „Performance" einer Web-Seite hängt allerdings auch davon ab, an welcher Stelle der Verfasser oder Anbieter seine Dokumente veröffentlicht hat. Die Frage, ob die aufgerufene Web-Seite vom Server eines **professionellen Providers** in Deutschland oder von kostenfrei nutzbaren Servern in den USA kommt, der jeden Besucher des Dokuments mit Werbe-bannern zuschüttet, gibt bereits einen gewissen Aufschluss über die Hingabe des Anbieters.

Zur Aktualität:

Wie bereits erwähnt, zeichnen sich gute Web-Seiten schon dadurch aus, dass an irgendeiner Stelle des Dokuments (meist am unteren Rand) eine Angabe über den **Zeitpunkt der Erstellung** des Dokuments, wichtiger aber noch über die **letzte Aktualisierung** des Dokuments eingebaut ist. Anhand letzt-genannter Angabe lässt sich nun zumindest oberflächlich kontrollieren, wann die Seite zum letzten Mal überarbeitet wurde. Der Grad der Überarbeitung und die tatsächliche Aktualität lassen sich natürlich nur durch einen Blick auf den Inhalt prüfen. Bei Daten und Statistiken dürfte dies leicht fallen, bei Texten und Bildmaterial allerdings eine ausführlichere Prüfung erfordern.

Besondere Bedeutung kommt auch hier wieder den **Hyperlinks** zu. Sofern sie auf weitere Dokumente derselben Web-Site verweisen, sollten sie funkti-onieren – aber existieren die Seiten noch, die auf anderen Servern irgendwo im weiten World Wide Web liegen ? Eine strenge Aktualitätsprüfung müsste jeden Link daraufhin untersuchen, ob er tatsächlich noch auf die angegebene Quelle zeigt. Allerdings sollte man berücksichtigen, dass eine Quelle im Internet jederzeit ihre Adresse wechseln kann, ohne dass derjenige, der durch einen Link auf seiner Homepage auf diese Quelle verweist, automatisch darüber in Kenntnis gesetzt würde. Mitunter hinterlassen Autoren, wenn dies von ihrem Provider ermöglicht wird, eine Art elektronischen Nachsendean-trag: Sie geben die neue Adresse ihres Dokuments an und führen den Benut-zer nach einigen Sekunden automatisch an den neuen Standort.

Eine gute Möglichkeit, über Änderungen an einer Web-Seite informiert zu bleiben, ist der Dienst „Mind-It", der z.B. auch auf der Homepage des „Internet-Ratgebers" (unter http://www.jens-hildebrand.de) zum Einsatz kommt. Auf entsprechend ausgestatteten Web-Seiten kann man in ein hierfür vorgesehenes Feld seine Email-Adresse eingeben und wird daraufhin (nach einigen weiteren Angaben auf der Homepage des z.Zt. kostenfreien Dienstes) über jede Änderung der Seite informiert. Wenn Sie eine Seite unter Beobachtung halten möchten, diese aber kein „Mind-It"-Feld anbietet, können Sie die Adresse des Dokuments unter http://mindit.netmind.com manuell eingeben.

<u>Zur Quelle:</u>

Die Qualität eines Dokuments lässt sich zumindest in Teilen auch an ihrer Herkunft ablesen, d.h. an ihrem **Anbieter** bzw. ihrem **Autor** – im WWW erhält man schnell und leicht Informationen, die über den Namen eines Verfassers hinausgehen.

Zunächst zu den offensichtlichen Möglichkeiten, mehr über den Autor eines Dokuments zu erfahren: Enthält die Seite einen Link, der **zu Angaben zu seiner Person** führt ? Gibt es eine **Email-Adresse** (meist am Ende der Seite), über die man den Autor der Seite kontaktieren kann ? Was liefern die Suchwerkzeuge zum Namen des Autors ? Vielleicht eine **persönliche Homepage**, veröffentlichte Werke oder Artikel ? Hat er Beiträge in einer Newsgruppe veröffentlicht (festzustellen über die Suchmaschine „Altavista", die bei der Suche im Usenet nach der Eingabe eines Namens alle Beiträge auflistet, in deren Absender oder Betreffzeile der Name vorkommt).

Eventuell ist die Web-Seite, die man aufgerufen hat, **Teil einer größeren Web-Site**. Diese könnte in ihrer Gesamtheit, d.h durch ihre weiteren Dokumente, einiges über den Hintergrund des Autors verraten. Womöglich handelt es sich bei dieser übergeordneten Web-Site auch gar nicht um sein persönliches Werk, sondern die Homepage der Einrichtung, in der er arbeitet. In diesem Fall kann man sich z.B. über das Institut oder das Unternehmen informieren, in welchem die gesuchte Person beschäftigt ist, und sogar etwas über seine Position und Tätigkeit dort erfahren. Zu diesem Zweck entfernt man nach dem Aufruf der Homepage „The Cog Shop" (es geht um humanoide Roboter) in der Adresszeile des Browsers z.B. aus der Adresse

http://www.ai.mit.edu/projects/cog/

einfach die hinteren bzw. untergeordneten Verzeichnisse und erhält mit

http://www.ai.mit.edu

eine Adresse, die schon eher wie eine Startseite aussieht. In der Tat führt sie auf die Homepage der Abteilung „Artificial Intelligence" des berühmten *Massachussetts Institute of Technology*. Dessen Homepage wiederum ließe sich ebenfalls aus der o.a. Adresse ableiten, indem wir die Adresse auf ihr Suffix *edu* und den Domänen-Namen *mit* reduzieren:

http://www.mit.edu

Nun weiß man, wo der oder die Verfasser der „Cog Shop"-Homepage beschäftigt sind und kann ihre Tätigkeit besser einordnen. Da man sich dort mit der Technik von heute (und morgen) bestens auskennt, findet man auf der Homepage des „Cog Shop" einen Link mit der Bezeichnung „People". Hier sind die Mitglieder des Teams mit Namen und Email-Adresse aufgelistet; einige haben sogar eine weitere, persönliche Seite, auf der sie über sich, ihre Arbeiten und Publikationen (z.T. sogar online verfügbar) informieren.

Allein das **Suffix** einer Web-Adresse (= der Domäne) kann bereits aufschlussreich sein: Die Endung *edu* verrät eine Bildungseinrichtung, *gov* eine offizielle Regierungsseite, *com* ein kommerzielles Unternehmen. Suffixe wie *de*, *uk* oder *fr* verraten wenigstens das Herkunftsland eines Dokuments, und damit meist auch die Sprache, in der es verfasst ist.

Ob Verfasser XY eine Homepage hat oder zu welcher Institution er gehört, lässt sich eventuell auch ohne seine Hilfe feststellen. In den allermeisten Fällen findet man auf einer Web-Seite zumindest die Email-Adresse des Verfassers, die weitere Rückschlüsse erlaubt. Da z.B. alle Homepages von AOL-Mitgliedern über die Adresse: *http://members.aol.com/[User-Name]* zu finden sind, könnte man aus der Email-Adresse *antiklon@aol.com* die Homepage-Adresse http://members.aol.com/antiklon ableiten. Allgemein führt die Domäne einer Email-Adresse oft zu einer Homepage: So wird aus *redaktion@focus.de* leicht *http://www.focus.de.*

Auf diese Weise wird der Verfasser eines Dokuments, wenn er eine entsprechende Aktivität im Internet gezeigt hat, schnell zur gläsernen Persönlichkeit. Seine Identität lässt sich möglicherweise weit ausleuchten, bis hin zu seinen persönlichen Interessen, die sich z.B. in Newsgruppen-Artikeln offenbaren.

2.4 Wie man Web-Seiten festhält und „offline" surft

Nachdem eine Web-Seite geprüft und für gut befunden wurde, stellt sich das Problem, das (technisch gesehen) nur momentan aus dem Netz geladene Material irgendwie festzuhalten. Während des Surfgangs kann man in den aufgerufenen Seiten blättern, aber nach Beenden des Browsers sind sie verschwunden. Wie bekommt man sie in die Hände ? Oder noch besser, hinüber in die Textverarbeitung, um das Material dort z.b. mit Vokabelerläuterungen und Annotationen aufbereiten zu können ? Was muss man tun, damit die gefundenen Informationen nicht wieder im Datenmeer verloren gehen, nachdem man die Verbindung zum Internet getrennt oder gar den PC ausgeschaltet hat ?

Hierzu gibt es verschiedene Möglichkeiten:

> -> Drucken
> -> Abspeichern
> -> spezielle Browserfunktionen
> -> Einsatz von Offline-Browsern
> -> Einsatz eines Proxy-Servers im Netzwerk

Zunächst lässt sich der Text über das Menü mit „*Datei -> Drucken*", schneller aber noch durch die Tastenkombination *STRG + P* ausdrucken. Es erscheint das bekannte Druckfenster:

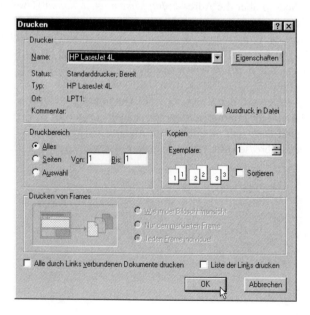

Damit ist der Text zunächst einmal in Papierform gesichert. Die Druckfunktion läßt sich freilich auch direkt ausführen, indem man in der Symbolleiste des Browsers auf das Icon *Drucken* klickt. Hiermit wird standardmäßig ein Exemplar der Seite ausgedruckt.

Q Tip für Fortgeschrittene:

Da heutzutage viele Web-Seiten in verschiedene Bereiche, sogenannte *Frames*, unterteilt sind (auch wenn man dies auf den ersten Blick nicht immer erkennt), empfiehlt sich ein genauer Blick auf das Fenster der Druckfunktion. Hier lässt sich nicht nur die Anzahl der gewünschten Druckexemplare eingeben (wie aus der Textverarbeitung bekannt); wenn die zu druckende Web-Seite in Frames unterteilt ist, finden sich im unteren Teil des Druckfensters im *Explorer* folgende Optionen:

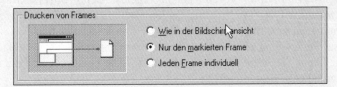

Diese Möglichkeit, den Druck einer in Frames unterteilten Seite zu steuern, ist recht praktisch, wenn sich z.B. auf der linken Bildschirmseite ein Frame mit einem Anwahlmenü befindet, das für den Ausdruck uninteressant ist. Ist die Option „Wie in der Bildschirmansicht" angewählt, druckt der Browser die gesamte Seite mit allen Frames aus (aber Vorsicht: das Programm ist hier wörtlich zu verstehen und druckt wirklich nur den auf dem Bildschirm sichtbaren Bereich, also längst nicht den ganzen Text der Seite, wenn dieser über den sichtbaren Bereich hinausgeht).
Über die Option „Nur den markierten Frame" wird nur der Frame ausgedruckt, in dem man sich momentan befindet. Zur Sicherheit markiert man einfach ein wenig Text in dem Frame, den man drucken möchte. Im *Navigator* ist von diesem Moment an unter „Datei" der Menüpunkt „Rahmen drucken" verfügbar.
Durch die Anwahl der letzten Option im *Explorer* erhält man von jedem Frame der Seite einen Ausdruck.

Es besteht allerdings auch die Möglichkeit, die gefundene Seite als Datei auf dem eigenen PC **abzuspeichern**. Hierzu wählt man über das Menü *Datei ->
Speichern unter*. Das sich öffnende Fenster bietet dieselben Möglichkeiten wie jenes, das sich beim Speichern einer neuen Datei in Ihrer Textverarbei-

tung zeigt: Sie können das Verzeichnis auswählen, in dem die Datei abgelegt werden soll, einen Namen für die Datei vergeben bzw. den vorgeschlagenen Namen ändern – und vor allem den *Dateityp* einstellen. Wird hier der Typ *HTML-Datei* gewählt, erhält die Datei das entsprechende Kürzel *HTML* und wird in ihrem ursprünglichen Format abgespeichert. In dieser Form kann sie später, nachdem die Verbindung zum Internet gekappt wurde, wieder im Browser geladen werden, der sich ja auch „offline" starten lässt.

Heutzutage können auch moderne Textverarbeitungsprogramme wie *Microsoft Word für Windows* (ab Version 97) ohne Probleme HTML-Dateien lesen (sowie erstellen; siehe hierzu Kapitel 3), so dass man die Dateien auch dort laden und direkt überarbeiten kann.

Einen Haken älterer Browser, in denen grafische Objekte wie **Bilder** durch einen eigenen Vorgang abgespeichert werden mussten (mit der rechten Maustaste anklicke, dann *Bild speichern unter* wählen), hat die aktuelle Version des *Internet Explorers* (ab Version 5) gelöst: Beim Aufrufen von *Speichern unter...* ist bei *Dateityp* die Option *Webseite komplett* voreingestellt. Speichert man eine Webseite in dieser Weise ab, legt der Browser im gewählten Verzeichnis ein weiteres Unterverzeichnis an (das im folgenden Beispiel dann „T-Online Homepage-Dateien" hieße) und speichert die in der Seite enthaltenen Bilder darin ab.

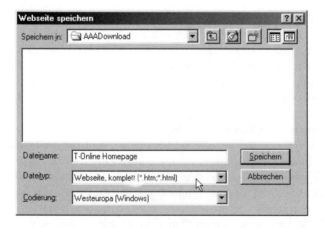

Kann die Textverarbeitung das HTML-Format nicht lesen, würde die Überarbeitung des gespeicherten Textes sehr aufwendig, denn er sähe in etwa so aus:

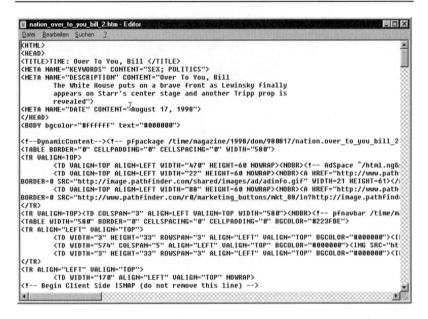

Wie bereits im ersten Kapitel erläutert, enthält das HTML-Format nicht nur Text, sondern auch eine Fülle von Anweisungen über Aufbau und Gestalt des Textes, beispielsweise über enthaltene Links, Bilder, Tabellen und deren Position im Text. Aus diesem Wust an Zeichen den eigentlichen Text herauszulösen, wäre mühseliger, als ihn komplett neu einzutippen.

Das Problem lässt sich jedoch auch ohne HTML-fähige Textverarbeitung leicht lösen. Hierzu wählt man beim Abspeichern im Browser den Dateityp *Textdatei* – womit der Browser alle HTML-Elemente aus dem Text entfernt und ihn als puren Text sichert. Als solcher kann er in jeder Textverarbeitung geladen und weiter bearbeitet werden.

Wer die aktuellen Versionen des *Navigators* oder *Explorers* einsetzt, kann sich die dort vorhandenen speziellen Funktionen zum sogenannten **„Offline-Betrieb"** zunutze machen. Schon in den Vorgängerversionen wurden Dateien, die aus dem WWW geladen wurden, in einem temporären Zwischenspeicher (auch „Cache") auf der Festplatte des Heim-PCs abgelegt; selbst wenn man also die Verbindung zum Netz gekappt hatte, waren die zuletzt aufgerufenen Web-Seiten noch vorhanden, aber leider nicht mehr (bzw. nicht ohne größeren Aufwand) zugänglich.

Beide populären Browser bieten inzwischen recht komfortable Funktionen, mit denen man die Surfgänge der letzten Tage nachvollziehen kann. Im Netscape *Navigator* öffnet man über die Menüzeile „Communicator -> History" ein Fenster, das die zuletzt besuchten Dokumente anzeigt:

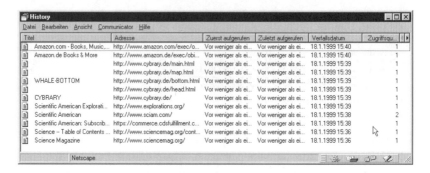

Hinter dieser Anzeige verbirgt sich mehr als eine bloße Statistik: Durch Anklicken eines Dokuments wird es im Browser angezeigt – samt Grafiken und
anderen Elementen, kurzum so, wie man es aus dem Netz geladen hatte. Die
Daten der verschiedenen Felder geben u.a. Auskunft darüber, wann das Dokument zuletzt aufgerufen wurde. Das „Verfallsdatum" gibt an, wann der
Browser das Dokument automatisch aus seiner Liste löscht. Diese Einstellung kann unter „Bearbeiten -> Einstellungen" den individuellen Ansprüchen
angepasst werden.

Es sollte allerdings beachtet werden, dass die History-Liste nur so viele Seiten speichert, wie es der unter „Bearbeiten -> Einstellungen -> Erweitert ->
Cache" eingestellte Platz auf der Festplatte ermöglicht:

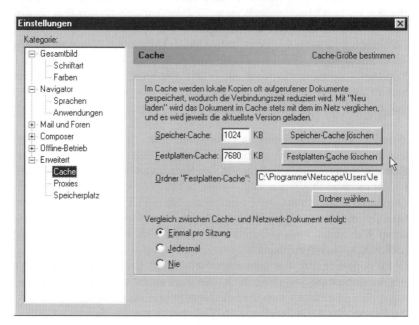

Der *Internet Explorer* bietet eine ganz ähnliche Funktion. Über „Datei ->
Offline-Betrieb" lässt sich der Browser auf den Offline-Modus umstellen, in
welchem er nur mit auf dem Heim-PC gespeicherten Seiten arbeitet. Hierbei
kann es sich um Dokumente handeln, die man eigenhändig abgespeichert hat,
oder solche, die man kürzlich besucht hat.
Einen hervorragenden Überblick hierüber erhält man über das Icon *Verlauf*.
Nach Anklicken dieses Schalters in der Symbolleiste öffnet sich am linken
Rand des Browserfensters eine neue Leiste (die jederzeit durch Anklicken
des Kreuzchens wieder geschlossen werden kann):

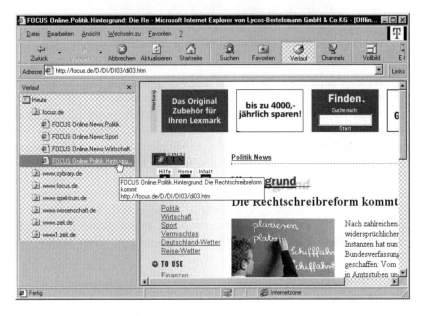

Hier sind die an denen angebenen Tagen bzw. in den letzten Wochen angewählten Web-Seiten verzeichnet. Die zuletzt geladenen Seiten lassen sich
durch Anklicken wieder aufrufen, ohne dass man eine Verbindung zum Internet herstellen muss. In jedem Fall lässt sich der Zeitraum der Archivierung
wie beim *Navigator* festlegen, und zwar über „Ansicht -> Internet-Optionen -
> Allgemein":

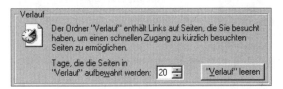

Wieviele der im Ordner „Verlauf" aufgelisteten Dokumente tatsächlich noch im Offline-Betrieb aufgerufen werden können, hängt auch im *Explorer* vom hierfür vorgesehenen Speicherplatz ab, den man unter „Ansicht -> Internet-Optionen -> Allgemein" im Bereich „Temporäre Internetdateien" über den Schalter „Einstellungen" festlegt:

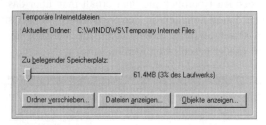

Da allerdings auch diese Funktionen zum Betrachten von Web-Seiten ohne aktive Verbindung zum Internet einigen Beschränkungen unterliegen, nicht zuletzt jenen der Kapazität und Übersichtlichkeit, haben verschiedene Anbie-ter spezielle Programme für diesen Zweck entwickelt. **Offline-Browser** wie z.B. „Websnake" von Anawave (Infos zu Offline-Browsern und Download unter   http://www.zdnet.de/download/subjects/intoff-wf.htm)   laden   auf Wunsch Web-Seiten mit allen Elementen oder sogar ganze Web-Sites aus dem Netz herunter, so dass sie schließlich offline durchsurft werden können.
Nachdem z.B. „Websnake" gestartet wurde, meldet sich ein Projekt-Assistent zu Wort, der den Benutzer nicht nur durch die erforderlichen Schritte der zentralen Funktionen lenkt, sondern auch die weiteren Möglichkeiten des Programms angibt:

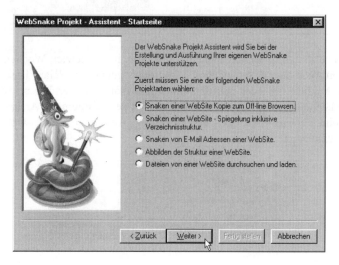

Im nächsten Fenster wird nun die Basis-Adresse der Web-Site angegeben und ein Projekt-Name vergeben:

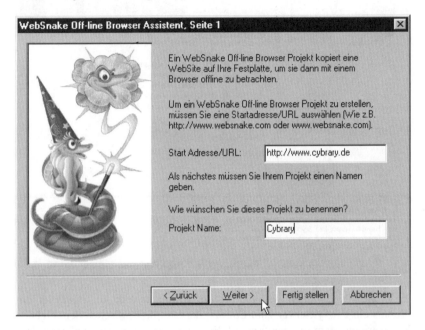

In den folgenden Fenstern werden weitere Optionen eingestellt, vor allem, wie weit das „Absaugen" der Dateien aus dem WWW wirklich gehen soll. Hier lässt sich sowohl die Zahl der Ebenen (= Unterverzeichnisse) festlegen, die *Websnake* herunterladen soll, als auch der Speicherplatz begrenzen, der hierfür aufgewendet werden darf. Nachdem das Programm schließlich durch Anklicken von *Fertig stellen* auf die Reise geschickt wurde, kann man den Vorgang des Herunterladens im Hauptfenster von *Websnake* beobachten. Sind alle Dateien entsprechend den Voreinstellungen heruntergeladen, bearbeitet das Programm die Links, damit die Verknüpfungen zwischen den einzelnen Seiten auch noch auf dem Heim-PC im dafür eingerichteten Verzeichnis funktionieren.

Nach erfolgreichem Abschluss dieser Phase kann die Verbindung zum Internet getrennt werden. Das Offline-Browsen der Site startet man nun, indem man in der rechten Hälfte des *Websnake*-Fensters einfach auf den obersten Eintrag klickt. Schon wird der voreingestellte Browser geöffnet und die Hauptseite der heruntergeladenen Web-Site angezeigt. Im *Websnake*-Fenster lässt sich außerdem die Web-Site in ihrer gesamten Struktur betrachten:

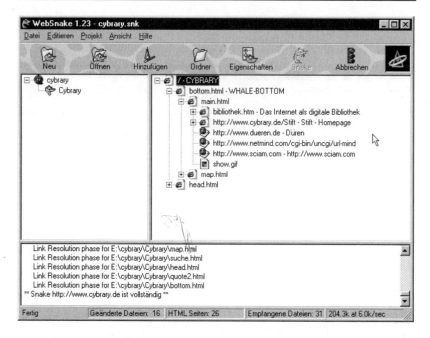

In lokalen Netzwerken wie z.B. einem Schulnetzwerk kommt außerdem oftmals ein **Proxy-Server** zum Einsatz, der als Filter zwischen dem eigenen Netzwerk und dem Internet fungiert. Ein Proxy-Server speichert alle aus dem weltweiten Netz gefischten Dateien ab und behält sie im Festplattenspeicher (der hier größer dimensioniert ist als auf einem normalen Heim-PC). Auch nachdem die Verbindung zum Internet getrennt wurde, können die Teilnehmer im Netzwerk dann mit ihrem Browser einmal geladene Web-Seiten vom Proxy-Server holen.

Der Einsatz eines solchen Servers (der auch in Software-Form auf dem bestehenden Server eingerichtet werden kann, so dass man kein weiteres Gerät anschaffen muss) hilft daher, Kosten zu sparen: Wenn die Schüler nicht nach aktuellen Daten recherchieren müssen, sondern der Lehrer nur anhand bestimmter Seiten etwas demonstrieren will, kann man diese vor Unterrichtsbeginn aus dem Netz holen und in der anschließenden Stunde offline arbeiten.

2.5 Wie man Web-Adressen sammelt

Web-Adressen sind das kostbarste Gut im Internet, denn nur über sie gelangt man an die Quellen der Information. Wie im vorigen Abschnitt bereits beschrieben, wird der Verlauf eines „Surfgangs" automatisch dokumentiert und kann anhand der Funktionen „Verlauf" bzw. „History" nachträglich nachvollzogen werden. Hierbei werden die Adressen der aufgerufenen Dokumente gespeichert, so dass man sie noch einmal besuchen kann. Allerdings werden die Quellen ohne Kategorisierung aufgelistet und außerdem, je nach Einstellung, nach einem vom Benutzer nur unzureichend zu kontrollierenden Zeitraum wieder gelöscht: Zwar kann man die Zahl der Tage, die eine Adresse aufbewahrt werden soll, sehr hoch einstellen; doch bevor dieser Tag erreicht ist, wird der zugewiesene Speicherplatz für die temporären Internetdateien erreicht, und der Browser löscht die ältesten Aufzeichnungen aus der Liste. Zu allem Überfluss wird tatsächlich jede besuchte Seite verzeichnet, also auch jene, auf die man sich nur „verirrt" hat, die sich gar nicht als interessant erwiesen hat.

Aus diesem Grund ermöglichen die Browser eine gezieltere Verwaltung der Web-Adressen über „Favoriten" *(Explorer)* bzw. „Lesezeichen" *(Navigator).* Hat man eine interessante Web-Seite gefunden, zu der man zu späterem Zeitpunkt gerne wieder zurückkehren möchte, z.B. weil aktuelle Informationen oder neue Artikel vorliegen könnten, wählt man im *Explorer* aus dem Menü einfach „Favoriten -> Zu Favoriten hinzufügen":

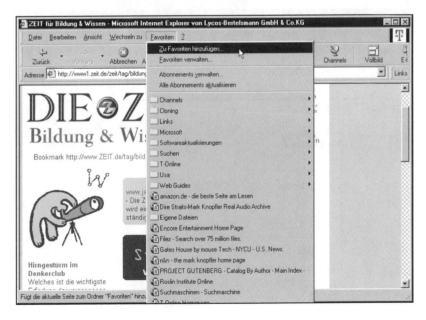

Hierauf öffnet sich ein weiteres Fenster, das die Verwaltung der Web-Adressen, d.h. eine gezielte Einordnung in selbst festlegbare Kategorien erlaubt. (Die Bedienung der Lieblingsadressen folgt im *Explorer* der üblichen Windows-Bedienung, während die Verwaltung der „Lesezeichen" im *Navigator* gewöhnungsbedürftiger wirkt.)

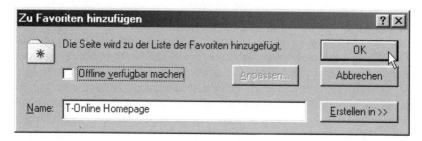

Die normale Option (wie angewählt) sieht vor, die Adresse in der Favoriten-Liste zu speichern. Der vorgeschlagene Name kann eigenhändig geändert oder ergänzt werden. Der Klick auf *OK* fügt die Adresse in die Favoriten-Liste ein. Möchte man sie in einem der vorhandenen Verzeichnisse bzw. Ordner ablegen oder gar einen neuen Ordner anlegen, muss zunächst die Schaltfläche „Erstellen in" betätigt werden. Daraufhin öffnet sich die Liste mit den Favoriten-Ordnern:

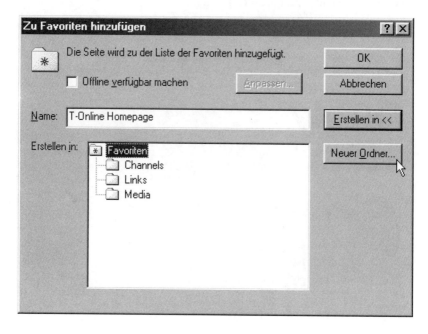

Ein neuer Ordner wird mit Mausklick auf die nun sichtbare Schaltfläche „Neuer Ordner" eingerichtet:

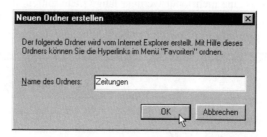

Wie bereits im ersten Fenster ersichtlich, gibt es auch die Möglichkeit, eine Web-Adresse bzw. die darunter gespeicherte Seite „offline" verfügbar zu machen. Bei Anwahl dieser Option überprüft der *Explorer* nach einem individuell einstellbaren Zeitplan die Seite und benachrichtigt den Benutzer, falls es Änderungen gegeben hat (*was* sich geändert hat, wird nicht übermittelt). Bei der Einstellung des Zeitplans hilft ein recht komfortabler Assistent des *Explorers*.

Im allgemeinen wird es ausreichen, die *Favoriten* selbst zu verwalten und nach eigenem Wunsch und individuellem Bedarf nachzuschauen, ob sich auf den verzeichneten Seiten etwas geändert hat. Im Gegenteil zur Funktion *Verlauf* hat man hier aber eben den Vorteil, dass ein *Favorit* nicht irgendwann einfach gelöscht wird. Man kann einen Eintrag über „Favoriten -> Favoriten verwalten" manuell löschen, umbenennen, in einen anderen Ordner verschieben, neue Ordner anlegen etc.:

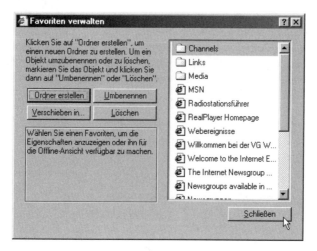

Doch solange man einen Eintrag nicht eigenhändig löscht, bleibt er in der Favoritenliste und kann jederzeit wieder aufgerufen werden: entweder über „Favoriten", was eine mehr oder weniger lange Liste mitten im Browserfenster öffnet; oder komfortabler über das Icon *Favoriten*, wodurch am linken Bildschirmrand (wie bei *Verlauf*) eine übersichtlichere Spalte erscheint:

Ein Mausklick auf den gewünschten Eintrag schickt den Browser nun auf die Reise, die Seite neu aus dem Netz zu laden. Achtung: Sucht der Browser nicht im Netz nach der Web-Site, sondern lädt sie in Sekundenschnelle, hat er sie aus dem Zwischenspeicher geladen. Um in diesem Fall die aktuelle Version der Seite zu erhalten, muss man das Icon *Aktualisieren* betätigen.

2.6 Wie man Web-Quellen zitiert

Ein Problem eher akademischer Natur stellt sich in der Frage, wie man, z.B. in Examensarbeiten oder Dissertationen, Quellen aus dem Internet zitiert. Dieser Fragestellung haben sich u.a. Harnack und Kleppinger (beide Eastern Kentucky University) angenommen und hierzu ein komplettes Werk vorgelegt, das in wesentlichen Teilen unter http://www.smpcollege.com/online-4styles~help zu finden ist. An dieser Stelle sollen einige grundsätzliche Empfehlungen gegeben und die wichtigsten Fälle behandelt werden.

Aufgrund der Tatsache, dass z.B. Web-Seiten von heute auf morgen aus dem Netz verschwunden sein können, ergibt sich zunächst eine im Wissenschaftsbetrieb womöglich unangenehme Konsequenz: Wie die Existenz einer Quelle nachweisen, wenn diese nicht mehr im Netz zu finden ist ? In jedem Fall sollte man, wenn man eine Web-Seite zitiert oder als Quelle benutzt hat, einen Ausdruck dieser Seite anfertigen. Auf diesem Ausdruck sollte die Web-Adresse enthalten sein (wird von den Standardbrowsern automatisch eingefügt) oder manuell hinzugefügt werden.

Harnack und Kleppinger empfehlen für die bibliographische Angabe eines WWW-Dokuments im MLA-Standard die folgende Zitierweise:

- den Namen des Autors, sofern dieser festgestellt werden kann;
- den Titel der Seite in Anführungszeichen;
- den Titel des Gesamtwerks, kursiv oder unterstrichen;
- das Datum der Veröffentlichung bzw. letzten Aktualisierung;
- das Datum, an dem das Dokument im WWW besucht wurde;
- die Web-Adresse (URL) in gewinkelten Klammern.

Neben dem MLA-Standard[15] gibt es noch weitere Stile (APA[16], Chicago[17], CBE[18], nähere Infos bei Harnack und Kleppinger, s.o.), welche die gleichen Informationen, aber eine andere Gestaltung vorsehen. Der von mir vorgeschlagene, jeweils letzte Eintrag basiert auf einem Vorschlag von schlägt Jens Bleuel[19], vereinfacht und präzisiert diesen aber, indem die Veröffentlichungsplattform (Internet oder Online-Dienst) weggelassen wird (Quellen aus Online-Diensten sind nur Mitgliedern zugänglich). Zusätzlich wird je-

---

[15] MLA = Modern Language Association of America
[16] APA = American Psychological Association
[17] basierend auf dem „Chicago Manual of Style", 14th ed. University of Chicago Press, Chicago 1993.
[18] basierend auf dem „CBE Manual for Authors, Editors, and Publishers", veröffentlich vom *Council of Biology Editors, USA*
[19] Bleuel, Jens: Zitieren von Quellen im Internet. 21.12.1996. Online in Internet: URL: http://ourworld.compuserve.com/homepages/jbleuel/ip-zit.htm [Stand 19.02.2000].

doch, den amerikanischen Standards folgend, das Datum des Dokuments *und* des letzten bekannten Standes im Netz aufgenommen.
Die Angabe einer persönlichen Homepage sollte bzw. könnte demnach so aussehen:

Etzel, Stefan. Home page. 18 Aug. 1998.
10 Jan. 1999 <http://www.main-kinzig.net/privat/DrEtzel/welcome.htp>.

Etzel, St. (1998, August 18). Homepage.
<http://www.main-kinzig.net/privat/DrEtzel/welcome.htp> (1999, January 10).

Stefan Etzel, "Homepage," 18 August 1998,
<http://www.main-kinzig.net/privat/DrEtzel/welcome.htp> (10 January 1999).

Etzel, St. 1998 Aug 18. Homepage. <http://www.main-kinzig.net/privat/DrEtzel/welcome.htp> Accessed 1999 Jan 10.

Stefan Etzel: Homepage. 18.08.1998. http://www.main-kinzig.net/privat/DrEtzel/welcome.htp [Stand 10.01.1999].

Die umfassende Web-Site zum Thema Sprachursprung von Dr. Stefan Etzel geht so in die Literaturliste ein:

Etzel, Stefan. "Sprachursprung." Sprachursprungs-Homepage. 15 Jul. 1998. 10 Jan. 1999 <http://members.aol.com/ursprach/xurstart.htm>.

Etzel, St. (1998, Juli 15). Sprachursprung. Sprachursprungs-Homepage. <http://members.aol.com/ursprach/xurstart.htm> (1999, January 10).

Stefan Etzel, "Sprachursprung," *Sprachursprungs-Homepage*, 15 July 1998, <http://members.aol.com/ursprach/xurstart.htm> (10 January 1999).

Etzel, St. 1998 Jul 15. Sprachursprungs-Homepage.
<http://members.aol.com/ursprach/xurstart.htm> Accessed 1999 Jan 10.

Stefan Etzel: Sprachursprung. Sprachursprungs-Homepage. 15.07.1998. http://members.aol.com/ursprach/xurstart.htm [Stand 10.01.1999].

Ein Online-Artikel wie Florian Rötzers Text „Infowar gegen die USA" (zum Thema Hackerkrieg) würde folgendermaßen verzeichnet:

Rötzer, Florian. "Infowar gegen die USA." Telepolis 10 Dec. 1998. 10 Jan. 1999 <http://www.heise.de/tp/deutsch/special/info/6339/1.html>.

Rötzer, F. (1998, December 10). Infowar gegen die USA. Slate. <http://www.heise.de/tp/deutsch/special/info/6339/1.html> (1999, January 10).

Florian Rötzer, "Infowar gegen die USA," Telepolis, 10 December 1998, <http://www.heise.de/tp/deutsch/special/info/6339/1.html> (10 January 1999).

Rötzer F. 1998 Dec 10. Infowar gegen die USA. Telepolis. <http://www.heise.de/tp/deutsch/special/info/6339/1.html> Accessed 1999 Jan 10.

Florian Rötzer: Infowar gegen die USA. In: Telepolis. 10.12.1998. http://members.aol.com/ursprach/xurstart.htm [Stand 10.01.1999].

Die Einhaltung dieser Leitlinien sollte eine weitestmöglich nachvollziehbare Quellenangabe sicherstellen. Schüler sollten z.B. bei der Anfertigung von Referaten darauf verpflichtet werden, auch die benutzten Quellen aus dem Internet anzugeben. Die umgekehrte Vorgehensweise geistert als Schreckgespenst durch die Kollegien: dass Schüler Hausaufgaben, Inhaltsangaben von Lektüren und ganze Referate aus dem Internet ziehen. Das geschieht gewiss und muss insofern betrüben, als ein Großteil des dort zugänglichen Materials keine Lektorate durchlaufen hat und entsprechend zu wünschen übrig lässt. Als Lehrer ist man hier gefordert, seinen Schülern zu vermitteln, warum die eigene Erarbeitung eines Themas den größeren Gewinn abwirft und das bequemere Verfahren das gefährlichere ist: weil man selbst die gängigen Quellen (siehe Adresskatalog unter „Didaktik online") prüfen und das abgelieferte Referate einer „Echtheitsprüfung" unterziehen wird. Dies sollte man denn auch tun; es macht nach kurzer Einarbeitung in das Internet kaum Mühe, und die Kostenseite sollte man abdecken können, indem man den (hoffentlich vorhandenen) Internetzugang der Schule nutzt (der Zweck bedarf zweifellos keiner weiteren Legitimation).

Gewiss wird man in diesem Netz nicht jeden (faulen) Fisch fangen, aber das lässt sich nicht ändern, und so neu ist das Problem des „Abkupferns" ja auch wieder nicht. Mit dem Internet steht zweifellos eine riesige Quelle zur Verfügung, deren Material andererseits zum großen Teil in englischer Sprache gehalten ist, wodurch seine Nutzbarkeit als reine Kopierstation wieder stark eingeschränkt wird. Letztlich zeigt die Problematik doch nur, wie wichtig eine Beschäftigung mit dem Internet im Schulunterricht ist: damit die Schüler das Internet als ein Medium erfahren, das sie unbedingt in eine Recherche einbeziehen sollten; das jedoch kaum Material anbietet, welches man ungeprüft übernehmen könnte oder sollte. Dass man es ehrlicherweise nicht als sein eigenes ausgeben sollte, gehört zu den Grundwerten (nicht nur der wissenschaftlichen Arbeit), deren Vermittlung eben in den Zuständigkeitsbereich der Schule gehört.

2.7 Wie man Dateien herunterlädt

Mitunter trifft man als Lehrer oder Schüler im Verlauf einer Web-Recherche auf Links, die nicht auf weitere Web-Seiten, sondern auf Dateien verweisen, die nicht zur Anzeige im Browser geeignet sind. Meist handelt es sich um Programme oder Sammlungen von Textdokumenten (z.B. für „Word für Windows"), die mit Hilfe eines besonderen Programms „gepackt", d.h. zum schnelleren Transport im Netz komprimiert worden sind.

Das Herunterladen (= Download) solcher Dateien ist einfach. Obwohl es sich mit dem FTP (= File Transfer Protocol) im Hintergrund eigentlich einer anderen Technik zur Datenübertragung bedient als das WWW (HTTP = Hypertext Transfer Protocol), sind herunterladbare Dateien normalerweise über ganz normale Web-Seiten abrufbar. Diese enthalten einfach ein Link, das man nur anzuklicken braucht, damit der Browser die Sache in die Hand nimmt und den Benutzer durch die weiteren Schritte leitet. Zunächst fragt er, wo die Datei gespeichert werden soll:

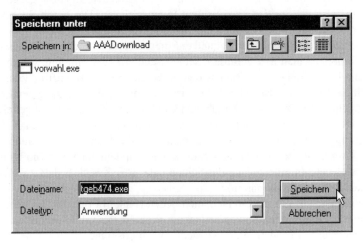

Nach Klick auf *Speichern* infomiert der Browser über den Ladeprozess:

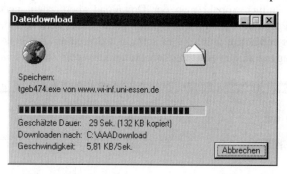

Die Daten geben einen ungefähren Aufschluss darüber, wann das Herunter-laden der gewählten Datei beendet sein wird. Diese Angaben sind allerdings nicht immer verfügbar und unterliegen zudem der Übertragungsgeschwin-digkeit, die sich im Verlauf des Downloads verändern kann.

Nachdem die Datei heruntergeladen wurde, stellt sich natürlich die Frage: Was mit ihr anfangen ? Handelt es sich wie in der obigen Abbildung um eine *EXE*-Datei, kann die Datei über den Windows-Start-Button und „Ausführen" ausgeführt werden (beachten Sie, wo die Datei gespeichert wurde!). Meist wird daraufhin ein kleines Installationsprogramm gestartet, das die Pro-grammdatei(en) entpackt und in das gewünschte Verzeichnis kopiert, aus dem heraus das Programm später ablaufen soll.
Die meisten downloadbaren Dateien, die zum schnelleren Transport durch die Datenschläuche des Internet gepackt wurden, haben die Endung *ZIP*. Sie wurden mit dem Programm „Winzip" komprimiert, das man unter:

http://www.winzip.de

als Testversion herunterladen kann. „Winzip" kann nicht nur Dateien packen und entpacken, sondern ermöglicht auch einen komfortablen Umgang mit den Archiven (z.B. die Steuerung, wohin Dateien entpackt werden, oder einen Passwortschutz).

Weiteres sehr nützliche Werkzeuge sind sogenannte „Download-Manager", die nichts anderes tun, als das Herunterladen von Dateien dem Browser aus der Hand zu nehmen und selbst zu steuern, wobei eine elementare Funktion zum Tragen kommt: Programme wie z.B. „Getright" (Info und Testversion unter http://www.getright.com) fangen abgebrochene Downloads ab, d.h. sie speichern die aus dem Netz gesogenen Daten ab, auch wenn die Verbindung abgebrochen ist oder der Download aus anderen Gründen nicht mehr weiter-

geht. Die gespeicherte Datei ist dann zwar natürlich noch nicht brauchbar (da
nicht vollständig). Sobald man der Download aber erneut versucht wird,
muss das Programm nicht mehr die komplette Datei herunterladen (wie ein
Browser es versuchen würde) – es setzt statt dessen an der Stelle an, an der
die Übertragung zuletzt unterbrochen wurde. Das spart Zeit und Geld.

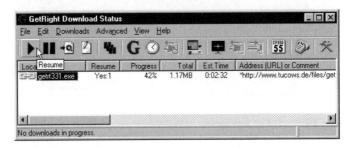

Eine gute Startseite für schnelle und stabile Downloads ist übrigens „Filez"
(http://www.filez.com/deutsch.html). Dieses Suchwerkzeug durchforstet das
Netz nicht nach Web-Seiten, sondern eben nach Software, d.h. beispielsweise
nach Shareware-Programmen (günstige Software, die man zunächst kostenlos testen kann, wobei die Nutzungsdauer meist auf 30 Tage oder aber der
Funktionsumfang eingeschränkt ist) und Hardware-Treibern.

2.8 Web-Recherchen im Unterricht

Die **Recherche im Internet gehört zu den Kernkompetenzen**, die Schülern im Umgang mit dem Medium Internet vermittelt werden sollen. Dieser Zugriff auf das neue Medium lässt sich in (fast) allen Fächern sinnvoll nutzen, da vor allem die im WWW zugänglichen Informationen eine große Bandbreite abdecken: Im Bereich der Sprachen finden sich fiktionale und in noch größerer Auswahl nichtfiktionale Texte (Online-Ausgaben bekannter Zeitungen und Magazine, Online-Nachrichtenbüros, Texte der Weltliteratur, Infos über Autoren etc.). Für die Gesellschaftswissenschaften steht eine Fülle landeskundlicher, historischer und geographischer Quellen zur Verfügung. Dem Naturwissenschaftler nützt nicht nur der Kontakt zur aktuellen Forschung (Universitäten und Forschungsinstitute sind die Fundamente des Internet), sondern auch die Fülle von WWW-Seiten zu allen erdenklichen Wissenschaftszweigen, inklusive der meist sehr umfangreichen und vorbildlich aufbereiteten Online-Versionen der bekannten Wissenschaftsmagazine (*Spektrum der Wissenschaft, Scientific American, Science, National Geographic, Nature etc.*).

Bevor man eine Web-Recherche durchführen kann, müssen zweifellos einige Bedingungen geprüft werden (Ausführliches zu Voraussetzungen bei Schülern und Lehrern – Stichwort „Lehrerrolle" – sowie bei der Ausstattung siehe Kapitel 6.2.2). Da man mit seinen Schülern natürlich nicht nur einfach „mal eben ins Netz gehen", sondern eine Recherche zu einem aktuellen Unterrichtsthema durchführen wird, muss man vor allen Dingen in einer Vor-Recherche (zu Hause oder am Schulrechner) prüfen, ob sich im WWW überhaupt genügend geeignete Quellen zum gewählten Thema finden (für detaillierte Kriterien siehe unteren Modellentwurf). Um Frustrationen zu vermeiden, sollte man als aufgeschlossener Lehrer zweifellos kein Unterrichtsthema wählen, zu dem das World Wide Web nichts zu bieten hat. Die Tatsache, dass das Internet nicht die eierlegende Wollmilchsau für Informationen ist, lässt sich im Verlauf der Netzrecherche (auch an einem konkreten Beispiel) gewiss thematisieren. Nur ein Technologiefeind wird seinen Schülern jedoch lediglich die Lücken im Netz aufzeigen.

Für einen fachlich integrativen Einsatz eignet sich z.B. **folgendes Grundmodell**, welches **voraussetzt**, dass die Schüler den PC in Grundzügen bedienen können, d.h. Programme selbständig starten können und elementare Bedienungsbefehle über die Tastatur bzw. die Maus kennen. (Zu Voraussetzungen und Lernzielen siehe zusammenfassend Kapitel 6.)

Das Modell gliedert sich in **sieben Phasen**, wobei die letzte Phase als Eventualphase zu betrachten ist.

Phase	Unterrichtsschritte und -ziele
1: **Planung**	**–> Lehrer prüft,** ob sich in Anlehnung an eine Halbjahressequenz (z.B. The American Dream), das aktuelle Thema (z.B. Genetik), Lehrbuchtext (z.B. The American West), Lektüre oder Film eine Web-Recherche anbietet; d.h. ob für seine Lerngruppe nutzbare Quellen zum Thema vorhanden sind. Hierbei helfen folgende Fragen: – In welcher Sprache liegen die Informationen vor ? Wie sprachlich anspruchsvoll darf fremdsprachliches Material sein, wenn die geplante Sequenz nicht im Fremdsprachenunterricht stattfindet ? Bietet sich hierbei vielleicht die Möglichkeit zum fächerübergreifenden Unterricht ? – Ist das Material in Darstellung und Ausführlichkeit angemessen ? *(Zu Suchmöglichkeiten und –werkzeugen siehe Kapitel 2.2. Zur generellen Bewertung von Online-Quellen siehe Kapitel 2.3.)* **–> Lehrer sammelt Adressen,** die sich als Startpunkte für die Schüler-Recherche eignen (siehe *Kapitel 2.5*) **–> Lehrer stellt die Sequenz (evtl. angelegt als Projekt) vor und plant unter Mitwirkung der Schüler den weiteren Verlauf; d.h. im einzelnen:** **–> Auswahl von Recherchemöglichkeiten mit der Lerngruppe:** Printtexte, Filme, Internet und CD-ROMs; letztere sollten auf keinen Fall außer Acht gelassen werden, da sie von der Bedienung her WWW-Seiten ähneln (d.h. mit Links oder Button verknüpften Hypertext enthalten), Information thematisch konzentrieren und aufbereiten, sich offline bedienen lassen und mitunter sogar vorsortierte Links ins WWW enthalten

1: **Planung** (Forts.)	**–> Ableitung von Unterthemen und Entwicklung detaillierter Rechercheaufträge** für die Arbeit mit CD-ROM und WWW, mit Anbindung an das Thema der Gesamtsequenz: Suche nach Autor, Stoff, Thema, Werke, Rezensionen, Artikeln, Online-Übungen, Institutionen, Foren etc.; je nach Ausgangslage gibt der Lehrer geeignete Startpunkte zur Recherche vor, die sicher zu grundlegenden Informationen führen **–> Gruppenbildung** **–> Erteilung der Rechercheaufträge** mit folgenden methodischen Vorgaben: Die Schüler sollen... **... in der ersten Recherche:** – entsprechend ihrem Auftrag Informationen recherchieren – das gefundene Material selektieren – das selektierte Material festhalten – den Weg ihrer Recherche dokumentieren **... nach der ersten Recherche:** – das gefundene Material mit Blick auf eine eigene, abschließende Präsentation zum Thema inhaltlich auswerten – die benutzten Quellen abschließend bewerten – das gefundene Material sprachlich aufbereiten – eine weitere Recherche planen – die Lerngruppe über ihren Arbeitsstand informieren **... in der zweiten (und evtl. weiteren) Recherche(n):** – weiteres Material finden – weitere Suchwerkzeuge erproben und ihre Suchstrategien verfeinern **... nach Abschluss der Recherchen:** – die Ergebnisse der Recherche in einer abschließenden Dokumentation zusammenfassen – einen Vortrag planen, in dem die Recherche-Ergebnisse vorgestellt werden – beim Vortrag u.a. den Weg ihrer Recherche dokumentieren und zu einer kritischen Beurteilung der gefundenen Informationen und des eingesetzten Mediums gelangen

2: **Erste** **Recherche**	*In allen folgenden Teilschritten können kundige Schüler als Moderatoren eingesetzt werden.* **–> Einstieg in PC-Arbeit mit CD-ROM und WWW:** – Erläuterungen zu Aufbau und Funktion des Internet (nur bei Bedarf, evtl. als Schülerreferat) – Kurzeinführung in die Bedienung des zentralen Steuerprogramms für WWW-Seiten, des *Browsers* (siehe *Kapitel 2.1*), sowie in die Bedienung von CD-ROMs **–> erste Recherche(-Versuche) nach Aufträgen mit:** – Einarbeitung in die Suchwerkzeuge (siehe *Kapitel 2.2*); hierbei sollten den Schülern möglichst alle Arten von Suchwerkzeug vorgestellt werden (d.h. sowohl Suchmaschinen als auch Kataloge), so dass die Schüler zu einer abschließenden Beurteilung der Vor- und Nachteile der Werkzeuge gelangen können – Selektion der gefundenen Seiten (siehe *Kapitel 2.3*) – Festhalten des online gefundenen Materials durch Ausdrucken und Abspeichern (siehe *Kapitel 2.4*) – Dokumentation des Recherchewegs durch Sammeln der Adressen (siehe *Kapitel 2.5*)
3: **Auswertung**	**–> Auswertung der ersten Recherche, in welcher die Schüler:** – das gefundene Material selektieren und auswerten – die benutzten Quellen bewerten (Seriosität der Quelle, Anspruch, Informationswert, Vollständigkeit, Aktualität, Gestaltung, Bedienung -> siehe *Kapitel 2.3*) – das gefundene Material sprachlich aufbereiten, d.h. unbekannte Begriffe nachschlagen, eine Liste mit wichtigen Begriffen bzw. neuen Vokabeln anlegen – eine weitere Recherche planen – die Lerngruppe über ihren Arbeitsstand informieren und erste Eindrücke der Recherche wiedergeben
4: **Weitere** **Recherche(n)**	**–> weitere Recherche(n)** mit Einsatz weiterer Suchwerkzeuge bzw. Vertiefung der bereits erworbenen Suchstrategien

5: **Aufarbeitung** **und** **Vorbereitung** **der Präsentation**	**–> Vorbereitung einer Dokumentation und eines Vortrags** mit: – Selektion und Aufbereitung des gefundenen Materials, Ergänzung durch eigene Texte, Bilder, Diagramme etc. (evtl. mit Hilfe des Lehrers) – Erstellung einer abschließenden Dokumentation, z.B. in Form einer Materialmappe, eigens zusammengestellter WWW-Seiten oder eines Info-Posters – Entscheidung über im Vortrag einzusetzende Hilfsmittel (Tafel, OHP, OHP-Computerdisplay, Dia, Video etc.) – Erstellung eines Abstracts für die Lerngruppe – Fertigstellung der Begriffs- bzw. Vokabelliste und Entscheidung über die Art der Vokabelentlastung (vor oder während des Vortrags, mögliche Hilfsmittel) – abschließender Dokumentation des Recherchewegs: eingesetzte Suchwerkzeuge und -strategien erläutern und bewerten, gesammelte Web-Adressen als Link-Liste, WWW-Seite oder Favoriten-Ordner zusammenfassen – kritischer Gesamtbewertung des genutzten Mediums (CD-ROM bzw. WWW) in bezug auf Informationswert, Bedienbarkeit, Aktualität
6: **Präsentation** **und Diskussion**	**–> Präsentation durch Abschlussvortrag mit:** – Vorstellung der Recherche-Ergebnisse, gestützt durch Folie/Tafelbild/WWW-Seiten über OHP-Display etc. – Abstract für die Lerngruppe – Erläuterung wichtiger Begriffe bzw. Vokabeln – Dokumentation des Recherchewegs – kritischer Beurteilung der gefundenen Informationen und des eingesetzten Mediums **–> Diskussion der Recherche und ihrer Ergebnisse**
7: **Publikation** **(Eventualphase)**	**–> evtl. Entschluss über Erstellung einer Gesamtdokumentation**, z.B. als WWW-Rubrik auf der Schul-Homepage oder auf einer CD-ROM, evtl. als Beitrag zu einem Wettbewerb (siehe *Kapitel 3 und 5*)

Selbstverständlich kann das **Modell verschlankt** werden, indem die Umsetzung der Ergebnisse in eine Dokumentation und/oder eine Präsentation in eine weniger aufwendige Sammelphase abgewandelt wird. Nichts spricht dagegen, die Schüler ihre Resultate im Kurzvortrag vorstellen zu lassen und diese nur kurz an der Tafel zu sammeln bzw. sammeln zu lassen – vor allem, wenn es sich nicht um die erste Web-Recherche handelt, die mit der Lerngruppe durchgeführt wurde.

Die Schüler lernen auf diese Weise:

– das World Wide Web zur Informationsrecherche zu nutzen;
– Material mit Blick auf ein gegebenes Thema zu selektieren, aufzubereiten, neu zu ordnen und zusammenzustellen;
– ihr Wissen in bezug auf das Thema zu erweitern;
– ihren Mitschülern dieses neu erworbene Wissen und relevantes Material in einem Vortrag zu präsentieren;
– hierbei möglichst selbständig, d.h. ohne Lenkung durch den Lehrer zu arbeiten;
– eine kritisch aufgeschlossene Haltung gegenüber dem Medium Internet zu gewinnen.

2.9   Ideen für Web-Recherchen

Grundsätzlich lohnt sich eine Web-Recherche zu sehr vielen Themen, vor allem in Fächern, in denen man häufig mit Texten und Sachinformationen (z.B. Daten und Statistiken) arbeitet, die exemplarischen Charakter haben, die zwar möglichst aktuell sein sollen, aber grunsätzlich austauschbar sind. Wirtschaftliche Entwicklungsprozesse lassen sich am Beispiel vieler Länder illustrieren, zu denen man sich im Internet aktuelle Daten besorgen kann. In Fächern wie z.B. Mathematik, in denen es eher um die Vermittlung von doch recht festgelegten Denkoperationen geht, wird man allenfalls interessante Informationen zur Geschichte dieses Wissenschaftszweiges zum Vorschein bringen können.

Vor diesem Hintergrund lassen sich Web-Recherchen aus zahllosen Themen und Problemstellungen ableiten, die in den Lehrplänen der Fächer vorgesehen sind. Die hier vorgestellten Beispiele sind als Denkanstoß für die Entwicklung eigener, in individuell geplante Sequenzen integrierter Recherchen gedacht.[20]

---

[20] Eine Anregung hierzu geben z.B. die „Special Focus" genannten Sammlungen von Web-Adressen zu speziellen Themen wie *Spracherwerb*, *El Nino* oder *Der 2.Weltkrieg*, die auf der ebenfalls bei Aulis erschienenen „Internet-CD für Lehrer" enthalten sind.

Deutsch:
Hier besteht z.B. die Möglichkeit einer Recherche, **die weitergehende Informationen zu einer aktuellen Lektüre** liefert. So lässt sich in der S I bei der Besprechung von Nina Rauprichs „Die sanften Riesen der Meere" nach Quellen zu Walen suchen: zu Walen allgemein (biologische Infos), besonderen Walarten, Walbeobachtung, Walen in Zoos, Walschutz etc. Zur Vertiefung der Umweltproblematik eignen sich die u.a. Adressen von WWF und Greenpeace. Übergreifender Unterricht mit dem Fach Biologie bietet sich hier ohnehin an.

In der S II lassen sich beispielsweise bei der Lektüre von Kipphardts „In der Sache J. Robert Oppenheimer" (Original-)Dokumente und Dokumentationen zu Bau und Einsatz der Atombombe finden. Je nach Popularität und Aktualität des Werks bzw. seines Autors findet sich eventuell reichlich Material, das sich im Rahmen einer werkimmanenten und/oder literatursoziologischen Betrachtung nutzen lässt.

Englisch/Französisch/Spanisch:
Die o.a. Recherchezielen lassen sich auch im Fremdsprachenunterricht anvisieren. Hinzu kommt hier noch der besondere **Aspekt der landeskundlichen Informationen,** die sich mit Hilfe des WWW sammeln lassen. Sowohl offizielle Stellen wie die „Royal Family" oder das „White House" liefern gutes Material, als auch Online-Magazine wie „Britannica" (http://www.britannica.com) und die Online-Dependancen großer Zeitungen wie „Times", „Guardian", „New York Times" oder „USA Today".
Aufgrund des reichen Angebots letztgenannter Quellen kann die Web-Recherche in diesen Fächern auch gut am Anfang einer Reihe stehen: Wer sich ein aktuelles Thema zum Anlass einer Sequenz nimmt, lässt seine Schüler zunächst einmal **die Magazine und Nachrichtenzentren nach Artikeln durchforsten** – die er dank des WWW leichter und in größerer Vielfalt erreicht als im Bahnhofskiosk.
Wer im Englischunterricht eine **Filmanalyse** durchführt, kann seine Schüler auch Material zu einzelnen Filmen oder Regisseuren finden lassen. Vielleicht kennen oder finden sie sogar das „Script-o-rama" (http://www.script-o-rama.com), eine Fundgrube für Drehbücher und fertige Transkripte bekannter Kinofilme, die wertvolle Zeit beim Transkribieren und Abtippen der Dialogtexte einsparen kann.
Für alle Sprachen geeignet ist die Idee **eines Wettbewerbs „Autoren im Netz"** (o.ä.): Wenn die Schüler in kleinen Gruppen im Internet surfen können, schickt man sie zeitgleich mit dem Auftrag ins Netz, Informationen über einen bestimmten Autor bzw. eines seiner Werke zu beschaffen (Biographie, Hintergrund, Rezensionen etc.).

Geschichte:
Wie in den o.g. Fächern die Suche nach Texten und Autoren, so liegt im Fach
Geschichte die Suche nach historischen Informationen nahe. Da das Internet
in den USA seinen Boom begann, liegt zur amerikanischen Geschichte die
umfangreichste Zahl an Quellen vor. Ein anderes recht ausführliche bearbei-
tetes Feld ist das Thema Nationalsozialismus/2.Weltkrieg, das sich z.b. über
die Seiten des ShoaNet (http://machno.hbi-stuttgart.de/shoanet/index.htm)
aufrollen lässt.

Politik und Sozialwissenschaft/Wirtschaft:
Das WWW bietet eine Fülle von Adressen z.b. zum **Thema Europa, EU
und Euro**. Gute Anlaufstellen für eine Recherche sind die Homepage der
Bundesregierung (http://www.bundesregierung.de) und die Startseite der EU
(http://europa.eu.int).

Biologie/Physik/Astronomie/Chemie/Ökologie:
Wie der Katalog in diesem Buch zeigt, gibt es in insbesondere in der Kategorie „Biologie" eine außerordentliche Vielzahl interessanter Quellen. Der
Anforderung nach Veranschaulichung insbesondere in naturwissenschaftli-
chen Fächern kommt das WWW durch seine „Multimedialität" natürlich
entgegen. Und so lässt sich in vielen Fachgebieten nach Material fahnden,
das eben nicht nur aus Text, sondern auch aus Grafiken, Animationen und
kleinen Filmen besteht.
In **Biologie** bietet sich beispielsweise eine Recherche zum **Thema Klonierung** an (Einführungen, Technik, Anwendungsmöglichkeiten, kritische Auseinandersetzung und ethische Fragen), im Fach Physik ein Ausflug in die
Astronomie (u.a. bietet die NASA sehr viel Material unter
http://www.nasa.gov), im Fach **Chemie** kann z.B. das Thema **Umweltschutz**
mit Online-Quellen aufbereitet werden (siehe eigener Bereich im Katalog,
u.a. mit den Homepages großer Chemie-Unternehmen, Umweltschutzorgani-
sationen und spezieller Umwelt-Server).
Auch wenn die (im Katalog ausführlich beschriebenen) Online-Filialen der
großen **Wissenschaftsmagazine** z.T. sehr ins wissenschaftliche Detail gehen
(und in der Hauptsache englischsprachig sind), bieten sie auch für schulische
Zwecke verwendbare Informationen und Erläuterungen, beispielsweise im
Wissensarchiv „Ask the Experts" von Scientific American
(http://www.sciam.com). Eine exzellente deutschsprachige Startadresse ist
die Homepage des bekannten WDR-Wissenschaftsmagazin „Quarks"
(http://www.quarks.de), das sehr gut aufbereitete Materialien zu den Themen
seiner Sendungen der letzten Jahre bereithält (ausführlicher als die Sendungen selbst, abrufbar sowohl als einzelne Web-Seiten wie auch als gepackte
Datei zum Herunterladen und Offline-Browsen).

Geographie/Ökologie:
Wie in den zuvor genannten Naturwissenschaften kommt auch geographischen Quellen die Anschaulichkeit zugute, die sich in Web-Dokumenten herstellen lässt. In ausreichender Zahl vorhandene Quellen für Recherchen bieten z.B. die Themen **Naturkatastrophen** und **Klima** (Klimabeobachtung, Klimadaten, Klimawandel, Klimaschutz, Klimakatastrophen); speziell die Problematik „El Niño" findet ausführlichen Niederschlag, in erster Linie freilich wiederum in englischsprachigen Adressen (Einführungen, La Niña, Auswirkungen, Beobachtungen und Berichte, Grafiken, Visualisierungen, Vorhersagen).

3. Publizieren im World Wide Web

Neben der Web-Recherche, d.h. der reinen Entnahme von Information aus dem World Wide Web, eröffnet auch der umgekehrte Weg faszinierende Möglichkeiten: die **Publikation** eigens erstellter Materialien, z.B. auf der Homepage der eigenen Schule. Wie man an eine solche eigene Adresse im WWW gelangt und dort eigene Dokumente veröffentlicht, soll im folgenden kurz erläutert werden.

3.1 Die eigene Homepage: Wege und Werkzeuge

Egal, ob man als Privatmann oder Schule ins Internet geht, der Weg führt immer über einen Provider (Details zur Providersuche in Kapitel 7.2). Diese Anbieter bieten ihren Kunden jedoch nicht nur die Möglichkeit, sich ins Internet einwählen und darin surfen zu können, sondern standardmäßig auch eine Email-Adresse sowie **eine Web-Adresse und Speicherplatz für eine eigene Homepage**. Als Mitglied bei T-Online verfüge ich z.B. über die E-mail-Adresse Jens.Hildebrand@t-online.de (Ausführliches zu Email in Kapitel 4). Hieraus würde, wenn ich den mir zustehenden Speicherplatz von 10 MB bei T-Online nutzte, die Homepage-Adresse:

http://home.t-online.de/home/Jens.Hildebrand/

Ebenfalls 10 MB Speicherplatz räumt AOL seinen Mitgliedern ein. Dort würde aus der Email-Adresse JensHi@aol.com die Homepage-Adresse:

http://members.aol.com/JensHi/

Beide Adressen liefern allerdings keine Ergebnisse, da ich keine Seiten auf den Servern von T-Online oder AOL abgespeichert habe. Meine Homepage verfügt über eine **eigene Hauptadresse (= Domäne):**

http://www.jens-hildebrand.de

Solche Hauptadressen muss man bei einer zentralen Vergabestellen beantragen, da die großen Online-Dienste diese Möglichkeit ihren Privatkunden gar nicht erst anbieten. Möchte sich die Schule also eine eigene Domäne gönnen (z.B. www.goethegymnasium.de), hilft am besten ein Internet-Service-Provider vor Ort weiter. Dieser übernimmt dann auch die Registrierung und technische Umsetzung der neuen Adresse, die ja von jedem mit dem Internet verbundenen Computer erreichbar sein soll und daher jedem der Server im „zentralen Nervensystem" des Internet bekannt sein muss. Die Web-Seiten, die über diese Adresse erreichbar sein sollen, werden schließlich auf dem

Server des Internet-Providers gespeichert, der durch eine Standleitung ständig mit dem Internet verbunden ist. Eine vorsichtige Warnung sei gegenüber Pauschalangeboten mancher Anbieter ausgesprochen, die mit günstigen Preisen für die Registrierung einer eigenen Domäne und Speicherplatz für Web-Seiten werben. Solche Angebote sind mitunter nicht befriedigend, z.B. weil sich die dort gespeicherten Seiten nur langsam abrufen lassen oder die Kundenbetreuung zu wünschen übrig lässt. Ein Gesamtpreis von etwa 30-60 DM im Monat scheint angemessen und sollte akzeptable Leistungen mit sich bringen. Weitere Kriterien, die ein gutes Angebot erfüllen sollte, sind:

– Die Seiten sollten auf einem deutschen Server gespeichert sein. Einige Anbieter mieten Speicherplatz auf US-Servern, von denen die Daten eventuell nur über den großen Teich tröpfeln. Das muss nicht so sein, da Daten prinzipiell sehr schnell durch die Telefonleitungen reisen, aber nicht jeder Provider verfügt über eine gute Anbindung an die USA.

– Es sollte möglichst kein Limit für das Transfervolumen (auch „Traffic") geben, d.h. keine Obergrenze für die Datenmenge, die monatlich von der eigenen Homepage *abgerufen* werden darf: Üblicherweise sind solche von diversen Anbietern gesetzte Grenzen ausreichend dimensioniert (1 oder 2 Gigabyte); gerade wenn man die doch begrenzte Zahl derer berücksichtigt, die eine Schul-Homepage anwählen werden, und sich vergegenwärtigt, dass Web-Seiten selten größer als 50 KB sind. Bietet man jedoch eine sehr interessante Seite, möglicherweise noch mit der Möglichkeit zum Herunterladen von Dateien, kann die Grenze überschritten werden – was unweigerlich eine (nicht immer erfreuliche) Preisanpassung zur Folge hat. Wenn 500 Schüler eine Datei von 2 MB herunterladen, ergibt sich ein Datenverkehrsvolumen von 1000 MB = knapp 1 Gigabyte (1 Gigabyte entspricht 1024 MB).

– Man muss als Kunde jederzeit die Möglichkeit haben, die Seiten vom eigenen Computer aus auf den Server „hochladen" („uploaden") zu können.

Neben den Angeboten der Online-Dienste für ihre Mitglieder und der eigenen Domäne gibt es noch eine weitere, auf den ersten Blick unglaubliche Option: für jeden Internet-Benutzer zugängliche Adressen wie z.B. GeoCities (http://www.geocities.com) oder Tripod (http://www.tripod.de), auf denen jeder, der Zugang zum Internet hat, kostenlos eine eigene Homepage (natürlich mit begrenztem Umfang) einrichten kann. Solche Server refinanzieren sich allerdings meist durch Werbeanzeigen, die in die privaten Web-Seiten eingeblendet werden, dadurch die ohnehin nicht rasend schnelle Übertragung der Daten weiter bremsen und noch dazu beim Öffnen verschiedener Browserfenster zum Absturz desselben führen können.

Bevor man auf einem der beschriebenen Wege Speicherplatz im WWW nutzen kann, müssen natürlich erst einmal die **Web-Seiten erstellt** werden, die Leben in das zunächst leere Cyberheim bringen sollen. Das ist heutzutage ein viel geringeres Hexenwerk als noch vor wenigen Jahren, da das Dateiformat von Web-Seiten (HTML) inzwischen schon von allen großen Textverarbeitungen unterstützt wird. Zumindest theoretisch muss man also kein spezielles Programm mehr benutzen, um die eigene Homepage zu erstellen.

Wer beispielsweise mit Microsofts „**Word für Windows**" ab der Version 97 arbeitet, kann sein mit Grafiken, Bildern und Tabellen aufbereitetes Dokument über *Datei -> Speichern unter* über die Option *Dateityp* im HTML-Format abspeichern. Treten hierbei keine Probleme auf, und hält die Seite einer Prüfung mit dem eigenen Browser stand, ist das erste Web-Dokument schon fertig. In der Symbolleiste von Word steht zudem ein wichtiges Icon zur Verfügung:

Dieses Symbol erlaubt es, in jedes Word-Dokument einen Hyperlink zu integrieren, und öffnet folgendes Fenster:

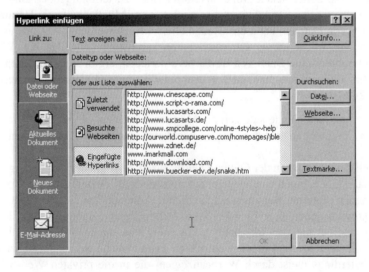

Hier kann man im Feld *Dateityp oder Webseite* die Adresse des Dokuments (oder z.B. einer gepackten ZIP-Datei) angeben, auf die der einzufügende

Link verweisen soll, also z.B.: *http://www.aulis.de*. Das darüberliegende Feld *Text anzeigen als* ist für den Text vorgesehen, unter dem der Link auf der Webseite angezeigt werden soll. So könnte man an dieser Stelle z.B. *Aulis-Verlag* eingeben. Auf der Webseite erschiene dann eben dieser Eintrag, der nach Anklicken die Homepage des Aulis-Verlags öffnete.

Noch einfacher gestaltet sich das Einfügen eines Links, wenn man keinen besonderen Text benötigt, sondern einfach nur die Web-Adresse angeben will, die zugleich ein Link sein soll: Tippt man in einem Word-Dokument (ab Office 97) eine Webadresse nach dem üblichen Schema ein und drückt die Leer- oder ENTER-Taste, macht Word den Eintrag automatisch zu einem Link: http://www.aulis.de .

Trotz solcher Funktionen sind Textverarbeitungen nicht die besten Werkzeuge zur Erstellung von Web-Seiten. Auf diesen Zweck spezialisierte Programme, sogenannte **HTML-Editoren**, gibt es z.B. als Teil des **Browserpakets „Communicator" von Netscape**. Wer dieses Paket installiert hat (mit dem bekannten „Navigator" als Browser), verfügt über den **„Composer"**, mit dem man eine Homepage mit allen üblichen Elementen zusammenstellen kann:

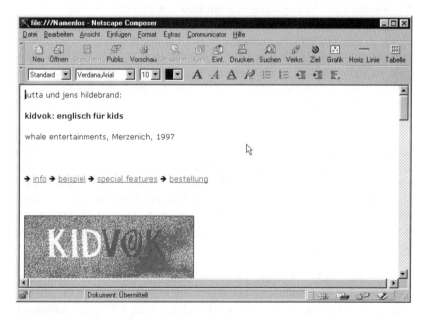

Wer aufwendigere Dokumente mit Formularen oder eingebundenen Programmen (z.B. in JAVA) gestalten möchte, sollte auf **mächtige Programme wie NetObjects „Fusion" oder Microsofts „Frontpage"** zurückgreifen.

Diese Programmpakete ermöglichen nicht nur die Gestaltung von Web-Dokumenten, sondern auch ihre Verwaltung in einer Gesamtstruktur, so dass man als „Webmaster" überschauen kann, wie die einzelnen Seiten der gesamten Site miteinander verknüpft sind. (Teilnehmer der Initiative „Schulen ans Netz" sollten „Frontpage" kostenlos erhalten haben).

Bevor man sich bei der Kreation der Dokumente für das weltweite Netz allzu sehr ins Zeug legt, sollte man allerdings bedenken, dass die Seiten von jedem Surfer möglichst problemlos aufgerufen werden sollen: d.h. möglichst schnell, ohne störenden Schnickschnack wie flimmernde Animationen oder eingebundene Sounddateien (die auch die Leitungen des Nutzers belasten, der gar keine Soundkarte im PC hat), und natürlich auch ohne Fehlermeldungen, die das Scheitern des Browsers beim Ausführen eines Java-Skripts quittieren. Kriterien für gutes Web-Design wurden in Kapitel 2.3 ausführlich vorgestellt.

Eine gute Einführung in die Erstellung von Web-Seiten, die neben einer Übersicht über alle gängigen HTML-Befehle auch Details wie Rahmen und interaktive Programme behandelt, ist als kostenloser Kurs unter dem Namen **„SELF-HTML"** unter http://www.teamone.de/selfaktuell/ abrufbar.

Ein Hinweis zur Verwendung von **Bildern** auf Web-Seiten: Jede Art von Grafik, insbesondere Farbfotos beanspruchen leicht sehr viel Speicherplatz. Hat man eine große Farbaufnahme eingescannt, belegt diese schnell mehrere hundert Kilobyte. Eine solche Grafikdatei auf einer Web-Seite unterzubringen, ist wenig ratsam, da nicht nur der begrenzte Speicherplatz für die Homepage stark beansprucht wird, sondern weil ein Besucher des Dokuments diese Grafik zum Ansehen ja auch herunterladen muss – und das kostet ihn Zeit, Geld und nicht zuletzt Nerven.

Aufgrund dessen trifft man Grafiken auf Web-Seiten grundsätzlich in zwei Formaten an, die eine starke Komprimierung der Daten erlauben, ohne dass die Bilder hierdurch unansehnlich werden müssen: **GIF** und **JPG**. Ein sehr nützliches Programm, mit dem sich Bilder bearbeiten und in diesen Formaten (beim Format JPG sogar mit unterschiedlich starker Komprimierung) abspeichern lassen, ist der **„Paint Shop Pro"**. Das Programm ist Shareware und kann zunächst als Testversion über http://www.jasc.de heruntergeladen und ausprobiert werden.

Bei der **inhaltlichen Füllung von Schul-Seiten** können bzw. sollten Lerngruppen aller Fachrichtungen beteiligt werden: Die technische Realisation liegt in der Hand der Informatik; die Redaktion wird z.B. vom Fachbereich Deutsch oder der Redaktion der Schülerzeitung übernommen, die wiederum auf andere Bereiche zurückgreifen können, wie z.B. auf den Kunstunterricht zur grafischen Gestaltung. Im Rahmen der Gesellschaftswissenschaften und

Fremdsprachen können Informationen vielfältigster thematischer Ausrichtung gesammelt und aufbereitet werden: zu bekannten Persönlichkeiten oder Unternehmen der Region, zur Geschichte der Heimatstadt, interessanten Autoren und Künstlern, kulturellen Ereignissen, Schulaktivitäten etc. In den Naturwissenschaften lassen sich Simulationen, Datenbanken und Meßstationen aufbauen, auf die aus dem WWW heraus zugegriffen werden kann; denkbar sind u.a. Messungen von Wetterdaten (z.b. im Rahmen des GLOBE-Projekts, s.u.), die Registrierung von Luft- und Wasserbelastungen (interessant für jeden Einwohner der Umgebung !) oder Simulationen regionaler Ökosysteme. Auf diese Weise entstehen fachspezifische Projekte, Online-Bibliotheken mit Texten und Bildern, Lernspiele und virtuelle Ausstellungen, kurzum: anspruchsvolle Belege für eine moderne und aktive Schule.

Nicht zu vergessen ist die Nutzung der Schul-Homepage als Werbeplattform. Auch wenn man nicht sicher sein kann, ob und in welcher Frequenz interessierte Eltern von diesem Angebot Gebrauch machen werden, sollte man doch auch auf diesem Wege Informationen zur Schule (mit Fotos) und zum Schulprogramm bzw. -profil anbieten. Das Bild der modernen Schule kann davon nur profitieren.

Der Erstellung der Web-Seiten folgt nun zweite wichtige Schritt: die eigentliche **Veröffentlichung**, der „Upload" der Seiten ins WWW. Diese Übertragung der Dateien erfolgt über die FTP-Funktion des Internet (siehe Kapitel 1.6). Zur Steuerung dieses Prozesses bieten einige Editoren wie z.B. der Netscape „Composer" eine eigene Funktion an, die jedoch erst (mehr oder weniger kompliziert) auf die Bedürfnisse der Providers eingestellt werden muss, auf dessen Server man die Dateien hochladen will. T-Online bietet seinen Kunden ein eigenes Programm an, das für die Publikation verwendet werden sollte (nicht zuletzt, weil private Homepages bei T-Online einigen technischen Beschränkungen unterliegen). Bei AOL ist eine Funktion zum „Hochladen" der selbst kreierten Dokumente gleich in den Decoder, d.h. das normale Bedieungprogramm des Dienstes eingebaut.

Ein ohnehin hilfreiches Werkzeug zeigt auch hier besondere Qualitäten: Der **„Windows Commander"** ist ein funktionsreiches und stabiles Programm zur Verwaltung von Dateien unter Windows 95/98 und höher (wer schon länger in diesem Bereich tätig ist, wird Grundzüge des „Norton Commander" wiedererkennen). Unter anderem enthält es auch eine FTP-Funktion, die sich unkompliziert einstellen lässt (die für die Verbindung zum Server nötigen Daten liefert der Provider). Der Upload wird hier dadurch vereinfacht, dass er wie ein gewöhnliches Kopieren von Dateien von einem Laufwerk/Verzeichnis des eigenen PCs ins andere abgewickelt wird – mit dem winzigen, entscheidenden, aber für den Benutzer kaum spürbaren Unterschied, dass beim Kopieren mit FTP das Zielverzeichnis auf dem Server des

Providers liegt. Der folgende Schnappschuss zeigt in der rechten Spalte ein Verzeichnis auf meinem PC, in der linken das Hauptverzeichnis meiner Domäne auf dem Server des Providers:

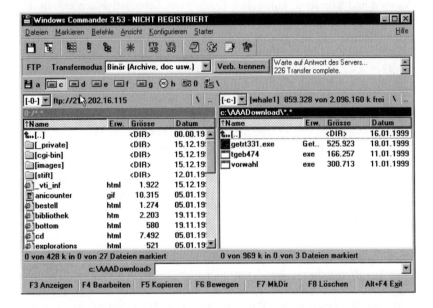

Zwischen diesen beiden Verzeichnissen lassen sich nun Dateien einfach hin- und herkopieren. Der „Windows Commander" kann als Testversion unter http://www.wincommander.com heruntergeladen werden.

Nachdem man am durch Aufrufen der eigens publizierten Seiten aus dem WWW (nicht aus den Verzeichnissen des heimischen PCs !) geprüft hat, ob auch wirklich alle Dokumente und Elemente fehlerfrei bedient werden können, muss man die Seite nur noch bekannt machen. Hierzu trägt man sie in den bekannten Suchmaschinen ein (siehe Kapitel 2.2.1), vor allem aber in den folgenden Listen von Schulen, die im Internet vertreten sind:

Schul-Web	http://www.schulweb.de/wegweiser.html
Route 66	http://web66.coled.umn.edu/schools/DE/Germany.html

Eventuell bietet auch der Bildungsserver des eigenen Bundeslandes die Möglichkeit, die Schulhomepage zu registrieren.

3.2 Die Schulzeitung im WWW

Ebenfalls in den Bereich des „Web-Publishing" gehört die Möglichkeit, die Schülerzeitung ins WWW zu transportieren, dadurch die Schul-Homepage als Adresse aufzuwerten und die Redaktion zusätzlich zu motivieren. Vorausgesetzt, dass keine peinlichen Lehrerzitate oder ähnlich dubiose Inhalte ins Netz gestellt werden, sollte die Schülerzeitung im WWW durchaus etwas sein, durch das sich sowohl die Schüler als auch die Schule repräsentiert sehen können.

Neben der Beachtung der allgemeinen Kriterien, die Web-Dokumente erfüllen sollten, stellt sich bei der Umsetzung der Schülerzeitung in erster Linie die Frage nach der *Art* der Umsetzung. Aufgrund des notwendigen technischen Aufwands, der nicht exorbitant, aber auch nicht zu unterschätzen ist, sollte man nicht versuchen, jede einzelne Ausgabe mit ihrem eigenen (bei Schülerzeitungen oft wechselnden) Stil ins Internet zu übertragen. Realistischer scheint es da, einmalig ein Grundkonzept für die Seite zu entwickeln und dieses auf längere Sicht beizubehalten. Auf diese Weise entsteht eine Grundstruktur, die immer wieder mit aktuellen Inhalten (= Artikeln) gefüllt werden kann, sowie ein (zumindest für gewisse Zeit) stabiles Layout, das dem regelmäßigen Benutzer ein gewisses Gefühl der Vertrautheit und Sicherheit gibt.

Die Frage, **wie Web-Präsenz und Printausgabe zusammenhängen sollen,** ist auch in Bezug auf den Inhalt schwierig. Ein Weg ist, *nach* Erscheinen der Druckausgabe *einige* wichtige bzw. interessante Artikel ins WWW zu transportieren, aber nicht alle. Dies sollte sicherstellen, dass der Absatz der Printausgabe nicht spürbar unter der Web-Seite leidet; wer z.B. unbedingt Lehrerzitate lesen will, muss sich eben die Druckausgabe kaufen. Um den Eindruck zu verstärken, dass es sich um zwei getrennte „Medien" handelt, sollte die Homepage auch Angebote bereithalten, die das gedruckte Exemplar nicht bieten kann. So kann in der Printausgabe z.B. am Ende eines Artikels darauf verwiesen werden, dass sich auf der Homepage der Schülerzeitung eine Linkliste zum Thema findet.

Nicht zu unterschätzen ist die Chance, auf den Web-Seiten in vorsichtiger, für den Anwender natürlich möglichst wenig störender Form **Werbung** zu plazieren. Es ist nicht schwierig, bewährte Werbepartner der Schülerzeitung davon zu überzeugen, für eine bestimmte Zeit (z.B. drei, sechs oder zwölf Monate) Werbeflächen auf den ja stets präsenten Web-Seiten zu plazieren, solange man keine überzogenen Preise fordert. Auf diesem Weg ergibt sich eine zusätzliche Einnahmequelle, die vielleicht die Redaktionskasse ein wenig füllen hilft.

Ein Beispiel für eine Schülerzeitung ist der „Altenteich", erreichbar unter http://www.stiftisches.de :

3.3 Dokumentationen, Simulationen, Messstationen, Tests

Über Informationen in bezug auf die Schule und die Schülerzeitung hinaus lassen sich auch andere Inhalte ins Netz stellen: nicht zuletzt natürlich **die Ergebnisse von Web-Recherchen**, die im Rahmen von Unterrichtsreihen und –projekten erarbeitet wurden. Diese sollten, dem in Kapitel 2.8 vorgestellten Modell der Web-Recherche folgend, nicht aus einer bloßen Sammlung des gefundenen Materials bestehen, sondern eine **eigenständige Dokumentation** darstellen, in der das recherchierte Material selektiert, sinnvoll zusammengestellt und für die anderen Schüler der Lerngruppe – und damit für Lerngruppen anderer Schulen vergleichbarer Jahrgänge – verständlich dargeboten wird.

Selbstverständlich muss man sich hierbei nicht auf die Produkte von Projekten beschränken, in denen das Internet benutzt wurde. Haben Schüler beispielsweise im Fach Biologie die Biotope oder bedrohten Lebensräume ihrer Region erkundet, lassen sich die Ergebnisse nicht nur als Wandposter oder Sammelmappe, sondern auch in Form von Web-Seiten auf der Schul-Homepage dokumentieren. Die meisten Schüler verfügen heutzutage zu Hause über einen Computer und tippen die Texte ohnehin dort ein. Verfügt man selbst nicht über einen Scanner, mit dem sich Bilder einlesen und als

Grafikdateien abspeichern lassen, die man in eine Web-Seite einbauen kann, findet sich mit Sicherheit ein hilfsbereiter Kollege.

Das WWW bietet ja eben zum Zweck der Veranschaulichung die Möglichkeit, Bilder, Animationen, kleine Videos und sogar interaktive Programme in Web-Seiten einzubauen. Während man den Einsatz allzu aufwendiger Elemente gründlich überdenken sollte, da sie den Datentransfer und damit den Besucher einer Seite stark belasten, kann man die Eignung von Web-Seiten **zur Veranschaulichung und Simulation von Sachverhalten bzw. Zusammenhängen** nicht übersehen. Ob es sich um die Fallgesetze, die Zellteilung, vulkanische Aktivitäten oder die Auswirkung globaler Wärme handelt – all diese Vorgänge lassen sich bereits mit einfach zu handhabenden Programmen wie dem „Paint Shop Pro" visualisieren (diese Bildbearbeitungssoftware enthält den „Animation Shop", mit dessen Hilfe man animierte Grafikdateien (im GIF-Format) wie kleine Trickfilme erstellen kann.

Insbesondere im Rahmen der Fächer Physik, Chemie und Biologie lassen sich zudem **Messungen** veranschaulichen, aufgezeichnete Daten dokumentieren, ja sogar Messstationen (zwar unter einigem Aufwand) direkt ans Internet anbinden. Die Schule, die ihre Heimatstadt mit Werten über Luft- oder Gewässerbelastung versorgt, macht sich bestimmt einen Namen.

Noch wenig genutzt wird die Möglichkeit, direkt über das WWW zu lehren, in erster Linie aufgrund des damit verbundenen hohen Aufwands an Technik und Kosten. Selbst sogenannte Autorenprogramme (wie z.B. „Director" von *Macromedia* oder „Toolbook" von *Asymetrix*, allesamt recht teuer), mit denen sich **Übungen und Tests** ohne tiefere Programmierkenntnisse aufbauen lassen, erfordern viel Einarbeitungszeit und Hingabe. Zumindest theoretisch bieten sie aber die Möglichkeit, Lehr- und Übungsmaterial am Computer zu erstellen und dieses in Web-Seiten zu integrieren, ohne dass diese zu viel Speicherkapazität beanspruchten. Übungen und Abfragen lassen sich auch mit Hilfe eines der o.a. Programme zur Erstellung von Web-Seiten und einigen kleineren Hilfsprogrammen (z.B. zur Programmierung von CGI-Skripten) herstellen; hierbei sind jedoch grundlegende Programmierkenntnisse erforderlich.

4. Email: Kontakt und Austausch weltweit

Der Zugriff auf das Internet in der Schule eröffnet auch die Chance, die zweite „große" Funktion des weltweiten Computernetzes zu nutzen: die **Kommunikation** per elektronischer Post, per **Email** (= electronic mail). Diese Möglichkeit, am Computer eingetippte Briefe schnell und kostengünstig in die ganze Welt zu versenden, erleichtert zum einen die schriftliche Verständigung, die bei der Organisation von Unterrichtsreihen, Projekten und Klassenfahrten immer wieder eine wichtige Rolle spielt und oft mit hohem Aufwand verbunden ist. Wichtiger noch ist, dass Schüler auf diesem Weg direkten Kontakt mit Muttersprachlern aufnehmen können.

Wer beispielsweise im Fremdsprachenunterricht der Sekundarstufe I eine Unterrichtsreihe mit **landeskundlichem Charakter** durchführt, benötigt entsprechende Informationen über Land und Leute, die man am besten direkt vor Ort (z.B. in Schottland) einholt. Die Email-Funktion ist folglich **nicht nur ein Mittel der Kommunikation, sondern auch der Recherche,** vor allem aber ein Medium des **interkulturellen Lernens.** Zu diesem Zweck sucht man über das Deutsche Schul-Web bzw. die internationale Schul-Seite namens „Route 66" eine Schule in Schottland, die Internet-Anschluss hat (und möglicherweise sogar mit eigenen Seiten im WWW vertreten ist). Nun lässt sich Kontakt zur dortigen Schule herstellen, der den Schülern Gelegenheit zu authentischem Kontakt mit Schülern im Land der Zielsprache gibt. Auf ähnliche Weise kann man sich für seine Schüler um Brieffreundschaften bemühen.

Schüler können das Internet natürlich auch verwenden, um auf privater Ebene zu kommunizieren. Die Arbeit am PC wirkt hierbei oft als zusätzliche Motivation. Dank der Email-Funktion des Internet tauschen sich Schüler verschiedener Schulen in verschiedenen Ländern aus, entstehen Brieffreundschaften und internationale Verbindungen. Durch das wachsende Aufkommen öffentlicher und kommerzieller Angebote im Internet werden die Schüler motiviert und befähigt, in eigener Initiative Kontakt zu Einrichtungen, Redaktionen und Unternehmen zu knüpfen. Darüber hinaus erschließt sich ihnen auch die Chance, sich mit Hilfe der modernen Medien außerhalb des Unterrichts weiterzubilden. Vor diesem Hintergrund wächst nicht nur der Bedarf, Schülern die nötigen Kompetenzen zur Bedienung von Email zu vermitteln, sondern auch die damit verbundenen **Probleme** erfahrbar zu machen.

4.1 Die elektronische Post

Die Benutzung des Email-Systems zum Austausch elektronischer Nachrichten via Internet soll hier in erster Linie am Beispiel von T-Online veranschaulicht werden. Die dabei vorgestellten Handgriffe lassen sich in schaulicht werden. Die dabei vorgestellten Handgriffe lassen sich in meist identischer Weise auch mit den Programmen anderer Anbieter ausführen, z.B. mit der Email-Funktion von AOL und den Mail-Programmen von Microsoft („Outlook Express" ist Bestandteil des *Explorer*) und Netscape (der Netscape „Messenger" ist Bestandteil des *Communicator*-Browserpakets).

Der erste Schritt in der Bedienung von Email besteht meist darin, zunächst im elektronischen Briefkasten nachzusehen, ob neue Post eingetroffen ist. Als T-Online-Teilnehmer startet man hierzu die Email-Funktion durch Anklicken eines entsprechenden Icons:

Über ein weiteres Fenster, das zur Identifizierung des Teilnehmers dient (damit sich nicht ein Fremder Ihre Briefe holt...), gelangt man zur Liste der bislang empfangenen Emails, hier **„Eingangskorb"** genannt. Die folgende Grafik zeigt eine Reihe von Briefen, die meine Klasse im Rahmen eines Email-Projekts mit einer australischen Schulklasse erhielt:

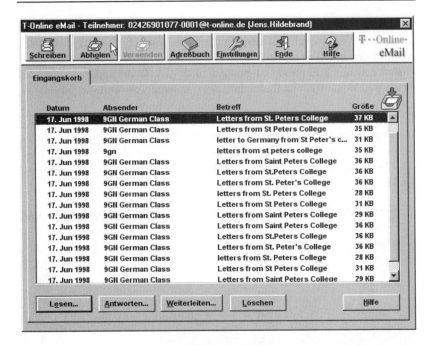

Um zu prüfen, ob neue Botschaften eingetroffen sind, klickt man auf den Schalter **„Abholen"** in der Symbolleiste. Ist man zu diesem Zeitpunkt nicht online, wählt der T-Online-Decoder sich automatisch ins Netz ein und schaut im Email-Briefkasten nach. Hier mit folgendem Fenster als Resultat:

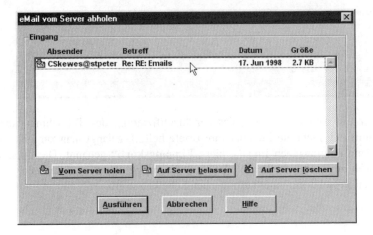

Einfach alle Emails abzuholen, die hier möglicherweise angezeigt würden, wäre eine nicht ganz ungefährliche Angelegenheit, da Email-Dateien theoretisch auch (versteckte) angehängte Dateien mit sich bringen können, die dem Heim-PC gefährlich werden wollen; z.B. einen Computervirus. Daher ist ein Fenster wie das obige sinnvoll, in dem man zunächst den Absender der Email und den Betreff einsehen kann, bevor man die Botschaft vom Server auf den eigenen PC holt. Die übrigen beiden Schalter ermöglichen es, die Botschaft auch zunächst auf dem Server zu belassen oder sie sofort zu löschen.

Ist der Absender vertraut, startet ein Klick auf den Schalter **„Ausführen"** das Abholen der neuen Emails. Die Liste „Eingangskorb" zeigt dann durch einen kleinen Briefumschlag als Symbol an, dass sich nun eine oder mehrere neue, noch nicht gelesene Nachrichten auf dem Heim-PC befinden.

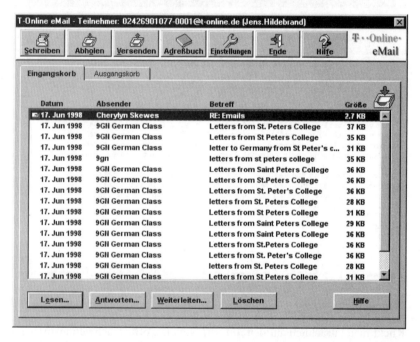

In diesem Moment empfiehlt es sich übrigens, die Verbindung zu T-Online durch einen Klick auf den *Ende*-Schalter erst einmal zu kappen, um während des Lesens bzw. Beantwortens der Briefe nicht die Uhr der Telekom mitticken zu lassen. Hat sich der Decoder automatisch eingewählt, nur um die Emails abzuholen, fragt er selbsttätig nach, ob man die Verbindung wieder trennen möchte.

Durch Doppelklick auf die neue Email wird der empfangene Text zusammen mit den wichtigsten Angaben (Betreff, Absendedatum, eventuellen Anlagen, d.h. mitgesendeten Dateien) angezeigt. Die Schalter unterhalb des Textfensters deuten die Möglichkeiten an, die nun zur Verfügung stehen (ausnahmsweise von rechts nach links): Die Adresse des Absenders lässt sich in einem elektronischen **Adressbuch** speichern; die Email kann **ausgedruckt** werden; mitgeschickte Dateien, sogenannte **Anlagen**, lassen sich speichern (hierzu gleich mehr); der Email-Text kann **als eigene Textdatei abgespeichert** werden, z.B. damit man ihn in der Textverarbeitung weiterverarbeiten oder auf einer Diskette in die Schule mitnehmen kann; des weiteren kann man die Nachricht wiederum per Email an einen anderen Teilnehmer *weiterleiten*; und nicht zuletzt lässt sich die Beantwortung der Email durch einen Klick auf den Schalter **Antworten** vereinfachen:

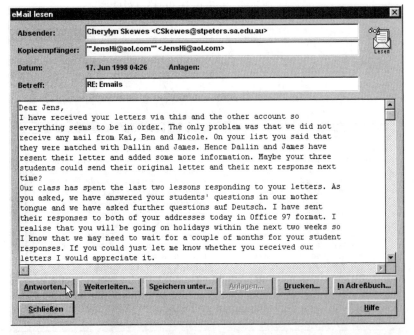

Klickt man tatsächlich auf den *Antwort*-Schalter, öffnet sich automatisch ein Fenster für eine neu zu schreibende Email-Nachricht. In diesem ist z.B. das Feld für den Empfänger bereits ausgefüllt: Hier steht nun die Adresse des Teilnehmers, der die zu beantwortende Email geschickt hatte. Darüber hinaus wird der ursprüngliche Betreff mit einem **RE:** (für *response*) versehen (im vorliegenden Beispiel enthielt auch der eingegangene Brief schon ein solches Kürzel) und der komplette Text der ursprünglichen Email in das Textfenster kopiert. Auf diese Weise lassen sich Passagen, auf die man Bezug nehmen will, bequemer in den eigenen Text einbauen.

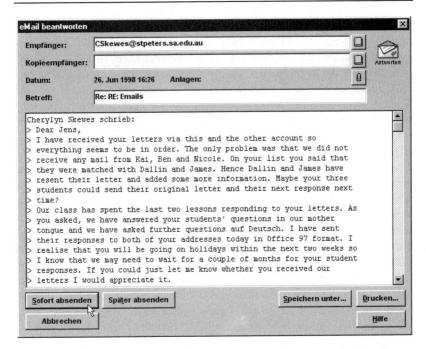

Reagiert man nicht auf eingetroffene Post, sondern schreibt eine Email von Grund auf neu, betätigt man im Hauptmenü der Email-Funktion (egal, ob Eingangskorb, Ausgangskorb oder Ablage angezeigt werden) das Icon **Schreiben**. Nun muss man die Email-Adresse des Empfängers natürlich selbst eintragen. Hier ist Vorsicht geboten, weil man es mit Computern zu tun hat, die keine Tippfehler verzeihen: Ein falscher Buchstabe, und die Nachricht kommt nicht an.

Als Leitfaden mag der **grundsätzliche Aufbau von Email-Adressen** dienen: Die Nahtstelle einer Email-Adresse ist das **@-Zeichen**, das man z.B. von englischsprachigen Preisschildern auf dem Wochenmarkt kennt (spricht: *at*, wie in: 2 lbs. of apples @ 3,50). Es trennt den Namen des Teilnehmers, an den man schreibt, und den Provider, bei dem dieser Teilnehmer seinen Internet-Zugang hat. Meine Email-Adresse ist daher so zu lesen:

Jens.Hildebrand@t-online.de

=

Der Teilnehmer mit dem Online-Namen „Jens.Hildebrand"
beim Provider „T-Online".

Grundsätzlich kann man sich seine Email-Adresse aussuchen, wobei es natürlich vorkommen kann, dass die Bezeichnung, die man sich zu geben wünscht, bereits vergeben ist. Bei AOL findet die Wahl des Teilnehmernamens, aus dem sich dann die Email-Adresse ableitet, direkt bei der ersten Anmeldung statt. Bei T-Online muss man sich erst einen Email-Alias zulegen, da zunächst grundsätzlich eine Email-Adresse zugeteilt wird; diese ergibt sich aus der Nummer des Telefonanschlusses, mit dem man sich einwählt, und ist daher nicht gerade eingabefreundlich. Häufig finden sich als Email-Namen dann keine wirklichen oder vollständigen Namen, sondern so phantasievolle Bezeichnungen wie *Socrates* oder *Gandalf*, die Hinweise auf die Persönlichkeitsstruktur des Teilnehmers, nicht aber auf seine wahre Identität geben.

Ein Trick, der sich bei der Erforschung der Leute benutzen lässt, die hinter einer Email stecken, liegt in der kreativen Analyse der Email-Adresse: Da der zweite Teil der Adresse den Provider des Teilnehmers preisgibt, kann man versuchen, diesen Teil der Anschrift ins WWW zu übertragen und auf diesem Weg mehr über die jeweilige Person zu erfahren. Stößt man z.B. auf die Email-Adresse brooks@ai.mit.edu , ohne den Absender persönlich zu kennen, versucht man es einfach mal im WWW mit der Adresse http://www.ai.mit.edu , wobei an den üblichen Vorspann einer Web-Adresse http://www. lediglich der Provider-Teil der Email-Adresse angehängt wurde. Und siehe da: Man landet auf der Homepage des *Artificial Intelligence Laboratory at MIT*, dem (bereits aus Kapitel 2.3 bekannten) Labor für Künstliche Intelligenz am berühmten *Massachusetts Institute of Technology*. Die Tatsache, dass der Inhaber der geheimnisvollen Email-Adresse an diesem Institut tätig sein muss, verleiht dem, was er geschrieben hat, bereits eine gewisse Durchschlagskraft.

Weiteres Spionieren auf den Web-Seiten des Labors führt schließlich zu noch interessanteren Erkenntnissen: Der mysteriöse Mr. Brooks ist Rodney Brooks, seines Zeichens Direktor des Labors und Professor im Bereich der Humanoiden Robotik. Der Mann baut Cyborgs ! Zugang zu ausführlichen Informationen über seine diversen Projekte (auch *The Cog-Shop* genannt) erhält man beispielsweise über seine persönliche Homepage unter http://www.ai.mit.edu/people/brooks/brooks.html .

Wer nach einer Email-Adresse sucht, sollte folgende Kataloge für Email-Adressen konsultieren:

http://www.suchen.de	Suchen nach deutschen Adressen
http://www.four11.com	Four11: internationales Verzeichnis
http://mesa.rrzn.uni-hannover.de	Meta-Suchmaschine

Hier kann man sich auch selbst eintragen, wenn man keine Probleme damit hat, die eigene Email-Adresse jedem im Netz zugänglich zu machen.

Neben der Adresse, die beim Versenden einer Email korrekt angegeben werden muss, sollte man beim Schreiben eigener Nachrichten den Empfänger mittels der **Betreffzeile** über den Inhalt der Email in Kenntnis setzen, damit er z.b. beim Nachsehen im Postkasten schnell erkennen kann, welche Art Post ihn erwartet.

Nachdem im großen Fenster der **Brieftext eingegeben** ist, hat man die Wahl: Durch Anklicken des Schalters *Sofort absenden* wird die Email sofort auf die Reise geschickt (hat man zuvor die Verbindung zum Online-Dienst beendet, wird sie nun wieder aktiviert); durch Klick auf „Später absenden" gelangt der Brief zunächst in einen Ausgangskorb, so dass man zunächst noch weitere Emails schreiben und diese anschließend gesammelt zur elektronischen Post geben kann.

Hierzu klickt man im Hauptfenster der Email-Funktion auf die Karte *Ausgangskorb*. Daraufhin erscheinen die zum Versand vorgemerkten Emails in einer Liste. Über das Icon *Versenden* (oben) werden die Nachrichten endgültig abgeschickt. Hat man die Emails ohne tickende Gebührenuhr, also „offline" geschrieben, baut das Programm automatisch die Verbindung zu T-Online auf.

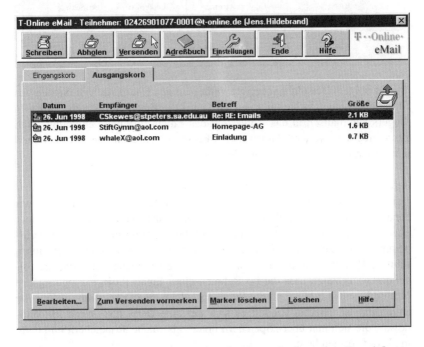

Zwei weitere Funktionen sollten noch näher betrachtet werden: Das **Adressbuch** und der Umgang mit angehängten Dateien, den **Anlagen**. Wenn man häufig Emails an denselben Empfänger sendet, kann man sich das Eintippen der Tippfehler-anfälligen Adresse ersparen. Über das Icon „Adressbuch" der

T-Online-Software gelangt man in ein Zusatzprogramm, über das sich die kryptischen Adressen leicht in Emails einfügen und verwalten lassen; darüber hinaus kann man sogar Verteilerlisten erstellen.

Wie in obigem Beispiel angezeigt, wählt man aus einer Liste den Namen des Empfängers aus. Durch Klick auf OK wird die Email-Adresse dieses Empfängers automatisch in das Adressfeld des Email-Formulars eingefügt. Man kann außerdem weitere Namen und Adressen hinzufügen, die Informationen aktualisieren und Empfänger aus der Liste löschen.

Anlagen werden in T-Online zunächst zusammen mit den Emails in einer Datenbank abgespeichert. Viel wichtiger als die Möglichkeit, den Text einer Email in einer separaten Datei abzulegen, ist natürlich das Abspeichern einer angehängten Datei in ihrer ursprünglichen Form, damit man sie weiterverarbeiten kann – zu diesem Zweck hat sie der Absender ja schließlich mitgeschickt. Hierzu bietet die T-Online-Software eine eigene Funktion; die folgende Grafik zeigt, dass die im Rahmen eines Email-Projekts eingetroffene Nachricht selbst leer ist, an die Sendung jedoch eine Datei *Andrew One.doc* angehängt ist. Hierbei handelt es sich um eine Datei für „Word für Windows", die sich nun über „Speichern unter" als solche abspeichern und dann in „Word" öffnen lässt.

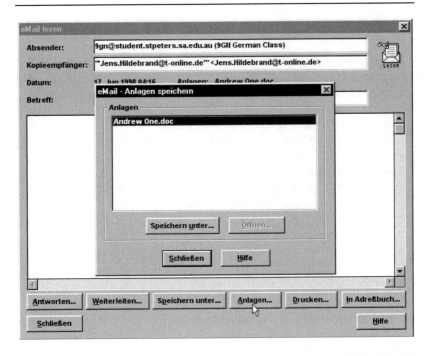

Warum der Email-Partner den Text als separate Textdatei schickt ? Weil Textverarbeitungen eine vielseitigere Gestaltung eines Textes zulassen als ein Email-Programm. In „Word" kann man den Text aufwendiger gestalten (groß/klein, kursiv, farbig...), können Tabellen aufgestellt, Bilder oder Links ins WWW eingefügt werden u.v.m.

Ein weiteres Beispiel: Ein befreundeter Kollege, der in einer anderen Stadt unterrichtet, fragt per Telefon an, ob Sie den Originaltext der schönen Weihnachtsgeschichte „The Gift of the Magi" von O.Henry („Das Geschenk der Weisen") greifbar haben. Da Sie bereits vor einiger Zeit nach diesem Text im Internet gesucht und ihn dort als (kostenlose, da copyright-freie) Textdatei gefunden haben, können Sie Ihrem Kollegen die Suche und das Herunterladen ersparen: Sie schicken ihm einfach eine Email, an welche Sie die Textdatei anhängen. Zu diesem Zweck klicken Sie beim Ausfüllen des Email-Formulars in der Zeile Datum/Anlagen auf das *Symbol der Büroklammer* und wählen die Datei auf Ihrem PC aus, die mitgeschickt werden soll. Holt Ihr Kollege die Email ab, kann er diese Datei ebenso separat abspeichern und in seiner Textverarbeitung öffnen.

In AOL finden sich Anlagen übrigens im AOL-Verzeichnis im Unterverzeichnis „Download". Dort werden sie automatisch als einzelne Datei im ursprünglichen Format abgespeichert.

> **Q Exkurs:**
>
> Mitunter werden mitgeschickte Dateien nicht als separate Datei an die Email angehängt, sondern einfach nach dem Brieftext eingebaut. Wer solchen Zeichensalat in seiner Email findet, muss zunächst die Email samt Anlage als Datei abspeichern (bei T-Online in „Speichern unter" das Kästchen „mit Kopfzeilen und Anlagen" aktivieren).
> Danach muss ein Hilfsprogramm eingesetzt werden, das die Datei aus der Email herauslöst und separat abspeichert. Neben einigen auf diese Konvertierung spezialisierten Sharewareprogrammen beherrschen auch der „Windows Commander" (http://www.wincommander.com) und „Winzip" (http://www.winzip.com) diese Funktion.
> Dieselbe Konvertierung wird im übrigen auch notwendig, wenn man an Dateien gelangen möchte, die an Newsgruppen-Artikel angehängt sind. In AOL läuft diese Konvertierung selbsttätig ab, in Compuserve und anderen Online-Diensten empfangene Dateien müssen manuell mit Hilfe der erwähnten Programme behandelt werden.

Manche Anbieter benutzen die Email-Funktion auch als Infodienst oder Diskussionsforum. Interessiert man sich z.B. für Neuveröffentlichungen, lässt man sich im Verteiler des Internet-Buchhändlers „Amazon.de" (http://www.amazon.de) in den USA registrieren. Dieser informiert seine Kunden regelmäßig und kostenfrei per Email über Neuerscheinungen auf den verschiedensten Gebieten (diese lassen sich bei der Anmeldung auswählen). Solche Verteiler, im Internet-Jargon meist als **Mailing-Listen** bezeichnet, lassen sich auch als Forum nutzen: Nach der Registrierung beim Anbieter, der z.B. einen Austausch über die Nutzung des Internet in der Schule unterhält, erhält man automatisch eine Kopie jeder Email, die an den Anbieter geschickt wird. Schicken Sie selbst eine Email an die Liste, geht sie ohne Ihr weiteres Zutun an jeden registrierten Teilnehmer der Liste.

Als letztes sei noch darauf verwiesen, dass man **sich problemlos weitere Email-Adressen** zulegen kann. Beim bekannten Schlagwortkatalog Yahoo (http://www.yahoo.de) sowie den Diensten GMX (http://www.gmx.de) und Hotmail (http://www.hotmail.com) kann sich prinzipiell jeder Internet-Benutzer eine kostenlose Email-Adresse einrichten.

4.2 Email-Projekte

Gerade für die Fremdsprachen mit ihrer Obligation **zum interkulturellen Lernen** eignen sich Email-Projekte, in denen die Lerngruppe mit Hilfe der Email-Funktion des Internet mit einer Klasse oder einer Institution im Ausland in Verbindung tritt. Wichtige Ziele sind hierbei das Einholen von landeskundlichen Informationen, die Kontaktaufnahme mit Muttersprachlern der Zielsprache (mit allen positiven und negativen Auswirkungen, z.B. auf die Haltung der Schüler in bezug auf die Fremdsprache und ihr Wissen um ihren Leistungsstand), und nicht zuletzt die sich aus dem Austausch mit der „fremden" Kulturgruppe ergebende Entwicklung der persönlichen Erfahrung und Weltsicht. Eher pragmatische Vorteile liegen klar auf der Hand: Erstens erreichen die per Email gesandten Briefe die Partnerklasse innerhalb kürzester Zeit (meist innerhalb weniger Sekunden), zweitens erlernen bzw. üben die Schüler das „Mailen", d.h. die Kommunikation über ein Computernetzwerk, wie sie immer häufiger auch in Unternehmen zur täglichen Arbeit gehört.

Meist wird man ein solches Projekt daher so anlegen wollen, dass die Schüler ihre elektronischen Briefe selbst eintippen und möglichst auch abschicken sollen. Hierbei können erste Kenntnisse in der Textverarbeitung vermittelt oder bereits vorhandene Fähigkeiten erneut geübt werden, fortgeschrittene Schüler als Tutoren fungieren und das Schreiben, Versenden und Empfangen von Emails trainiert werden.

Die Phasierung eines Email-Projekts hängt auch davon ab, mit wem man kommuniziert. In einem von meiner Klasse durchgeführten Projekt im Fach Englisch war die Partnergruppe eine Deutschklasse einer Schule in Adelaide. Somit ging es nicht nur darum, dass unsere Schüler authentischem Englisch begegneten, sondern auch darum, dass die australischen Schüler deutsche Briefe erhielten. Der sich aus dieser Notwendigkeit entwickelnde zweisprachige Austausch war sprachlich für beide Seiten sehr gewinnbringend – eben ein wirkliches Partnerschaftsprojekt.

Wie man Email-Partnerschaften anbahnt, hängt davon ab, welchen Umfang die Kooperation haben soll. Da heutzutage viele Schulen Partnerschulen in England, den USA oder Frankreich haben, besteht der einfachste Weg darin, mit diesen bewährten Partnern zusammenzuarbeiten.

Möchte man den Schülern beider Institutionen die Chance eröffnen, untereinander **Brieffreundschaften zu knüpfen**, können z.B. die Leiter des Schüleraustauschs oder andere hilfsbereite Kollegen Email-Adressen zwischen den Schülern vermitteln. Einfach eine Liste interessierter Schüler auf der Homepage der Schule zu veröffentlichen, wäre zwar weniger aufwendig, aber nicht ganz unproblematisch: Die Liste wäre jedem Benutzer des WWW zugänglich, und wer sich wirklich hinter einer Email-Adresse verbirgt, ist nur schwer oder gar nicht festzustellen. Werden die Adressen von Lehrerseite verwaltet, besteht eine bessere Möglichkeit zur Kontrolle darüber, wer da mit den eigenen Schülern in Kontakt tritt. „Kontrolle" bedeutet in diesem Kontext nichts anderes als Sicherheit der Schüler vor Angriffen verschiedenster Art aus dem Netz.

Schülern, die keine eigene Email-Adresse haben, kann übrigens geholfen werden, indem sie sich bei einem der kostenlosen Email-Anbieter anmelden (siehe S. 149). Zugriff auf das Internet und ihrem elektronischen Briefkasten kann ihnen in einem zeitlich begrenzten Rahmen über den Internet-Zugang der Schule gewährt werden. Der pädagogische und didaktische Wert der Veranstaltung sollte die Nutzung rechtfertigen.

Der nächste Schritt wäre die Nutzung von **Email im Klassenverband**. Wie bei der Web-Recherche empfiehlt sich hier bei der Durchführung solcher Projekte die Integration in den Fachunterricht, also z.B. **die thematische Anbindung** an ein Kapitel im Lehrbuch oder eine Halbjahressequenz. Zur Kommunikation mit Muttersprachlern der Zielsprache gesellt sich dann der Erwerb landeskundlichen Wissens als weiteres Lernziel.

Die Suche nach Partnern für derartige Projekte (falls bereits vorhandene Partnerschulen nicht zur Verfügung stehen) wird durch mehrere Anbieter im Internet unterstützt, von denen hier zwei vorgestellt werden sollen. Da ist zum einen das **„Transatlantische Klassenzimmer"**:

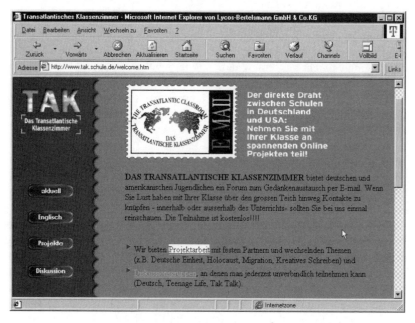

Dieser unter http://www.tak.schule.de erreichbare Treffpunkt für deutsche und amerikanische Schüler bietet zum einen Diskussionsgruppen, an denen jeder Schüler frei teilnehmen kann, und zum anderen Projekte mit spezifischer thematischer Ausrichtung (z.B. „Migration", „The Society of the Holocaust" oder „German Reunification"). Detaillierte Informationen zur Teilnahme und Anmeldung bei solchen Projekten sowie Details zu deren inhaltlicher Zielsetzung finden sich auf der o.a. Homepage.

Die zweite Anlaufstelle für eine Kontaktaufnahme ist die **„St.Olaf-Liste"**, die sich eigentlich „IECC (Intercultural E-Mail Classroom Connections)" nennt. Dieser unter http://www.stolaf.edu/network/iecc/ erreichbare Service des St.Olaf College in Minnesota ist als Mailing-Liste organisiert, in der Suchanfragen nach Partnerklassen für Email-Projekte veröffentlicht werden. Wer sich hier als Lehrer anmeldet, erhält wie insgesamt mehr als 7000 andere registrierte Kollegen weltweit automatisch eine Kopie jeder Anfrage als Email. Zur kostenlosen Anmeldung bei der Liste für *K-12 students* (d.h. ab Kindergarten bis „Abitur") schreibt man einfach eine Email an ieccrequest@stolaf.edu mit dem Wort **subscribe** als einzigem Text (bei der Abmeldung **unsubscribe** als Text schicken):

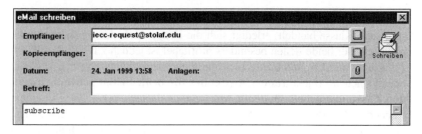

Wer nicht jede eingeschickte Anfrage als einzelne Email, sondern eine gesammelte Botschaft mit allen „Kontaktanzeigen" des Tages erhalten möchte, schreibt eine Email mit gleichem Text an iecc-digest-request@stolaf.edu. Ein Archiv der letzten Anfragen sowie weitere Infos sind über die o.a. Homepage des Dienstes zugänglich.

Eine **eigene Anzeige zur Partnersuche** ist ebenso einfach aufgegeben. Auf der Seite http://www.stolaf.edu/network/iecc/iecc-form.html kann man die nötigen Daten eintragen. Ebenso wichtig wie hilfreich ist, dass bereits hier angegeben wird, welchem Profil die gesuchte Partnerklasse entsprechen sollte. Hierzu gehören Angaben zum „Level" (Grundschule, weiterführende Schule oder Universität), zur Sprache, in der kommuniziert werden soll, sowie zum vorgesehenen Zeitrahmen.

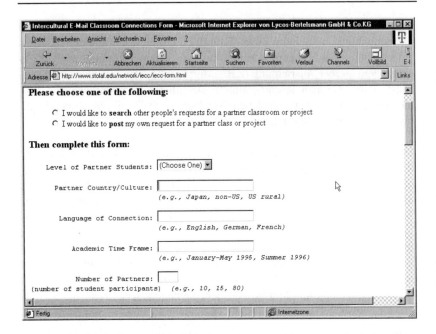

Wenn es sich bei der Partnerklasse um eine rein englisch- oder französisch-sprachige Klasse handelt, erledigt sich die **Frage nach der Projektsprache** natürlich. Für beide Seiten besonders profitabel ist jedoch z.B. ein Austausch zwischen einer Englischklasse hier und einer Deutschklasse in den USA; in einem solchen Projekt tritt der Aspekt **der für beide Seiten gewinnbringenden Zusammenarbeit** am deutlichsten zutage. Der einfachste Weg in einem solchen Fall wäre, die eigene Klasse in Englisch und die ausländische Klasse in Deutsch schreiben zu lassen. Dadurch würden die eigenen Schüler jedoch keinen Text eines englischen Muttersprachlers und die dortigen Schüler keinen authentischen deutschen Text erhalten. Diese Einseitigkeit lässt sich vermeiden, indem die Schüler *abwechselnd* in ihrer Mutter- und der Zielsprache schreiben. Wer wann in welcher Sprache schreibt, sollten die betreuenden Lehrer natürlich abstimmen.

Das folgende **Modell in sieben Phasen** stellt die grundlegenden Schritte eines Email-Projekts vor. Die Voraussetzungen sind hier ganz ähnlich gelagert wie bei der Durchführung einer Web-Recherche: Die Schüler sollten in der Lage sein, selbst Programme unter Windows zu starten, und rudimentär mit Maus und Tastatur umgehen können. Dies lässt sich allerdings auch in der ersten Projektstunde vermitteln. Tiefgreifende Kenntnisse in der Textverarbeitung sind für das Eintippen von Emails nicht erforderlich. (Zu Voraussetzungen und Lernzielen siehe zusammenfassend Kapitel 6.)

Phase	Unterrichtsschritte und –ziele
1: **Planung**	**–> Lehrer prüft,** ob sich in Anlehnung an das aktuelle Thema (z.B. Australia, The Political System of the USA o.ä.) der Kontakt zu einer Partnerklasse im dortigen Land anbietet, um weitere und ergänzende Informationen einzuholen und dabei die Kommunikation in der Zielsprache zu üben. Vielleicht findet sich im Gespräch mit der Klasse auch ein Thema, das zwar nicht direkt im Lehrbuch oder schuleigenen Curriculum verankert ist, über das sich die Gruppe aber gerne mit Gruppen in anderen Ländern austauschen würde. **–> Lehrer sucht Partnerklasse** und stimmt folgende Eckpunkte ab: – die inhaltliche Zielsetzung des Austauschs; der thematische Rahmen sollte nicht zu eng gesetzt werden, d.h. detaillierte Fragen an die Partnerklasse sollten mit der eigenen Lerngruppe entwickelt werden; – die Größe der Klassen, damit jeder bzw. jede Gruppe einen Partner bekommen kann; – den Zeitrahmen, in dem die Klassen für das Projekt zur Verfügung stehen (unter Berücksichtigung der Ferienzeiten und Termine, zu denen Halbjahre bzw. *terms* enden und die Klassen evtl. aufgelöst werden); hierzu gehört auch eine *deadline* für den Abschluss des Projekts; – wer die ersten Briefe schickt (diese Frage ist nur aus organisatorischen Gründen wichtig; ob die eigene Gruppe zuerst lernt, Emails abzuholen oder zu verschicken, ist nicht entscheidend); – und in welchem Ausmaß eine Kontrolle der Emails durch die Lehrer stattfinden soll, um Affronts oder Irritationen zu vermeiden, die bei der Begegnung unterschiedlicher Kultur- und Sprachgruppen auftreten können (lässt man es darauf ankommen, um Probleme entstehen zu lassen und anschließend zu diskutieren, oder filtert man vor dem Abschicken ?).

| 1:
Planung
(Forts.) | **–> Lehrer stellt die Sequenz vor und entwickelt mit der Lerngruppe detaillierte Fragestellungen zum Thema, die an die Partnerklasse gerichtet werden sollen;** als Anregung im folgenden einige beispielhafte, allgemeinere Fragenkomplexe:

Wir wüssten gerne etwas über.../We would like to learn about.../Nous voudrions savoir quelque chose au...:
– eure Lebensart (typisches Essen, kulturelles Leben, Sportarten etc.);
– euer Familienleben (Eltern, Geschwister, Begehen von Feiertagen);
– euer Schulleben (Fächer, Stundenpläne, Aktivitäten);
– eure Schule (Name, Geschichte, Aufbau, Lehrer, Ausstattung);
– euer Land (Lage, Hauptstadt, Bevölkerung, Klima)
– eure Heimatstadt bzw. -region (Geschichte, Wirtschaft, kulturelles Leben, geographische Besonderheiten, Sehenswürdigkeiten);
– Religionen in eurem Land/eurer Region;
– Eingeborene bzw. Minderheiten in eurem Land;
– Medien in eurem Land (große Tageszeitungen, Fernsehen, z.B. bekannte Sendungen, Verbreitung von Computern etc.).

–> evtl. Gruppenbildung zu den einzelnen Fragekomplexen |
| 2:
Der erste
Kontakt | *In allen folgenden Teilschritten können kundige Schüler als Moderatoren eingesetzt werden.*

–> Einstieg in Email-Arbeit:
– Erläuterungen zu Aufbau und Funktion des Internet (nur bei Bedarf, evtl. als Schülerreferat)
– Kurzeinführung in das Email-Programm (siehe *Kapitel 4.1*), wobei die Schüler zunächst nur wissen müssen, wo und wie das Programm gestartet wird; die Funktionen lernen sie im Verlauf des Projekts kennen. |

2: **Der erste** **Kontakt** **(Forts.)**	**–> erster Kontakt:** Erstrebenswert ist es, dass die Schüler ihre Emails selbst an Schul-PCs mit Internet-Verbindung abholen bzw. eingeben und absenden können und dabei die notwendigen Bedienungsschritte erlernen. (Notfalls können die Emails auch zu Hause verfasst und auf Diskette mitgebracht werden, so dass der Lehrer zentral das Absenden bzw. Empfangen übernimmt. Die instrumentelle Schulung würde so allerdings natürlich aufgegeben.) Die ersten Briefe beider Gruppen enthalten: – eine kurze persönliche Vorstellung jedes Schülers, auch wenn in Gruppen gearbeitet wird; – erste Fragen bzw. Stellungnahmen zum vereinbarten Thema.
3: **Auswertung**	**–> Auswertung der ersten Briefe und Besprechung der Ergebnisse in der Lerngruppe mit:** – Vorstellen der bisher gewonnenen Erkenntnisse – Erläuterung neu gewonnener Begriffe bzw. Vokabeln – Austausch über weitere Fragen, die das Wissen vertiefen könnten
4: **Weitere** **Kontakte**	**–> weitere Kontakte,** durch die sowohl die inhaltlichen Fragestellungen als auch die Bedienung des Email-Programms vertieft werden (z.B. durch Anhängen von Dateien wie z.B. Fotos von Schülern, der Schule, Sehenswürdigkeiten der Heimatstadt o.ä.)
5: **Aufarbeitung** **und Vorbe-** **reitung der** **Präsentation**	**–> Vorbereitung einer Dokumentation und eines Vortrags** mit: – Selektion und Aufbereitung der gewonnenen Informationen, eventuell unter Einsatz von erhaltenen Bildern oder eigenen Veranschaulichungen – Erstellung einer abschließenden Dokumentation, z.B. in Form einer Materialmappe, eigens zusammengestellter WWW-Seiten oder eines Info-Posters

5: **Aufarbeitung** **und Vorbe-** **reitung der** **Präsentation** **(Forts.)**	– Entscheidung über im Vortrag einzusetzende Hilfsmittel (Tafel, OHP, OHP-Computerdisplay, Dia, Video etc.) – Erstellung eines Abstracts für die Lerngruppe – Fertigstellung der Begriffs- bzw. Vokabelliste, Entscheidung über die Art der Vokabelentlastung (vor oder während des Vortrags, mögliche Hilfsmittel) – Anfertigung eines Kurzberichts über aufgetretene Probleme bei der Email-Kommunikation, z.B. mit der Technik, vor allen Dingen aber bei der Verständigung mit den Briefpartnern (Missverständnisse, Verstimmungen etc.)
6: **Präsentation** **und Diskussion**	**–> Präsentation durch Abschlussvortrag mit:** – Vorstellung der Recherche-Ergebnisse, gestützt durch Folie/Tafelbild/WWW-Seiten über OHP-Display etc. – Vorstellung der abschließenden Dokumentation – Abstract für die Lerngruppe – Erläuterung wichtiger und schwieriger Begriffe bzw. Vokabelerläuterung – Dokumentation des Recherchewegs – Kurbericht über Probleme bei der Email-Kommunikation **–> Diskussion der Ergebnisse und des Projekts mit Ableitung allgemeiner Chancen und Risiken bei Email-Projekten**
7: **Publikation** **(Eventualphase)**	**–> evtl. Entschluss über Erstellung einer Gesamtdokumentation** des Projekts, z.B. als WWW-Rubrik auf der Schul-Homepage oder auf einer CD-ROM, evtl. als Beitrag zu einem Wettbewerb (siehe *Kapitel 3 und 5*) **–> Ermutigung der Schüler zu Brieffreundschaften** mit den bereits bekannten Partnerschülern über den Rahmen des Projekts hinaus; falls möglich oder notwendig (da zu Hause kein Zugang) Abwicklung solcher Kontakte über den Internet-Zugang der Schule

Selbstverständlich kann das **Modell verschlankt** werden, indem die Umsetzung der Ergebnisse in eine Dokumentation und/oder eine Präsentation in eine weniger aufwendige Sammelphase abgewandelt wird. Nichts spricht dagegen, die Schüler ihre Resultate im Kurzvortrag vorstellen zu lassen und diese nur kurz an der Tafel zu sammeln bzw. sammeln zu lassen – vor allem, wenn es sich nicht um die erste Web-Recherche handelt, die mit der Lerngruppe durchgeführt wurde.

Die Schüler lernen auf diese Weise:

– die Email-Funktion des Internet zur Kommunikation zu nutzen;
– Kontakt mit Schülern anderer Schulen, evtl. in anderen Ländern herzustellen und zu pflegen;
– Wissen mit Blick auf ein bestimmtes Thema, z.B. landeskundlicher Art, zu erwerben bzw. auszubauen;
– ihren Mitschülern dieses neu erworbene Wissen und relevantes Material in einem Vortrag zu präsentieren;
– hierbei möglichst selbständig, d.h. ohne Lenkung durch den Lehrer zu arbeiten;
– eine kritisch aufgeschlossene Haltung gegenüber dem Medium Internet zu gewinnen.

4.3 Netiquette: Verhaltensregeln der Online-Kommunikation

Mindestens ebenso wichtig für die Online-Kommunikation ist die **Netiquette**, der Verhaltenskodex der Online-Kommunikation. Folgende Grundregeln sollten beachtet werden:

– Wo sich Menschen der unterschiedlichsten Nationalitäten und Kulturgruppen treffen, ist Toleranz gegenüber den Botschaften der anderen und Wachsamkeit in bezug auf die eigenen Äußerungen das oberste Gebot.

– Schreiben Sie ihre Nachrichten nicht in Großbuchstaben. Ihre Kommunikationspartner haben sonst den Eindruck, DASS SIE VON IHNEN ANGESCHRIEN WERDEN.

– Damit die Kosten für alle Teilnehmer möglichst gering bleiben, sollten die Beitrage so **kurz** wie möglich verfasst sein. Bilder und größere Dateien sollten nur angehängt werden, wenn dies unbedingt notwendig ist. Auch lange Signaturen (länger als drei bis fünf Zeilen) stören.

– Um die Inhalte von Emails, Mailing-Listen und Newsgruppen übersichtlich zu halten, sollte man die **Betreffzeile** eines Artikel möglichst klar formulieren.

– Halten Sie sich so weit wie möglich an **Threads**, hier Unterthemen, die dadurch entstehen, dass mehrere Teilnehmer auf ein und denselben Beitrag reagieren. Man erkennt solche Reaktionen daran, dass sie in ihrer Betreffzeile den Titel des ursprünglichen Beitrags enthalten, mit dem bereits aus dem Email-Bereich bekannten, vorangestellten Kürzel *RE:* (so wäre *RE: literary references in star trek: first contact* als Antwort auf den Artikel *literary references in star trek: first contact* zu lesen). Wer innerhalb von solchen Unterthemen Beiträge verfasst, die mit dem Thema wenig oder nichts zu tun haben, erzeugt einen *Thread-Drift*; dies führt zu Frustrationen, da die abdriftende Natur des Artikels von außen nicht erkennbar ist, und die übrigen Teilnehmer sich den Artikel unnötigerweise ansehen bzw. herunterladen (was ja Zeit und Geld kostet). Nichtsdestotrotz kann man freilich neue Aspekte des übergeordneten Themas ansprechen und abwarten, ob jemand auf den Beitrag reagiert und dadurch vielleicht ein neuer Thread entsteht.

– Veröffentlichen Sie **keine Werbung** in Newsgruppen oder Mailing-Listen.

– Das „Du" ist in deutschen Newsgruppen und in der Email-Kommunikation weit verbreitet. Reagieren Sie daher nicht rabiat, falls Sie einfach geduzt werden. Wie Sie Ihre Kommunikationspartner anreden, entscheiden Sie entweder aufgrund Ihrer Einschätzung des Adressaten oder z.B. durch einen prüfenden Blick in die Newsgruppe, an der Sie teilnehmen möchten.

Ein Teil der Lektion, die man als Internet-Neuling lernt, besteht zweifellos in der Erkenntnis, dass sich längst nicht alle Cybernauten an diese Grundregeln halten. Der Frust über die dadurch entstehenden Unannehmlichkeiten sollte jedoch den Enthusiasmus, durch das eigene Verhalten die Gestalt des Mediums Internet in positiver Weise mitzuprägen, nicht nachhaltig trüben.

4.4 Emoticons: Neue Zeichen für die Kommunikation

Besonderen Spaß bei der Online-Kommunikation, d.h. beim Schreiben von Emails, Newsgruppen-Artikeln oder Chat-Beiträgen, bieten die *Emoticons*: kleine grafische Symbole, die mit den Buchstaben und Zeichen der PC-Tastatur erstellt werden und dazu gedacht sind, kurz und schnell den eigenen Gefühlen Ausdruck zu verleihen. Auf diese Weise lässt sich auch leichter verdeutlichen, wie eine Aussage gemeint ist, z.B. mit einem zwinkernden Auge oder eine Träne auf der Wange, damit das Gegenüber die Nachricht nicht falsch aufnimmt.
Ähnlich hilfreich sind Abkürzungen gängiger Floskeln, die man sich mit der Zeit aneignen kann. Hier eine Auswahl beider Ausdrucksmöglichkeiten:

Emoticon	Bedeutung
:-) oder :)	Lachen, Lächeln, Freude („Smiley")
:-))	Sprecher ist sehr fröhlich
:-(oder :(	Enttäuschung, Trauer, Bedauern
:-((oder :-<	Sprecher ist sehr traurig
;-) oder ;)	Augenzwinkern
%-(	Sprecher ist verwirrt
:->	aber hallo
<:-O	Igitt ! Iiih !
:-s	Reaktion auf eine bizarre Äußerung
:-/	nicht komisch
<:-)	dumme Frage
:-7	gezwungenes Lächeln
:-|	kein Kommentar, Sprecher ist leicht verärgert
:-J	kein Kommentar (eher verschluck ich meine Zunge)
:-|| oder :-t	Sprecher ist verärgert, sauer, beleidigt
:-"	Sprecher schmollt
:-@	Sprecher schreit, brüllt oder ist verärgert
:-P	Sprecher streckt die Zunge heraus
:-\	Sprecher ist unentschlossen (hmmm)
|-)	Sprecher schläft, ist gelangweilt
):-(	Sprecher hat keinen Bock
:-o	Erstaunen / Schrei / Sprecher singt
8-0	Entsetzen, Schock, ach du lieber Himmel
(:-...	kullernde Tränen, traurige Nachricht
:'-(oder :'-)	Sprecher weint / weint vor Freude
:-x	Küsschen
||*(	Versöhnung angeboten
||*)	Versöhnung akzeptiert
[Name]	Umarmung
{{Name}}	herzliche Umarmung
@>-->--	Rose
:-J	Sprecher macht einen Scherz
:-]	Sprecher grinst
:-)=)	breites Grinsen
:-D	Sprecher lacht laut, redet zuviel
:-#	Sprechers Lippen sind versiegelt
:------)	Sprecher bzw. Adressat lügt
#-)	Was für eine Nacht...

Emoticon	Bedeutung
:*)	Sprecher ist beschwipst oder ein Clown
L	Sprecher ist total betrunken
%-\	Sprecher hat einen Kater
:-$	Sprecher ist krank
(-:	Sprecher ist Linkshänder (oder Australier)
8-)	Sprecher ist Brillenträger
:-%	Sprecher trägt Bart / ist vornehm gekleidet
:-{) oder :-{	Sprecher hat einen Schnurrbart
:-()}	Sprecher hat einen Vollbart
(:-)	Sprecher hat eine Glatze
(:-)))	Sprecher ist (sehr) dick
:-)-8	She's a *big* girl... -> Sprecherin hat große Oberweite
:-Q oder :-?	Sprecher raucht (Pfeife)
{(:-)	Sprecher trägt ein Toupee
}(:-(	Sprecher trägt Toupee im Wind
*<l:{>)}	Sprecher ist der Nikolaus/Weihnachtsmann
+-(:-) oder +:-)	Sprecher ist der Papst oder ein Priester
0:-)	Sprecher hat einen Heiligenschein, ist ein Engel
<l-)=	Sprecher ist Chinese
]:-> oder >:->	Sprecher ist der Teufel oder hat etwas Teuflisches gesagt
[:l]	Sprecher ist ein Roboter
(:-) oder (:-I	Sprecher ist Captain Picard
:-()} oder @;->	Sprecher ist Commander Riker
}:-<	Sprecher ist Lieutenant Worf
[:-]	Sprecher ist Data
[-)	Sprecher ist Geordi
:-)B	Sprecher ist Troi
\V/	Star Trek-Gruß (der Vulkanier): Live long and prosper !
_/	ein Becher oder Glas
_P	eine Teetasse
_B	eine Kaffeetasse
Abkürzung	**Bedeutung**
2l8	zu spät (too late)
AIJ	Bin ich Jesus ? (Am I Jesus ?)
BAK	bin zurück (back at keyboard)
BFN / B4N	tschüss für heute (bye for now)
BIM	bin in einer Minute zurück (back in a minute)
BRB	bin gleich zurück (be right back)

Abkürzung	Bedeutung
BTW	übrigens (by the way)
CU / CYA	bis bald (see you)
EG	teuflisches Grinsen (evil grin)
EOD	Ende der Diskussion (end of discussion)
F2F	unter vier Augen (face to face)
FRED	beleidigend lächerliches elektr. Gerät (flaming ridiculous electr. device)
FSRD	totaler Schwachsinn (flying shit in a rolling donut)
FYA	zu deiner Belustigung (for your amusement)
FYI	zu deiner Information (for your information)
G	Lachen, Grinsen (grin)
G,D&R	grinse, ducke mich und haue ab (grinning, ducking and running)
IME	nach meiner Erfahrung (in my experience)
IMHO	meiner bescheidenen Meinung nach (in my humble opinion)
IMO	meiner Meinung nach (in my opinion)
IMPOV	meiner Meinung nach (in my point of view)
JK	war nur ein Schwerz (just kidding)
LMAO	ich lach mich kaputt (laughing my *** off)
LOL	lautes Lachen (laughing out loud)
MTFBWY	Star Wars-Motto: May the Force be with you...
NBD	nichts besonderes, keine große Sache (no big deal)
NOYB	geht Dich nichts an (none of your business)
PITA	Nervensäge (pain in the ***)
PLZ	bitte (please)
PMJI	entschuldigung, dass ich mich einmische (pardon my jumping in)
ROTF	vor Lachen am Boden liegend (rolling on the floor)
TAFN	das war's für heute (that's all for now)
TIA	vielen Dank im voraus (thanks in advance)
TIC	nicht ernst gemeint (tongue in cheek)
TNX	danke (thanks)
TTYL	wir unterhalten uns später (talk to you later)
WNOHGB	Star Trek-Motto: Where no one has gone before...
Y not	warum nicht (why not)
...---...	SOS

5. Weitere Unterrichts- und Projektideen

Jenseits von Recherchen im WWW und Email-Projekten bietet das Internet
über das World Wide Web auch die Möglichkeit, an nationalen und internationalen
Wettbewerben teilzunehmen. Lerngruppen können auch auf diese
Weise Projektarbeit leisten, den Unterricht mitgestalten (mit allen Chancen
und Grenzen eines solchen Vorgehens) und bei Gelingen durch Preise oder
bloß durch die Veröffentlichung ihrer Arbeit im WWW Früchte ernten, die
über reine Schulnoten hinausgehen.

5.1 Interessante Wettbewerbe im Internet

Eine Übersicht für Wettbewerbe findet sich z.b. auf der Schulweb-Homepage
unter http://www.schulweb.de/wettbewerbe.html . Der größte und bekannteste
internationale Wettbewerb ist „**Thinkquest**", dessen Ziel es ist, durch
Förderung von Schülerprojekten mit Bildungsinhalten das Internet als didaktische
Quelle zu erschließen. Der Gesamtwert der ausgeschriebenen Preise
von $ 1.000.000 unterstreichen die Bedeutung des Unternehmens. Der wahre
Wert wird allerdings erst deutlich, wenn man über die Homepage des Wettbewerbs
unter http://www.thinkquest.org die in den vergangenen Jahren
eingereichten Beiträge bewundert (seit neuestem gibt es auch eine deutsche
Filiale unter http://www.thinkquest.de). Diese von sogenannten „Teams"
erstellten Beiträge decken ein sehr weiten Bereich an Fach- und Themengebieten
ab und bieten z.T. sehr gut aufbereitete Informationen. Die Organisation
der Teilnehmer in Teams soll die Kooperation über regionale und Landesgrenzen
hinweg fördern und die Teilnehmer u.a. über die Kommunikationswege
des Internet zusammenzubringen. Ein Thinkquest-Team besteht zum
einen aus zwei bis drei Schülern, die zum Zeitpunkt des Anmeldeschlusses
(in diesem Jahr der 1. Mai 2000) zwischen 12 und 19 Jahre alt sein müssen,
nicht als Studenten an einer Hochschule eingeschrieben sein dürfen und
grundsätzlich aus einem Land kommen müssen, in dem die Teilnahme am
Thinkquest-Wettbewerb erlaubt ist; folglich können Schüler unterschiedlichen
Alters, von unterschiedlichen Schulen und sogar aus unterschiedlichen
Ländern kooperieren. Auf diese Weise organisierte Teams erhalten bei der
abschließenden Beurteilung ihrer Beiträge Bonuspunkte. Betreut werden die
Teams von ein bis drei „Coaches", die zum Anmeldeschluss mindestens 18
Jahre alt sein müssen und als Lehrer tätig sein bzw. von den Eltern der Teilnehmer
vorgeschlagen werden müssen. An den Beiträgen dürfen sie nicht
mitwirken. (Näheres über die o.a. Homepage.)
Eine Initiative der Europäischen Kommission sind die „**Netd@ys**", ein Projekt-Wettbewerb,
der das Internet als pädagogisch nutzbares Medium bei
Schülern und Lehrern etablieren möchte. Die Teilnahme bedeutet im wesent-

lichen die Herstellung eines „neuen Mediums", beispielsweise einer Web-Seite oder einer CD-ROM, im Rahmen einer Projektarbeit. Ein besonderes Ziel hierbei ist, die Zusammenarbeit zwischen Schulen und Unternehmen aus der freien Wirtschaft zu fördern (das Konzept basiert auf den amerikanischen Netd@ys, die im wesentlichen die Ausstattung der Schulen mit Netzwerken und Internet-Zugängen zum Ziel hatten; es hat daher eine nicht immer kritiklos zu sehende Vermengung von Schülerarbeiten und Sponsorenwerbung zur Folge). Wird das Projekt bei der zuständigen Kommission eingereicht und für gut befunden, erhält es ein Gütesiegel, mit dem es sich als Netd@ys-Projekt schmücken darf. Außerdem wird es auf der zentralen Homepage der Initiative in die Projektliste aufgenommen. Näheres unter http://www.netdays.org bzw. http://www.netdays.de .

Ein zielgerichteteres Unternehmen ist das von US-Vizepräsident Al Gore ins Leben gerufene **„GLOBE-Projekt".** Ziel der Initiative ist es, von Schülern in allen Winkeln der Erde geographische und meteorologische Daten sammeln zu lassen. Diese Daten werden in einer Datenbank im WWW veröffentlicht und sollen Aufschluss über globale Umweltprobleme und -belastungen liefern.

GLOBE ist ein bislang einzigartiges weltumspannendes Schulprojekt, mit dessen Hilfe Schüler in den USA und in aller Welt an das neue Medium Internet herangeführt werden sollen. Sie lernen dabei nicht nur, mit dem Medium umzugehen, sondern gewinnen auch einen ersten Eindruck von internationaler Zusammenarbeit. Verbunden mit dem Ziel, das Bewusstsein der Kinder und Jugendlichen für ihre Umwelt zu fördern, stellt das GLOBE-Projekt eine vorbildhafte Initiative dar, die allerdings ganz vom Engagement ihrer Teilnehmer lebt. Auch in diesem Punkt erweist es sich als sinnvolle Vorbereitung auf spätere, größere Aufgaben.

Wenn man die Teilnehmerzahl betrachtet, kann man zumindest Teilziele als erreicht betrachten: Inzwischen arbeiten ca. 5.000 Schulen aus 70 Ländern mit (ca. 150 davon in Deutschland). Die Homepages des Projekts mit weiteren Informationen, u.a. zur Teilnahme, findet man unter http://www.globe.gov bzw. unter http://www.globe-germany.de .

Die spektakulärste internationale Veranstaltung ist wohl das **JASON-Projekt**, das vom Entdecker des Wracks der Titanic, Dr. Robert Ballard, erdacht wurde. Das langfristige Ziel des Projekts besteht darin, bei Jugendlichen die Lust am Entdecken zu wecken und sie hierdurch für die Wissenschaft zu begeistern. Instrument dieser „distance-learning"-Strategie sollen moderne Kommunikationsmittel wie das Internet sein, mit Hilfe derer die Jugendlichen an Expeditionen teilhaben und sogar teilnehmen können. Jährlich findet ein Projektereignis statt, wie z.B. 1995 die Erprobung des NASA-

Fahrzeugs zur Marserkundung auf Hawaii, 1997 die Erkundung geothermischer Aktivitäten auf Island und im Yellowstone Nationalpark. Teilnehmer des Projekts 1999 erforschen den Regenwald im Amazonasgebiet. Die Schüler können im Rahmen dieses Projekts via Internet mit den Wissenschaftlern vor Ort in Kontakt treten und z.T. sogar in das Expeditionsgeschehen eingreifen, also z.B. Forschungsfahrzeuge selbst steuern.

Das JASON-Projekt residiert im WWW unter http://www.jason.org , http://www.jasonproject.org sowie unter http://www.eds.com/jason . Es ist in Zielsetzung und Ambition gewiss vorbildlich; die Teilnahme erfordert jedoch einen hohen technischen und finanziellen Aufwand. Das Einzugsgebiet der Teilnehmer konzentriert sich bislang auf die USA, der einzige europäische Stützpunkt findet sich in Großbritannien. Für jeden Internet-Teilnehmer nutzbar ist allerdings das „Ask-an-Expert"-Archiv zum Thema der jeweils aktuellen Expedition (z.Zt. also zum Thema Regenwald).

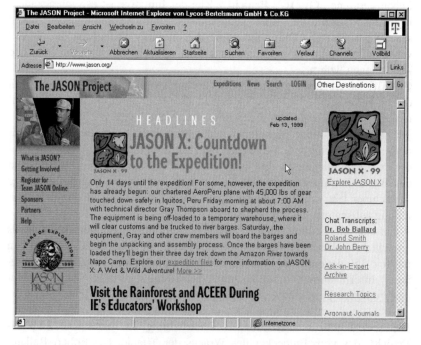

Für deutsche Schüler reizvoll ist der Wettbewerb des Magazins „Focus" unter dem Titel **„Schule macht Zukunft"**, erreichbar unter http://focus.de/D/DB/DB24/db24.htm . Diese jährliche stattfindende Konkurrenz ist stets auf ein bestimmtes Thema ausgerichtet (1999 geht es um das Thema „Energie"). Hierzu sollen Schüler im Rahmen von Projektunterricht Informationen recherchieren, zu einer eigenen Dokumentation (als Manuskript, CD-ROM, Web-Seite oder Video) zusammenfassen und diese im Rahmen eines Aktionstags oder einer Projektwoche präsentieren sowie bei „Focus" zur Prüfung der Wettbewerbsjury einreichen. Teilnahmeberechtigt sind Schüler der Jahrgangsstufen 9 bis 13 aller Schulformen. Diesjähriger Anmeldeschluss ist/war der 31. März, Abgabetermin für die Arbeiten der 30. Juni. Die Anmeldung kann über die o.a. Homepage erfolgen.

Ein weiterer Wettbewerb namens **„Join Multimedia"** wird von der Siemens AG betreut. Hier entwickeln Teams aus vier bis acht Schülern ab der 7.Klasse ein Drehbuch zu einem aus mehreren Optionen ausgewählten Thema; auf der Basis dieses Drehbuchs muss dann mit Hilfe zur Verfügung gestellter Werkzeuge eine Multimedia-Präsentation entstehen. Eine Kooperation von Schülern verschiedener Schulen ist dabei leider nicht möglich. Die Anmeldefrist für den diesjährigen Wettbewerb, in dem mehr als 2.000 Schulen gegeneinander antreten, ist bereits abgelaufen; ab Mitte September bis zum 30.November kann man sich für den Wettbewerb in 2000 anmelden. Die fertigen Arbeiten müssen dann etwa Mitte Juni eingereicht werden. Nähere Infos unter der Homepage http://www.siemens.de/joinmm .

5.2 Online-Konferenzen

Sowohl in einigen Online-Diensten wie AOL als auch im Internet selbst findet ständig eine Vielzahl von Live-Konferenzen statt, auch **„Chats"** genannt. Von Zeit zu Zeit ergibt sich sogar die Chance zum Dialog mit einer bekannten Persönlichkeit z.B. aus der Politik. Wer sich bei der Mailing-Liste des Deutschen Bundestages (http://www.bundestag.de) registriert, erhält Informationen über derlei Veranstaltungen und kann sie eventuell mit seiner Politik-Lerngruppe mitverfolgen bzw. versuchen, selbst Diskussionsbeiträge oder Fragen in der „Konferenz" unterzubringen.

Bevor man einen virtuellen **Chat-Room** (= Konferenzraum) betritt, muss man sich üblicherweise ein Pseudonym zulegen, das dann jedem der eigenen Beiträge als Identifikation vorangestellt wird. In bestimmten Teilnehmerkreisen gilt es allerdings als wenig vertrauenerweckend, unter einem Phantasienamen aufzutreten; hier ist nur der Eigenname (bzw. dessen Abkürzung) als Konferenzname angebracht. Ist man unsicher, wie man sich in einer Konferenz verhalten soll, die man gerade erst betreten hat, empfiehlt es sich, zunächst als „Lurker" aufzutreten: als jemand, der im Hintergrund bleibt und das Geschehen zunächst beobachtet. Wenn man Sie also fragt, ob Sie ein Lurker seien, gibt es keinen Grund, dies als Beleidigung zu empfinden. Antworten Sie einfach, dass Sie noch ein Online-Anfänger (beginner) sind, und man wird Sie in Ruhe lassen.

Vor dem Absenden der ersten eigenen Äußerung kann man sich in einer Rubrik namens **Anwesende** (o.ä.) zunächst darüber informieren, wer überhaupt an der Konferenz teilnimmt. Für einen möglichst reibungslosen Ablauf bieten die meisten Chat-Anbieter eine Funktion an, mit der man die Beiträge bestimmter Teilnehmer (z.b. penetranter Störenfriede) einfach aus der Konferenz **ausblenden** kann. Mitunter, wie beispielsweise in AOL, besteht sogar die Möglichkeit, einzelne Teilnehmer zu einer „privaten" Konferenz **einzuladen** – gleichsam in einen Nebenraum des Konferenzsaals, zu dem Nichteingeladene keinen Zutritt haben.

Das Internet bietet zwei Möglichkeiten für Online-Konferenzen. Der **Internet Relay Chat (IRC)** wird von verschiedenen Servern betrieben, in die man sich mit Hilfe eines speziellen Programms einwählen kann. Das wohl bekannteste IRC-Programm namens „**Mirc**" gibt es als Shareware unter: http://www.mirc.com . Bei der Installation muss man sowohl einen Namen als auch eine Email-Adresse als Identifikation angeben. Hier kann bzw. sollte man allerdings erdachte Angaben machen, um anonym zu bleiben: Gerade in Chat-Systemen lauern ständig Leute, die der Email-Adressen anderer Nutzer habhaft werden wollen, um dann an diese Adressen lästige Werbe-Mails zu verschicken.

Besonders wichtig ist die Auswahl des Servers, in den sich das IRC-Programm (der „Client") einwählen soll. Ein gutes Programm wie „Mirc" bietet hierzu eine Liste an, so dass man keine langen, kryptischen Bezeichnungen eingeben muss. Es gibt nicht ein einziges IRC-Netz, sondern mehrere mit unterschiedlicher Größe und Schwerpunktsetzung (in Europa gut erreichbar sind das *EFnet, IRCNet* und *Undernet*). Jedes dieser Netze ist in Analogie zum herkömmlichen Funknetz in Kanäle unterteilt. Sobald man wie üblich, d.h. meist über den Decoder des Providers, eine Verbindung zum Internet hergestellt hat, sollte man sich zunächst die Kanäle anzeigen lassen, die das gewählte IRC-Netz im Moment zu bieten hat. Hierzu benutzt man den Befehl **/LIST** oder die entsprechende Funktion des IRC-Programms.

Hat man einen interessanten Kanal gefunden, klickt man einfach darauf oder benutzt den Befehl:

/JOIN #KANALNAME

Nun ist man der Live-Konferenz zugeschaltet und können sich entweder allgemein äußern oder einzelne Personen gezielt ansprechen.

Ein großes Plus dieses Systems liegt darin, dass jeder Teilnehmer einen eigenen Kanal einrichten und Teilnehmer einladen kann, um an dieser „persönlicheren" oder spezifischeren Unterhaltung teilzunehmen. Die Benutzer haben die Geschicke ihres IRC-Netzes folglich selbst in der Hand. Leider entstehen dadurch natürlich auch weniger sinnvolle Kanäle, die nur einige Außenseiter oder Spaßvögel interessieren, das Kanalsystem aber leicht unüberschaubar werden lassen und seine Kapazität belasten.

Eine gute Alternative und wachsende Konkurrenz zum IRC stellt der **Web-Chat** dar: Hier benötigt man kein spezielles Programm, sondern plaudert mit Hilfe des Web-Browsers. Die Live-Konferenzen des WWW finden auf speziellen Web-Sites meist privater Anbieter oder Vereinigungen statt. Auch die Online-Konferenzen des Deutschen Bundestags bedienen sich dieser Technik.

Neben dem bequemen Einsatz des bereits eingerichteten Web-Browsers bietet der Web-Chat einige weitere Vorteile: So kann man in einigen Systemen neben dem eigenen Pseudonym auch ein Bild anzeigen lassen, um dem Austausch eine persönliche oder auch humoristische Note zu verleihen. Durch neue Möglichkeiten wie die Darstellung virtueller Räume in 3D können sich außerdem mehr oder weniger spektakuläre Simulationen einer Konferenz ergeben.

Hilfreiche Adressen für einen Einstieg in den Web-Chat sind:

Name:	Adresse:
WebChat: Liste deutsch-sprachiger Web-Chats	http://www.webchat.de
Yahoo-Liste deutschsprachiger Chats	http://www.yahoo.de/Computer_und_Internet/ Internet/Chat/Web_Chat/
Yahoo-Liste fremdsprachiger Web-Chats	http://www.yahoo.com/Computers_and_Internet/ Internet/World_Wide_Web/Chat/
SchulWeb-Chat	http://chat.schulweb.de
ZDF-Chats	http://zdf.metropolis.de

Online-Konferenzen im Unterricht bieten sich nicht nur in Fremdsprachen an, in denen **Partner von Email-Projekten** sich dann auch einmal live über das Internet begegnen können. Wer die Grenzen schriftlicher und online betriebener Kommunikation thematisieren möchte, beispielsweise in einer **Reihe über Kommunikation** im Deutschunterricht der Oberstufe, kann die Schüler an einem Chat teilnehmen bzw. diesen selbst auf dem eigenen Schulnetzwerk durchführen lassen. Die großen Browserpakete wie der *Explorer* und der *Communicator* enthalten Software, mit denen sich solche Live-Konferenzen durchführen lassen.

6. Internet in der Schule: Problematisierung und Didaktisierung

6.1 Chancen und Risiken auf dem Weg zur Medienkompetenz

In diesem Kapitel werden grundlegende Positionen und Studien zum Einsatz des Internet in der Schule vorgestellt, damit verbundene Chancen und Probleme andiskutiert, Voraussetzungen bei Lehrern und Schülern dargelegt sowie die in den vorgestellten Unterrichtsmodellen und –aktivitäten verfolgten Lernziele zusammengefasst.

Der großen Euphorie um neue Trends und neue Medien folgt allzu oft die große Ernüchterung. Ursachen hierfür gibt es viele: Die Erwartungen gehen ins Extreme, wie in den sechziger Jahren, als manche Stimmen eine Revolutionierung des Unterrichts durch das Fernsehen proklamierten; eventuell ergeben sich neue Erkenntnisse in der Didaktik, die z.B. die Möglichkeiten des Spracherwerbs nach dem Modell des Sprachlabors relativieren; oder die Wartung der Geräte erzeugt zu hohe Kosten; oder es finden sich nicht genügend Kollegen, die sich mit dem neuen Medium auseinandersetzen wollen. Mancher kann den Begriff **„Medienkompetenz"** schon nicht mehr hören, das klingt nur nach didaktischem Zeitgeist und neuen Aufgaben für die Schule als Problemlöser für die Gesellschaft.

Auch in der Begegnung mit dem Internet kam und kommt es immer wieder zu schnellen Urteilen, die sich nicht unbedingt als richtig erweisen. Kritiker des Internet-Einsatzes im Schulbereich tun gerne so, als proklamierten diejenigen, die diesen Einsatz fördern wollen, das neue Medium als Wunderheilmittel, mit dem sich die Bildungsprobleme unserer Tage lösen lassen. Das ist freilich blanker Unsinn. Der wachsende Einfluss der Computermedien und nicht zuletzt des Internet stellt realistisch gesehen **sowohl ein Problem als auch eine Chance** dar. Niemand, der sich wirklich mit dem Medium beschäftigt hat, würde behaupten, mit dem Internet ließe sich einfach schneller lernen. Das mag auf die Nutzung didaktisch aufbereiteter Lern- und Bildungssoftware zutreffen. Wie in den vorangegangenen Kapiteln jedoch deutlich geworden sein sollte, ist das WWW als Infoplattform weit von einem solchen Anspruch entfernt. Die *Schwierigkeit*, die sich hieraus ergibt, liegt in der *Notwendigkeit*, den Schülern die Kompetenzen zu vermitteln, die sie zur gewinnbringenden Benutzung des Mediums brauchen. Die *Chance* besteht darin, dass sich mit Hilfe dieser Kompetenzen eine Informationsquelle erschließt, die in der Fülle, Varianz und Aktualität ihres Angebots einzigartig ist.

Professor Nake von der Universität Bremen äußerte sich in einem Interview mit dem Computermagazin „c't" (Nr. 16/98) folgendermaßen: „Multimediale Lehre halten zu wollen, halte ich nicht für besonders witzig, jedoch auch nicht für schädlich, eher für belanglos. Denn es kommt doch darauf an, sich um gute Lehre zu bemühen." Ein derart simplifizierender Ansatz hilft kaum weiter. Natürlich sind PC und Internet nur Medien und nicht wichtiger als ihre Inhalte. Es lässt sich aber nicht verleugnen, dass sich Kommunikationsprozesse in unserer Gesellschaft unter dem Einfluss von Telefon und Email gewandelt haben und weiteren Entwicklungen unterliegen.

Dennoch stellte neulich der „Spiegel"[21] sogar die Bedeutung der Computermedien für die Arbeitswelt in Zweifel: Einer amerikanischen Studie zufolge seien unter den zukünftig gesuchten Arbeitskräften „gerade einmal sechs Prozent" Spezialisten für Software. Der anlässlich zur Eröffnung der diesjährigen CEBIT wieder laut beklagte Mangel an Fachkräften spricht eine andere Sprache. Außerdem stellt sich nur ganz am Rande die Frage, wieviele unserer Schüler darauf vorbereitet werden müssen, später als Softwareprofis oder Informatiker zu arbeiten. Computermedien sollen nicht Eingang in den Unterricht finden, damit Schüler diese selbst herstellen, sondern damit sie sie *benutzen* können. Das Internet ist gerade aus diesem Grund nicht nur etwas für Programmierer, sondern lässt sich in (fast) allen Fächern nutzen.

Ebenso problematisch ist die Reduzierung der Rolle der Medien auf reine Transportmittel von Inhalten, da Medien über kurz oder lang auch Einfluss auf die Inhalte nehmen, die sie transportieren – und damit auch auf die Menschen, die diese Inhalte rezipieren. Computermedien wie Internet und CD-ROMs (wie z.B. die Enzyklopädien „Encarta" von Microsoft oder die multimedialen „Brockhaus"-Versionen) beeinflussen auch das Bild etablierter Medien wie Zeitung und TV. Ähnlich wie das Fernsehen dazu geführt hat, dass Informationen heute anders angeboten werden als vor fünfzehn Jahren, um bei der Masse der Rezipienten anzukommen (sie soll textlich überschaubar sein, in kleinen Einheiten präsentiert und durch andere Elemente wie Farbfotos, Grafiken und Tabellen unterstützt werden – kurzum, „scannbar" sein). Als Beispiel hierfür kann das Bild der modernen Nachrichtenmagazine (Focus, inzwischen auch Spiegel) gelten, die kleinere Informationseinheiten anbieten und dem Leser ein Layout servieren, das grafisch der Oberfläche eines Computerprogramms ähnelt. Diesem Trend haben sich auch die großen Nachrichtensendungen wie „Tagesschau" und „heute" bereits mehrfach durch ein neues Erscheinungsbild angepasst.

Unter dem Einfluss des Mediums ändert sich auch die Art und Weise, wie die Information präsentiert wird. Und wenn sich das „Layout" der Information

---

[21] Harro Albrecht [et. al.]: „Kevin ist total beklobt". *in:* Der Spiegel Nr. 42/1999. S. 297.

ändert, wird neben ihrer Gestalt auch der Gehalt verändert: Wo mehr Platz für Bilder sein muss, ist weniger Platz für Text, und Bilder liefern andere Informationen als Texte. Den beschriebenen Wandel kann jeder bestätigen, der einen fünfzehn Jahre alten Artikel aus einem Nachrichtenmagazin mit einem heutigen Artikel vergleicht. Das heißt nicht, dass der heutige Artikel schlechter wäre. Vielleicht präsentiert er seine Informationen besser, macht sie leichter zugänglich – vielleicht fehlt ihm aber auch etwas, das früher im Text noch hätte gesagt werden können.

Kaum eine Auswirkung der neuen Medien dieses Jahrhunderts ist daher so elementar wie die **Veränderung der Art und Weise, wie wir Information aufnehmen.** Auch wenn Medien wie Bücher und Zeitschriften nicht verschwinden werden: Längst holen sich Abertausende von Rezipienten ihre Nachrichten nicht mehr aus der Zeitung, sondern aus den TV-Nachrichten im Frühstücks-, Mittag- oder Abendfernsehen, und der eine oder andere aus der Altersgruppe zwischen 15 und 30 holt sie sich schon aus dem WWW. Und wenn der technische Fortschritt anhält, wird das Internet irgendwann auch über den Fernsehapparat bedienbar sein und ein mit der Fernbedienung gesteuerter Mauszeiger über den Bildschirm huschen. Wenn das erste Kind zur Fernbedienung des TV-Geräts greift, um eine Web-Seite aufzurufen, geht gewiss die Welt nicht unter – aber das Kind wird Informationen anders entnehmen und aufnehmen, als ich es als Kind getan habe.

Das Internet ist allein aufgrund seiner Struktur – und deshalb ist es so wichtig, sich ihrer bewusst zu sein – ein Medium, mit dem sich für die heutige Lebens- und Berufswelt bedeutende Kompetenzen und Haltungen trainieren lassen. Gerade weil es seine Inhalte nicht in didaktischem Aufbau präsentiert, sie nicht einfach vorsetzt, **zwingt es den Benutzer geradezu, sich Fähigkeiten und Strategien zur Recherche anzueignen.** In einer Gesellschaft, die sich nicht zu Unrecht Informationsgesellschaft nennt und die wie keine andere vor ihr von Wissen geradezu überschwemmt wird, sind die Suche nach Information und die dazu notwendigen Kenntnisse und Fähigkeiten wesentliche Elemente einer gegenwarts- und zukunftsorientierten **Medienkompetenz** (oder *media literacy*).

Die **Web-Recherche** stellt daher eine unumgängliche, im Rahmen des Schulunterrichts aber kontrolliert erfolgende **originale Begegnung** mit dem Medium Internet dar. Sie ermöglicht zudem **selbständiges, entdeckendes Lernen** in einer Umgebung, die auf den zweiten Blick so ungeeignet zum Lernen gar nicht ist. Denn: Die besten Lernsysteme sind die, in denen der Lernende selbst forschen kann, um später selbständig neue Probleme lösen zu können.

Das größte **Dilemma des World Wide Web** liegt sicherlich darin, dass sich so viel verschiedenes Material findet, dessen Eignung für eine bestimmte

Altersgruppe oder für einen gewissen Kenntnisstand auf den ersten Blick kaum ersichtlich ist. Gerade Schüler unterer Klassen, welche die bekannten Suchwerkzeuge konsultieren, werden häufig auf Dokumente stoßen, mit denen sie nichts anfangen können, weil bei der Suche keine Orientierungen über den Grad an Schwierigkeit und Komplexität des Materials zur Verfügung standen. Abhilfe sollen hier spezielle Suchwerkzeuge für Kinder bzw. Schüler schaffen, wie beispielsweise der „Deutsche Bildungsserver". Ein noch viel größeres Problem als das Auffinden der Information ist allerdings ihre **Verarbeitung**: Das im Netz erreichbare Material ist selten mit einem nach didaktischen Gesichtspunkten strukturierten Schulbuchtext vergleichbar, weshalb die Umwandlung von Information in Wissen und die Erschließung in Zusammenhänge schwerer fallen als gewohnt.

Wer positiv an diesen Umstand herangeht, erkennt hier allerdings eine weitere Chance in der Auseinandersetzung mit dem Internet im Schulunterricht: die Motivation zur verantwortungsvollen und altruistischen Nutzung des Mediums, die sich dadurch auszeichnet, dass man nicht nur selber recherchiert, sondern die Ergebnisse der eigenen Recherchen anderen Nutzern zur Verfügung stellt; z.B. indem man eigene Linklisten zu Unterrichtsthemen erstellt, diese im WWW veröffentlicht und so die Struktur des Mediums aktiv mitgestaltet.

In der Problematik, dass sich der Benutzer selbst eine Orientierung über die Inhalte des World Wide Web verschaffen muss, liegt folglich zugleich die Chance, durch die Lösung dieses Problems **zu grundlegenden Lösungsstrategien für den Umgang mit vernetzten Informationen** zu gelangen. Dabei steht der Benutzer schließlich nicht ohne Hilfen und Werkzeuge da: Suchmaschinen und Kataloge, in erster Linie aber die grundsätzlich auf jeder Web-Seite zu findenden Links – das Grundelement eines Hypertextes – unterstützen die Web-Recherche. Das WWW ist kein blankes Chaos, sondern in seiner Grundstruktur ein zwar riesiger, aber doch *verknüpfter* Text. Die Verknüpfungen und Verbindungen zwischen den einzelnen Web-Seiten ermöglichen es dem Benutzer, die Grundstruktur der Lernlandschaft zu erfassen, sie zu durchdringen, zu analysieren, Muster und Strategien zu erkennen und auf diese Weise das Medium in den Griff zu bekommen – soweit dies möglich ist.

Eine besondere Gefahr im Umgang mit einem Medium, das eine derart anspruchsvolle Informationsentnahme und –verarbeitung bedingt, besteht zweifellos für Schüler, denen die Entwicklung problemlösender Strategien und selbständiges Entdecken und Erlernen ohnehin schwerer fallen. Um ihnen eine **Orientierungshilfe** zu geben, sollte der Lehrer unbedingt, wie im Grundmodell zur Web-Recherche (siehe Kapitel 2.8) vorgesehen, bestimmte Adressen als Startpunkte der Recherche zur Verfügung stellen, die sicher zu grundlegenden Informationen führen. Die Schüler erhalten so ein **sicheres**

Grundgerüst, von dem aus sie das WWW nach weiteren Quellen erforschen können – ohne fürchten zu müssen, elementare Informationen verpasst zu haben, die zum Verständnis weiterführenden Materials nötig sind. Hierbei machen die Schüler noch früh genug die fraglos wichtige Erfahrung, dass ihnen das Internet nur selten mit Orientierungshilfen entgegenkommt. Der Anspruch der originalen Begegnung darf nicht so weit führen, dass Schüler beim ersten Surfen im Chaos stranden und Aversionen gegen Computer und Computermedien entwickeln, die vermutlich unausweichliche spätere Begegnungen mit diesen Medien erschweren. Aufgabe der Schule muss es auch hier sein, die Schüler zu sinnvollem und zugleich kritischem Umgang mit solchen Medien zu befähigen, wobei „kritischer Umgang" sich nicht in endlosem Hinterfragen und blanker Ablehnung manifestieren darf.

Es geht also beim Lernen mit Computer und Internet in erster Linie nicht darum, schneller zu lernen, sondern diese Medien so nutzen zu lernen, *dass* man mit ihnen lernen kann – also doch: Schülern **Medienkompetenz** zu vermitteln. „Wissen", so Professor Nake, „kommt nicht aus den Büchern und auch nicht aus dem Internet. Dort findet man Druckerschwärze und elektromagnetische Felder. Wissen muss man selbst schaffen, und mich ergreift ein Gefühl der Trauer über die McDonaldisierung des Wissens". Eben. Dies sind jedoch keine Argumente, mit denen sich der Einsatz des Internet in der Schule – ebenso wenig wie der von Büchern (!) – als „belanglos" hinstellen ließe. Im Gegenteil: Dem Vormarsch der Computermedien und einer McDonaldisierung des Wissens kann die Schule nicht entgegenwirken – aber sie darf auch nicht so tun, als gebe es diese Phänomene nicht. Die Auseinandersetzung mit solch relevanten Entwicklungen ist keineswegs belanglos, sondern gehört zu den Kernaufgaben der Bildung.
Wissen wird im Unterricht nicht geschaffen, indem Schüler einfach vor Bücher gesetzt werden. Sie lernen vielmehr, gedruckten oder auf dem PC dargebotenen Texten Informationen zu entnehmen und daraus Wissen und Haltungen zu bilden. Nakes Ansatz zielt insofern in die richtige Richtung, als er darauf hinweist, dass sich Wissen nicht einfach aus dem Buch auf den Leser oder aus dem Computer auf den Benutzer ergießt. Das darf aber nicht bedeuten, dass man deswegen keine Bücher liest oder den Computer gar nicht erst einschaltet.

Das oft vorgebrachte Argument, dass Inhalte besser im Langzeitgedächtnis gespeichert werden, wenn sie über mehrere Kanäle aufgenommen werden, ist sicherlich nicht rigoros auf den Einsatz von neuen Medien anzuwenden. Diese Versuchung entsteht durch die häufige Verwendung des Begriffs „**Multimedia**", der zwar sicherlich auf einen Teil der erhältlichen Lernsoftware angewendet werden kann, aber nur in Grenzen auf das Internet: Im

WWW gibt es neben dem Text und Links vor allem Bilder und Grafiken – Ton und Musik aber (noch) selten. Links unterstützen kaum das bessere Speichern von Inhalten, wohl aber ihre Erschließung und Durchdringung. Auch hier zeigt sich, dass die Wirkung von Multimedia, genauer gesagt von **Hypertexten** auf den Lerner eher in der **Verbesserung von Kompetenzen zur Erkundung und zum Verständnis komplexer Sachverhalte** zu sehen ist.

Somit ist die Schulung von Medienkompetenz im Umgang mit Computermedien wie dem Internet kein Selbstzweck, sondern tatsächlich *ein* Mittel auf dem Weg zu höheren Denkfähigkeiten und mehr Wissen. Es geht nicht nur um instrumentell-pragmatische Lernziele, sondern auch um kognitive und Wissensziele.

Interessant ist in diesem Zusammenhang eine **Studie**, die 1996/97 unter der wissenschaftlichen Betreuung der University of Georgia (USA) an der **Athens Academy, Georgia**, sowie in Deutschland mit Unterstützung der Bertelsmann Stiftung **am Evangelischen Stiftischen Gymnasium in Gütersloh** durchgeführt wurde. Im Rahmen des Projekts wurden neue Medien in allen Klassen und Jahrgangsstufen eingesetzt. Das Resultat: Die Schüler erbrachten **bis zu dreifach bessere Leistungen**. In Mathematik zeigten Schüler, die in Geometrie-Kursen bzw. –Sequenzen regelmäßig mit Lernsoftware gearbeitet hatten, bessere Leistungen als Schüler, die denselben Stoff ohne Computerunterstützung erarbeitet hatten. In Kursen zu Kreativem Schreiben wirkte der Einsatz von Textverarbeitungssystemen (mit seinen Vorteilen durch Zeitersparnis, leichterer Überarbeitung und hochwertiger Ausgabe der Texte) positiv auf die Produkte der Schüler, die einer standardisierten Prüfung unterzogen wurden. Im Fach Biologie führte die Nutzung von Software aus dem Internet zur dreidimensionalen Darstellung von Eiweißmolekülen zu einer besseren Speicherung der diesbezüglichen Kenntnisse im *Langzeitgedächtnis* der Schüler. Im Fach Sozialkunde wurde eine gesteigerte Fähigkeit zum Erfassen komplexer Themengebiete erreicht, indem die Schüler bei der Recherche CD-ROMs, das WWW, TV-Nachrichten und Printmedien nutzten und diese in einem eigenen Bericht zusammenfassten.

Insgesamt ließ sich beobachten, dass der Einsatz neuer Medien den Lernprozess nicht nur auf der Ebene der Motivation förderte, sondern eben auch grundlegende kognitive Fähigkeiten und Schlüsselqualifikationen verbesserte. Die Liste der positiv beeinflussten Bereiche liest sich wie ein Katalog grundlegender Lernziele: das Verstehen komplexer Zusammenhänge, Problemlösen, der Transfer erworbenen Wissens, eine profundere, ausführlichere Durchdringung des Stoffes, Gedächtnisleistung, kritisches Bewusstsein gegenüber Inhalten, Kreativität und Teamarbeit. 90 % der Schüler erlebten den Unterricht als lebendiger, 80% zeigten nachweisbar stärkeres Interesse für die zu behandelnden Themen, und 59 % der Lehrer empfanden den Unterricht als effizienter.[22] Wenn im Unterricht (nicht nur, aber auch) neue Medien genutzt werden, kommt es offenbar nicht nur zu weniger Leerlauf und Untätigkeit des einzelnen, z.b. stilleren Schülers; sondern auch zu einer Eigendynamik des Lernprozesses durch stärker selbstgesteuertes, entdeckendes Lernen. Gerade die schwächeren Schüler profitieren von dieser gesteigerten Motivation, die schließlich eine elementare Voraussetzung für anspruchsvollere Lernprozesse wie die Übertragung von Gelerntem auf neue Gebiete bildet.

Abseits aller Statistiken zeigen die ersten Erfahrungen mit einem längeren Einsatz von Computern und Internet in der Schule in erster Linie, dass die meisten Schüler sich schnell an diese Medien gewöhnen und sie bald recht selbstverständlich nutzen. Dabei verfliegt mit der Zeit der Reiz des Neuen, und die Schüler beweisen, was zu erwarten war: Das Internet ist keine Schlaumachmaschine, nicht *der* Schlüssel zur Bildung, sondern *ein* weiteres Transportmittel auf dem Weg dorthin.

Ein Vorteil ist sicherlich darin zu sehen, dass die schulische Beschäftigung mit dem Internet die Begegnung der Schüler mit diesem Medium in ein pädagogisch kontrolliertes Umfeld stellt. Im Gegensatz zu früheren Jahren hat die elterliche Kontrolle und Erziehungsarbeit – wie immer wieder zu erfahren ist – aus den verschiedensten Gründen nachgelassen: In vielen Haushalten sind beide Elternteile berufstätig, die Eltern leben getrennt, stehen unter Stress oder sind im Umgang mit den Neuen Medien selbst überfordert. Die meisten Kinder im Gymnasialalter können am häuslichen PC die Einstellungen für die Soundkarte im Betriebssystem selbst vornehmen, während sich ihre Eltern kaum bewusst sind, was sich hinter dem Konzept „Soundkarte" überhaupt verbirgt und wie man dieses Element des PCs steuert.

Die Ergebnisse der Studie an der Athens Academy decken sich in Teilen mit den Resultaten einer zusammenfassenden Arbeit von Kulik und Kulik zur **Lernwirksamkeit von Multimedia**[23]: Zwar konnten nicht in allen 248 untersuchten Studien erkennbare Verbesserungen des Lernprozesses diagnostiziert werden, was aber nichts über die tatsächlich stattgefundenen Veränderungen aussagt, da diese Studien einfach nicht aussagekräftig genug waren (z.B. da kein Vergleich zwischen dem Lernstand vor und nach dem Einsatz von Mul-

---

[22] Bertelsmann Stiftung [Hrsg.]: Computer, Internet, Multimedia – Potentiale für Schule und Unterricht. Verlag Bertelsmann Stiftung, Gütersloh 1998.

[23] C.L.Kulik & J.A.Kulik & P.Cohen: Effectiveness of computer-based college training: A meta-analysis of findings. *in:* Computers in Human Behaviour, 7 (1991), S. 75-94. *Zusammenfassung in:* Joachim Hasebrook: Multimedia-Psychologie. Spektrum Akademischer Verlag, Heidelberg 1995, S.198 ff.

timedia oder zu Kontrollgruppen dokumentiert wurde). Von 100 Studien, in denen messbare Einflüsse auf das Lernen auftraten, bewiesen 94 Vorteile von Lernen mit Multimedia: Im **Schnitt verbesserten sich die Leistungen um ein Drittel.** Abseits von der Optimierung des Lernprozesses war den Studien durchweg zu entnehmen, dass die **Lernzeit** deutlich verkürzt wurde. Interessant ist auch der „Flynn-Effekt", das von dem Neuseeländer James Flynn entdeckte **Ansteigen des IQ** in Industriestaaten (erfasst wurden die Daten an Männern, die bei ihrer Musterung einen entsprechenden Test zu absolvieren hatten). Vor allem zwischen 1952 und 1982 stieg der IQ beachtlich, z.T. um sieben Punkte innerhalb eines Jahrzehnts. Die Ursache liegt, wie man heute glaubt, in der verbesserten Fähigkeit, Bilder zu verstehen und zu analysieren sowie in einem besser trainierten räumlichen Vorstellungsvermögen – Ergebnis der im 20. Jahrhundert einsetzenden Flut bewegter und unbewegter Bilder.[24] Vor diesem Hintergund ließen sich Medien wie Fernsehen und Computer nicht mehr so leicht verteufeln, auch wenn sie viele Probleme mit sich bringen. Vielleicht besteht sogar Hoffnung, dass sich durch die Nutzung von Internet und anderen Hypertextmedien die Fähigkeit zum Sammeln, Verarbeiten und Verknüpfen von Informationen steigern lässt.

Das große **Hemmnis** auf dem Weg zum Unterricht mit Computer und Internet soll nicht verschwiegen werden: Die hierzu nötige, **kostenintensive Ausstattung** in Form von Computerräumen bzw. -ecken in den Klassenzimmern, Software und Internet-Zugängen. Die durchschnittliche Schule dieses Landes verfügt über *einen* Raum mit Computern, die meist miteinander vernetzt sind. Selbst wenn dieses Netzwerk schon einen Zugang zum Internet hat, bleiben die Chancen für einen praktischen Einsatz von Computermedien für die Mehrzahl der Kollegen gering: Der Computerraum ist – berechtigterweise – die Domäne der Informatiker, wird von diesen zum Unterricht zwingend benötigt und gepflegt, letzteres unter hohem Aufwand an Zeit und Energie durch die Fachlehrer. Weitere Räume sind teuer, ohne Sponsoren aus der freien Wirtschaft kaum zu finanzieren und mindestens ebenso aufwendig in der Betreuung (Wer macht es ? Wann ?). Meist treten in solchen „Multimedia"-Räumen häufiger Probleme auf, da sie von vielen unterschiedlichen Klassen zu verschiedenen, auch technisch anspruchsvolleren Aufgaben genutzt werden als die PCs im Informatikraum, auf denen in der Hauptsache nur programmiert wird. Welche Grundvoraussetzungen bei der Ausstattung sowie bei Schülern und Lehrern erfüllt sein müssen, damit mit dem Internet im Unterricht bzw. in Projekten gearbeitet werden kann, soll in Kapitel 6.2 ausführlicher besprochen werden.

---

[24] Harro Albrecht [et. al.]: „Kevin ist total beklobt". *in:* Der Spiegel Nr. 42/1999. S. 298.

Die bisher aufgezeigten **Risiken und Probleme**, die mit dem Einsatz des Internet einhergehen, liegen im wesentlichen in der **Komplexität des World Wide Web**, die eine intensive Beschäftigung mit dieser Informationsquelle und die Vermittlung spezifischer Kompetenzen erfordert, sowie in dem hohen organisatorischen, technischen und finanziellen **Aufwand**. Im Hinblick auf den Einsatz der **Email-Funktion** sticht zunächst der Nutzen angesichts solch elementarer Ziele wie der Kommunikation mit Muttersprachlern und der Verpflichtung zum interkulturellen Lernen hervor; negative Begleiterscheinungen oder Schwierigkeiten dürfen aber auch hier nicht außer Acht gelassen werden.

Elektronische Botschaften unterliegen zunächst einmal den gleichen Begrenzungen wie herkömmliche Briefe: Sie sind auf das geschriebene Wort beschränkt und der wichtigen **Dimension der Körpersprache beraubt.** Die Kommunikationssituation ist durch die Bindung an den Computer stark eingeengt, meist beschränkt auf ein Arbeitszimmer oder Büro. Insgesamt werden die **Beziehungsaspekte der ausgetauschten Botschaften reduziert**: Es kommt zwar an, *was* ich sage, aber trotz Emoticons kaum, *wie* ich es sage. Noch dazu sind eingetippte Briefe oft sorglos verfasst, weil am Computer und besonders im Internet alles schnell gehen muss (scheinbar auch dann, wenn man offline schreibt). Zu Tippfehlern und liebloser formaler Gestaltung kommen Beeinträchtigungen durch inhaltliche Unachtsamkeiten: Gerade der Austausch mit anderen Sprach- und Kulturgruppen birgt große Risiken, denen Schüler aufgrund ihrer begrenzten Erfahrung in besonderer Weise ausgesetzt sind: Die Verwendung mancher Vokabeln kann zu Irritationen führen, weil man nicht alle Bedeutungen eines Wortes kennt. So könnte ein deutscher Schüler auf die Idee kommen, seinem Brieffreund „You are queer!" mitzuteilen, und dieser sich als Homosexueller betitelt fühlen, obwohl er lediglich ein bisschen „seltsam" ist. Ebenso leicht kann es zu Verstimmungen kommen, wenn in unbedachter Weise über Themen gesprochen wird, die für den Kommunikationspartner ein Tabu darstellen oder zumindest von besonderer Bedeutung sind. **Kulturelle Unterschiede und (fremd)sprachliche Nuancen** sind nicht zu unterschätzende Gefahrenpotentiale für Email-Kommunikation – und zugleich eine weitere Herausforderung an die Schule, insbesondere den Fremdsprachenunterricht, Schülern diese Problematiken bewusst zu machen.

Die Tatsache, dass man sich mit Email-Partnern oft auch nur auf diesem Wege austauscht, führt außerdem schnell zu **einem leichtfertigen Umgang mit solchen Kontakten.** Da man hinter seiner Email-Adresse doch recht anonym bleibt und für viele Partner kaum persönlich erreichbar ist, pflegt man diese Kontakte weniger intensiv, nimmt womöglich weniger Rücksicht auf die Partner. Ob diese Leichtfertigkeit auch Einfluss auf den generellen

Umgang mit Bekanntschaften nimmt, müsste wissenschaftlich untersucht werden; es klingt aber nicht ganz unwahrscheinlich.

Die Beschäftigung mit dem Internet, und zwar sowohl mit dem World Wide Web als auch mit Email, Newsgruppen und Chat, rührt an eine zentrale Anforderung für Kinder und Jugendliche, die mit Medien umgehen: die Unterscheidung zwischen **Schein und Realität.** Eine Homepage mit sensationellen Informationen und flippiger Aufmachung wirkt begeisternd – und liefert vielleicht doch nur Unwahrheiten, Datenmüll oder Werbung. Die Versuchung ist groß, Email-Partner für nahe Bekanntschaften oder gar Freunde zu halten, obwohl man sie nie im Leben persönlich getroffen hat; und der allabendliche Besuch im Chatraum vermittelt das Gefühl, mit anderen Menschen verbunden zu sein – während man sich **in seiner unmittelbaren Lebenswelt isoliert.**

Es ist in der Tat ein Leichtes, der Versuchung zu erliegen und sich im WWW über mehrere Stunden hinweg einfach von Homepage zu Homepage zu klicken. Dabei wird man zwar von seinen Interessen geleitet, und wenn man vielseitige Interessen hat, sieht man auch viel Faszinierendes. Ob bzw. in welcher Fülle und Gründlichkeit sich die Inhalte jedoch verarbeiten lassen, insbesondere von Kindern und Jugendlichen, ist sehr fraglich. Der Hang zur Eigenbrödlerei kann durch das Internet wohl kaum ausgelöst, aber sehr wohl verstärkt werden. Eine exzessive Nutzung dieser virtuellen Welt kann ferner sogar zu physischen Schäden führen, z.B. an Haltung und Augen.

Unerfahrene, die unkritisch mit dem Internet umgehen, erleben möglicherweise noch weitere unangenehme Überraschungen: Beim stundenlangen Surfen und Mailen und Chatten steigen die **Kosten für Telefon und Online-Dienst** leicht ins Beträchtliche. Schon mehrfach hörte ich von meinen Schülern, dass ihnen bzw. ihren Eltern durch das „Surfen" im Internet Telefonkosten von über vierhundert Mark entstanden waren.

Eine weitere Bedrohung liegt in der **ungewissen Sicherheit** des Internet. Größte Vorsicht ist bei der **Übermittlung persönlicher Daten** geboten. Um für Online-Läden, Marketing-Strategen oder Datenspione anderer Art nicht zum gläsernen Nutzer zu werden, belässt man es, wenn man sich identifizieren soll, am besten bei der Email-Adresse. Postanschrift, Telefonnummer, vor allem aber Kreditkartennummer oder Bankverbindung gehören nicht in E-mails oder Formulare, die man im WWW ausfüllt.

Wer das Risiko eingehen möchte, kann sich z.B. bei der Buchbestellung über „Amazon" oder beim Abonnement von „Scientific American" darauf verlassen, dass der Browser hier persönliche Daten und Kreditkartennummer ausreichend verschlüsselt (achten Sie auf entsprechende Hinweise der Anbieter). Garantieren kann diese Sicherheit allerdings niemand. Werden solch rudimentäre Sicherheitsvorkehrungen nicht beachtet, gelangen hochsensible

Daten in die Hände von Hackern, die keineswegs zum Vergnügen im Internet auf der Lauer liegen.

Dass in den Gewässern des weltweiten Datenmeers auch Haie lauern, ist gewiss keine Neuigkeit. Das Risiko eines Einbruchs von außen in den eigenen PC ist allerdings relativ gering, solange man nur mit dem Browser umhersurft und keine obskuren Programme startet, die ein freundlicher Unbekannter anbietet.

Eine Beschäftigung mit dem Phänomen Internet im Rahmen des Schulunterrichts kann und soll den dargelegten Gefahren entgegenwirken. Dass ein solches Unternehmen in unterschiedlicher Ausprägung den Lebensbereich der Schüler trifft, birgt Chancen für die Dynamik des Unterrichts, aber auch Gefahren. Ziel einer Unterrichtsreihe, die das Internet einbezieht, sollte es sein, die Motivation der Schüler in sinnvolle und fachbezogene Lernprozesse umzusetzen. Ein methodisches Risiko besteht zweifellos darin, das Medium nur als „Motivationsdroge" einzusetzen. Im Gegenzug gerät die Auseinandersetzung mit dem neuen Medium auch in Gefahr, wenn die Förderung der Kritikfähigkeit auf die Spitze getrieben wird und am Ende der Reihe einseitige Resultate stehen wie: „Das Internet ist ein chaotisches und daher nutzloses Spielzeug für Computerkids". Die Kunst in der Planung und Durchführung einer solchen Unterrichtsreihe liegt wohl darin:

– Grundlagenkenntnisse über das Internet zu vermitteln;

– grundlegende Methoden zur Nutzung seiner wichtigsten Funktionen zu erarbeiten und zu trainieren;

– für das Fach nutzbare Methoden (wie z.B. die Recherche, die Texterschließung oder die sprachliche Aufbereitung) zu schulen;

– das fachspezifische Wissen der Schüler zu erweitern;

– die Schüler zu selbständigem, kritischem und kreativem Umgang mit dem Medium zu befähigen, d.h. auch mit der Nutzung des Mediums einhergehende Veränderungen, Auswirkungen und Risiken zu thematisieren;

– die Schüler nicht durch überzogene Kritik oder übertrieben reflektierende Betrachtung zu frustrieren und ihnen den Umgang mit dem Medium zu verleiden – dies gilt besonders mit Blick auf Schüler, die das Medium schon selbst nutzen oder ihm zumindest aufgeschlossen gegenüberstehen;

– jene Schüler zu berücksichtigen, die noch keinerlei Erfahrungen mit dem Medium oder gar Berührungsängste mit dem Computer haben.

Das Internet wird somit nicht nur Werkzeug, sondern auch Gegenstand des Unterrichts. Die Auseinandersetzung mit diesem Computernetz sollte als ein Unternehmen zur Schulung der Medienkompetenz gesehen werden, das angesichts der Entwicklung der Informations- und Arbeitsmedien unserer Gesellschaft unumgänglich ist; das zugleich „höhere" Ziele wie die Ausbildung von kognitiven Fähigkeiten, den Wissenserwerb und zentrale Arbeitshaltungen wie Motivation, Selbständigkeit, vor allem in der Organsiation des eigenen Lernens, und Teamfähigkeit fördert; und das auf diesem Weg methodisch abwechslungsreichen und zukunftsorientierten Unterricht ermöglicht, dessen Inhalte und Abläufe allerdings mit Blick auf die geschilderten Problematiken und Risiken besonnen reflektiert werden müssen.

6.2   Voraussetzungen

6.2.1 Schüler

Bei Schülern muss man zunächst mit einem **großen Gefälle der Vorkennt-nissse und Fertigkeiten** im Umgang mit dem PC rechnen. Während die einen schon Tricks und Kniffe eines Browsers kennen, suchen die anderen im Extremfall noch die Buchstaben auf der Tastatur. Diese Divergenz wird zwar im Lauf der Schuljahre abgebaut, bleibt grundsätzlich jedoch als Problem erhalten. Um aus der Not zumindest ansatzweise eine Tugend zu machen, können besonders versierte Schüler als Trainer für ihre Mitschüler eingesetzt werden. Ansonsten hilft nur die Versicherung, dass das Starten eines Brow-sers oder Email-Programms sowie seine Bedienung Vorgänge sind, in die sich Schüler schnell einarbeiten – üblicherweise schneller als Erwachsene. Hierbei hilft die grundsätzlich **gesteigerte Motivation,** welche viele Schüler zumindest zum Beginn der Arbeit am PC zeigen. Gerade weil der PC kein Medium wie das Fernsehen ist, das ständig Informationen sendet, ohne dass der Zuschauer aktiv werden muss, fordert er seinen Benutzer dazu heraus, etwas zu tun, einzugeben und anzuklicken, weil ansonsten nichts oder nicht viel passiert. Dies trifft natürlich auch auf den Umgang mit dem Internet zu. Hier zeigt sich, dass selbst die durch heutige Medien eher auf Berieselung und Passivität eingestellten Jugendlichen und jungen Erwachsenen Spaß daran haben, im World Wide Web zu surfen, Emails zu verschicken, zu chat-ten, Dateien herunterzuladen und eigene Homepages zu basteln. Diese zu-sätzliche Leistungsbereitschaft kann sich der Unterricht, unter Bewusstma-chung von Chancen und Risiken, zunutze machen. Sie muss jedoch durch das Unterrichtsthema und das zu entdeckende Material **aufrechterhalten** wer-den, da ein Interesse, welches allein durch die Benutzung von PC und Inter-net hervorgerufen wird, nicht lange anhält.

6.2.2 Lehrer

Nicht zu unrecht wird in aktuellen Diskussionsbeiträgen häufig von einer **neuen Lehrerrolle** gesprochen, die aus veränderten Zielsetzungen im Schul-unterricht hervorgeht, die wiederum aufgrund tiefgreifender Veränderungen in der Gesellschaft notwendig erscheinen. Wo Faktenwissen immer speziali-sierter wird und immer schneller verfällt, wo heute Berufsbilder entstehen, von denen man gestern noch nichts geahnt hat, und wo ständig neue Medien auf den Markt drängen und in Informations- und Kommunikationsprozesse der Gesellschaft eingreifen, müssen Schüler darauf vorbereitet werden, mit diesen Anforderungen fertig zu werden. Das heißt im Klartext: Da sie sich nie auf ihrem erworbenen Stand an Wissen und Fertigkeiten werden ausruhen können, müssen sie mit Kompetenzen ausgestattet werden, mit denen sich dieser lebenslange Lernprozess bewältigen lässt. Zukunftsgewandter Unterricht stattet seine Schüler mit Fähigkeiten aus, die eine möglichst selbstgesteuerte Aneignung von Wissen und Methoden erlauben. Dazu gehört in einer von technischen Medien dominierten Gesellschaft verstärkt die Fähigkeit, diese Werkzeuge bedienen zu lernen und zum eigenen Gewinn zu nutzen, d.h. ihnen Informationen zu entnehmen, das eigene Wissen zu steigern, mit ihnen zu kommunizieren... – kurzum eine Medienkompetenz.

Dabei sollte im Blick behalten werden, dass der Schulunterricht diese Kompetenz ja erst *entwickeln helfen* soll. Das mitunter gezeichnete Bild der neuen heilen Lernwelt, in der Lehrer von ihren Schülern lernen und die Grenzen zwischen beiden Rollen verschwimmen, scheint daher problematisch, denn so einfach ist das „Surfen im Netz" ja eben nicht. Der versierte Umgang mit World Wide Web und Email besteht, wie in den vorangegangenen Kapiteln deutlich wurde, aus mehr als dem simplen Mausklick auf ein Hyperlink – und muss mit all seinen Tricks und Kniffen, Risiken und Chancen auch von Schülern entdeckt, erarbeitet und gelernt werden.

Natürlich können viele Schüler heutzutage besser mit dem Computer umgehen als ihre Lehrer, die zum größten Teil in einer Zeit aufgewachsen sind, als ein Fernseher im eigenen Haus noch kaum denkbar war. Viele fürchten, dass dadurch die Autorität des Lehrers untergraben werden könnte. Dass ein Lehrer dieselbe zu bewahren wünschen sollte, wird heute kaum noch übelgenommen und ist im Hinblick auf die Lehrerrolle im Umgang mit dem Internet unabdingbar: Der Lehrer bleibt auch als **Moderator** der Steuermann, der seine Ruderer erreichen, motivieren und unterstützen muss. Wer das nicht kann, also die in diesem Buch beschriebenen Schritte im Umgang mit Computer und Internet nicht aus eigener Erfahrung genügend kennt, sollte diese Medien im Unterricht auch nicht einsetzen. Nicht nur, weil er hierdurch an Anerkennung als planungskompetenter und verantwortlicher Lehrer verliert, woran niemand interessiert sein kann; sondern auch, weil dabei kein sinnvoller, kompetenzorientierter und effizienter Unterricht entstehen kann.

Solange die Anforderung beherzigt wird, Recherchen im World Wide Web, Email-Projekte und weitere Internet-gebundene Unterrichtsvorhaben **fachgebunden** durchzuführen, wahrt der Lehrer zudem seine Sachkompetenz, d.h. seinen Vorsprung in Bezug auf fachspezifische Zusammenhänge und Methoden, die von den Schülern erst durch Erarbeitung und Aufarbeitung des recherchierten Materials aufgedeckt werden müssen.

Unzweifelhaft bringt der Einsatz von Computermedien, da diese sich hauptsächlich zur Informationsrecherche eignen, sowohl die Chance als auch den Zwang zu **offenerem Unterricht**, **Projektorientierung** und damit zu Lernformen, die den derzeitigen Kollegien zum Teil wenig vertraut sind. Entsprechend groß ist das zu verspürende Unwohlsein bis hin zum Widerstand im

Umgang mit einem Unterricht, in dem der Lehrer eher als Moderator und Berater auftritt und die Schüler in größerer Eigenverantwortung sowie über längere Zeiträume hinweg in Gruppen arbeiten. Natürlich stellt sich in diesem Zusammenhang die Frage nach der Effizienz solcher Unternehmungen. Die Problematik lässt sich jedoch entschärfen, indem offenere Lernsequenzen *wohldosiert* eingesetzt werden – wie jede Methode. Nichtsdestotrotz wird es immer Lehrerpersönlichkeiten geben, die sich mit diesem Ansatz mehr anfreunden können als andere.

Es soll nicht verschwiegen werden, dass die geschilderten „Anforderungen" nur von einem nach wie vor zu geringen Anteil der Lehrer dieses Landes erfüllt werden. Es klingt nicht nur paradox: Während allerorten Medienkompetenz für Schüler gefordert wird, sind es zunächst die Lehrer, die in großer Zahl im Umgang mit dem Medium geschult werden müssten. Wenig Hilfe ist hier bislang von der landesweit operierenden Initiative „Schulen ans Netz" geleistet worden, vielleicht kann von hier auch nicht mehr geleistet werden. So wichtig der Anstoss war, Schulen mit einem Internet-Anschluss auszustatten – bei der Beschaffung von Ausstattung in einem Maße, das wirkliche Unterrichtsaktivitäten mit dem Internet erlaubt, sind die Schulen nach wie vor auf sich allein gestellt. Wichtiger wäre es daher gewesen, die Lehrer zur Nutzung der Medien zu befähigen und zu motivieren. Nicht selten hört man, dass man sich in zahllosen Berufen selbstverständlich weiterbilden müsse, der Lehrer dies aber gemeinhin vermeiden könnte. Dem wäre jenseits aller Argumente mit Bezug auf bestehende Belastungen entgegenzuhalten, dass die große Mehrheit der Unternehmen ihren Mitarbeitern solche Schulungen auch in ausreichender Breite zur Verfügung stellt. Die Länder geben hierfür kaum Geld aus; ebenso wenig wie für eine solide Ausstattung mit Schulnetzwerken, für neue, junge Lehrkräfte, für Unterstützung der zahlreichen Lehrer mit „Burn-Out-Syndrom" usw. usf. Wer heute die Veranschaulichung des Konzepts der „leeren Kasse" suchte, bräuchte nur zur nächsten Schule zu laufen. Unter solchen Verbindungen zukunftsorientierte Schule mit moderner Technik zu betreiben, fällt nicht leicht.

Die bisherigen Unternehmungen von politischer Seite sind primär auf Öffentlichkeitswirkung angelegt. Wer im Radio hört, der Bund gebe zig Millionen für die Ausstattung der deutschen Schulen mit Internetanschlüssen aus, glaubt das gerne, vor allem wenn dabei noch Bill Gates vorgezeigt wird. Wer aber hinter die Kulissen sieht, ahnt, dass es damit nicht getan sein kann, dass hier nur flimmernde Tropfen auf heiße Steine fallen. Dieses Dilemma zeigt sich auch in den Ansätzen zu Moderationen zum Thema Internet: Statt grundsätzlicher Bedienung auf Anwenderebene und praktischer Unterrichtsmodelle werden Themen wie „Programmierung in Java" angeboten, die eine Mehrheit der Lehrer nur verschrecken und den Eindruck verstärken, das Internet sei nur etwas für Informatiker.

Letztgenannte sind in Anbetracht der aktuellen Ausstattung der Schulen mit Sicherheit eher die Leidtragenden, denn sie müssen als übliche Betreuer der Schulcomputer das Kunststück versuchen, die ohnehin spärliche Ausrüstung auf einen weiteren Zweck zu trimmen und am Laufen zu halten.

6.2.3 Ausstattung

Dreh- und Angelpunkt der Voraussetzungen für Internet im Unterricht ist selbstverständlich die **Hardware**, d.h. die zur Verfügung stehenden Computer und Programme. Ein einzelner Rechner mit Internet-Anschluss, wie er im Rahmen der Initiative „Schulen ans Netz" bereitgestellt wurde, schafft Lehrern eine Möglichkeit, im Internet zu recherchieren und Emails zu verschicken, lässt sich aber im Unterricht ohne methodische Drahtseilakte praktisch nicht nutzen. Steht hingegen ein **Computerraum** mit einem Netzwerk zur Verfügung, d.h. mit einer Zahl von drei bis zehn (oder mehr) miteinander verbundenen Rechnern, können Lerngruppen in der heute üblichen Stärke zeitgleich im Netz arbeiten. Ohne in technische Details abdriften zu müssen, sei kurz darauf hingewiesen, dass ein solches Netzwerk von der Hand eines Experten ohne gigantischen Aufwand so mit einem Anschluss ans Internet versehen werden kann, dass an jedem der angeschlossenen PCs in ausreichender Geschwindigkeit im World Wide Web recherchiert werden kann. Hierzu wird einer der Computer, üblicherweise der Server, mit einer **ISDN-Karte** ausgerüstet, so dass von dort aus eine Verbindung zu einem Internet-Provider (z.B. T-Online) aufgebaut werden kann (Details hierzu in Kapitel 7). Sinnvoll ist auch die Einrichtung einer Art **Zwischenspeicher** (eines **„Proxy-Server"**, auch in Software-Form möglich), der jede aus dem WWW abgerufene Seite auf der Festplatte des Servers ablegt; ruft eine zweite Schülergruppe die Seite auf, muss sie nicht erst aus dem Netz gefischt werden, sondern wird prompt von der Festplatte des Servers an den Arbeitsplatz geschickt.

Wer einen Schritt weitergehen und das Schulnetzwerk zu einem Intranet ausbauen möchte, also zu einem Netzwerk, das die Internet-Technologie auch intern nutzt, sei u.a. auf die CD „Schulen ans Netz" des Computermagazins „c't" verwiesen.[25] Besondere Beachtung verdient die im selben Magazin erscheinende Artikelreihe „Lernen aus dem Netz", in der verschiedene Autoren die Problematik der Schulvernetzung fundiert beschreiben und un-

---

[25] Bestellung nur über die Schule an: Redaktion c't, Postfach 61 04 07, 30604 Hannover, oder per Fax an: 0511/5352-417.

terstützen.[26] Weitere technische Unterstützung bietet das Magazin auf einer FAQ-Seite unter http://www.heise.de/ct/schan/faq.shtml .

Je flexibler die Schule ihren **Computerraum verfügbar machen** kann, desto eher kann er von allen Fachrichtungen benutzt werden. Die Regel ist leider, dass die Schule nur über einen einzigen solchen Raum verfügt, der verständlicherweise den Informatikern vorbehalten ist und allenfalls für acht bis zehn Stunden pro Woche frei bleibt, in denen das Netzwerk von weiteren Lerngruppen genutzt werden könnte. Auch dabei gilt es allerdings, organisatorische Schwierigkeiten bezüglich der Pflege des Systems zu überwinden. Gewöhnlich sind es eben die Informatiker, denen die Einrichtung und Betreuung des Netzwerks anvertraut ist – eine Aufgabe, die ihnen sowohl vom Aufwand als auch von den notwendigen Kenntnissen her kaum zuzumuten ist. Nicht umsonst müssen zertififzierte Netzwerk-Experten monatelange Lehrgänge absolvieren und kassieren dann kaum weniger als einhundert Mark Stundenlohn. Da die Schulträger auch bei diesen Kosten kaum mitspielen, versuchen meist engagierte Einzelkämpfer in den Kollegien, die Computer in Gang zu halten. Die Aussicht, das sorgsam gepflegte Netzwerk „fachfremden" Kollegen mit Lerngruppen anzuvertrauen, die nur einige Stunden an den PCs zubringen und dementsprechend sorglos damit umgehen, führt oft zu nicht unberechtigten Widerständen.

Solange Träume von weiteren Computerräumen bzw. Computerecken in Klassenzimmern (für manch älteren Kollegen zweifellos ein Alptraum) nicht wahr werden, muss vor allem unter Einwirkung der Schulleitung eine verständnisvolle Lösung des Raumproblems gefunden werden. Diese kann z.B. in der Benennung eines offiziellen Systembetreuers liegen, der hierfür entsprechende Entlastungsstunden erhält. Wer glaubt, das sei zuviel verlangt, sollte sich einmal zur Einrichtung eines Netzwerks einladen lassen – und viel Zeit mitbringen.

Die für die meisten Schulen in naher Zukunft Phantasie bleibende Vorstellung weiterer Computerräume soll dennoch im Hinblick auf den viel diskutierten Sicherheitsaspekt kurz weitergesponnen werden. Immer wieder hört man – bezeichnenderweise meist von Leuten, die noch nie eine Web-Seite gesehen haben – das Argument, die Schüler würden doch ohnehin nur auf pornographischen Seiten herumsurfen. Was soll dann erst passieren, wenn es in unsereren Schulen eines Tages Räume gibt, in denen die Schüler, wie vielfach zu Hause (!), ohne Aufsicht ins Internet gehen können ?

Zweifellos können sich Jugendliche über das Internet Zugang zu Inhalten verschaffen, die nicht für sie gemacht sind. Inwiefern hierdurch, ähnlich wie

---

[26] Artikel der Reihe erscheinen in unregelmäßigen Abständen und sind direkt aus dem Internet von der Seite http://www.heise.de/ct/schan/artikel.shtml abrufbar.

z.B. durch Gewaltdarstellungen im Fernsehen, psychischer und seelischer Schaden verursacht werden kann, hängt wesentlich vom Alter und Umfeld eines Kindes ab. Es muss in der Lage sein, bzw. durch Gespräche mit Eltern bzw. Lehrern in die Lage versetzt werden, das im Fernsehen und am Computer Gesehene als Fiktion und nicht als exemplarische Realität zu begreifen; d.h. zu der Einsicht gelangen, dass es neben dem Gesehenen andere, der Normalität entsprechende Lösungen für Konflikte oder Auffassungen von Liebe gibt.

Soll also ein schulisches Internet-Café auch von unteren Klassenstufen oder gar Grundschülern genutzt werden, scheint es aus meiner Sicht wenig empfehlenswert, diesen Raum ohne jede Aufsicht zu belassen. Deren Aufgabe sollte freilich nicht darin bestehen, einfach den PC abzuschalten, wenn jüngere Schüler sich „verirrt" haben; eine gelassene Reaktion und ein Gespräch helfen hier gewöhnlich weiter. Schüler jenseits des siebten Schuljahrs sind durch ihren Medienkonsum in der Regel bereits so abgestumpft, dass der singuläre Regulierungsversuch des Lehrers nur mehr oder weniger offen belächelt wird. Eine pragmatischere Lösung ist daher darin zu sehen, die Schüler jede Surfminute bezahlen zu lassen. Im allgemeinen setzt in diesem Fall der Denkapprat wieder verstärkt ein...

Aufgrund der dezentralisierten Struktur des Internet ist es schwer, genau genommen sogar unmöglich, die dort verfügbaren Inhalte vollständig zu kontrollieren. Inzwischen sperren immer mehr Provider aus eigener Initiative den Zugang zu Angeboten, die politisch bedenkliche oder pornographische Inhalte anbieten. Online-Dienste wie T-Online und AOL prüfen zudem die Homepages der eigenen Mitglieder auf bedenkliche Inhalte und nehmen diese gegebenenfalls aus dem Netz. Logischerweise können sie aber nicht *alle* Seiten des WWW kennen und daher nicht wissen, was in dieser Sekunde auf irgendeinem Server in der weiten Welt publiziert wird.

Glücklicherweise gibt es weitere **Schutzmechanismen**, mit denen man den Zugriff der Jugendlichen in so begrenzter Weise kontrollieren kann, wie es bei diesem Medium realisierbar ist. Verschiedene Online-Dienste wie AOL und Compuserve bieten ihren Benutzern eine **Kindersicherung für das Internet**, mit deren Hilfe Eltern (und Lehrer) die Anwahl bestimmter Angebote im WWW oder in den Newsgruppen sperren können. Als Reaktion auf die wachsende Beunruhigung der Elternschaft kommen immer mehr solcher „Filterprogramme" auf den Markt, mit denen sich der Zugriff auf das Internet beschränken lässt. Diese Programme kontrollieren einerseits, auf welchen Server der Web-Browser zugreift. Steht der Server in der „schwarzen Liste", wird die Kontaktaufnahme automatisch abgebrochen. Die Liste lässt sich meist frei erweitern oder online aktualisieren.

Eine weitere Kontrollmöglichkeit besteht darin, die auf dem eigenen Computer ankommenden Inhalte mit Hilfe des Programms auf Begriffe wie „sex" oder „nude" zu kontrollieren und gegebenenfalls abzublocken. Ein Nachteil solcher Lösungen offenbart sich, wenn man z.b. einfach nach Informationen mit dem Stichwort „Nudel" sucht – diese werden ebenfalls abgewehrt. Daher sollte man sorgfältig studieren, welche Einstellungen und Optionen das jeweilige Programm erlaubt, und sie den eigenen Bedürfnissen so gut wie möglich anpassen.

Zur Zeit sind folgende Schutz- und Filterprogramme mit der Möglichkeit erreichbar, eine kostenlose Testversion herunterzuladen:

Adresse:	Programm:
http://www.cyberpatrol.com	CyberPatrol: verwaltet auch Zugangszeiten etc.
http://www.netnanny.com	NetNanny: überwacht Wörter aus editierbarer Liste
http://www.solidoak.com	Cyber-Sitter: überwacht auch E-mails etc.

Übertreiben sollte man den Versuch der Surf-Kontrolle allerings nicht. Allgemeine Erfahrungen und persönliche Beobachtungen im Schulalltag zeigen, dass Passwort-Barrieren und ähnliche Grenzen für Schüler eine besondere Herausforderung darstellen, diese Grenzen zu überwinden, zum „Hacker" zu mutieren und hierbei nicht selten beträchtlichen Schaden im System anzurichten. Es ist eben so: Die verschlossene Tür übt einen sehr viel größeren Reiz aus als die offene. Man kann es auch so sehen, wie es im „Spiegel" stand: „Für die Ängstlichen gibt es ein reiches Angebot von Software, die den Zugriff auf jugendgefährdende Seiten im Internet blockiert. Und wenn sie ihre Kinder lieb darum bitten, helfen die ihnen auch dabei, das Programm zu installieren."[27]

---

[27] Harro Albrecht [et. al.]: „Kevin ist total beklobt". *in:* Der Spiegel Nr. 42/1999. S. 301.

6.3 Internet-bezogene Kompetenzen und Lernziele

Wenn in der Schule davon die Rede ist, aus welchem Grund man sich überhaupt mit dem Internet beschäftigen soll, wird stets die Vermittlung von „Medienkompetenz" angeführt. Der Begriff „Medium" ist gewiss mit Vorsicht zu genießen, da er keine klare Trennung zwischen den landläufig so bezeichneten „Medien" wie Tageszeitung und Fernsehen und didaktischen Medien zulässt. Das Internet ist kein Medium im ersteren Sinne, zumindest nicht in der bekannten Form: Es informiert nicht strukturiert, hat keine bewusste Abfolge von Seiten oder Sendungen – ihm muss die Information (oder die Unterhaltung) vom „Rezipienten" entrissen werden. Auch hier sollte man umdenken: Ein Rezipient *rezipiert* in erster Linie, er nimmt auf, und seine Aktivitäten halten sich sowohl auf der instrumentellen als auch auf der kognitiven Ebene meist in Grenzen. Das Internet verlangt von seinem **Benutzer** bedeutend mehr Aktivität: Jede Seite will bewusst angesteuert werden, Informationen müssen über Suchwerkzeuge erst gefunden und bei der Erstaufnahme evaluiert werden. Wer dieses Medium benutzt, muss geduldig genug sein, in einem chaotischen Informations-Meer nach für ihn nützlichen Informationen zu suchen, und kritisch genug, diese Informationen und ihre Quellen erst zu bewerten, bevor er sie verwendet.

Es wird deutlich, dass das Internet eher ein Medium im didaktischen Sinne ist, also allgemein ein Inhalte vermittelnder Gegenstand, der allerdings aufgrund seiner Komplexität und der technischen Entwicklung, die bald jedem zweiten Haushalt einen Computer beschert, eine didaktische Annäherung geradezu erzwingt. Wenn der Benutzer derart viele – und nicht unkomplizierte – Tätigkeiten ausführen muss, um mit dem Internet sinnvoll umzugehen, müssen zunächst eine Vielzahl instrumenteller Lernziele bzw. Methodenkompetenzen formuliert werden. Das Internet ist aber entgegen mancher Erwartung kein Medium, das sich allein durch seine Bedienung beherrschen ließe: Es stellt mindestens ebenso große Herausforderungen an die kognitiven Fähigkeiten bzw. die Sachkompetenz seines Benutzers sowie an seine Haltungen bzw. Sozial- und Selbstkompetenz. Medienkompetenz oder mediale Literalität[25] in Bezug auf Computermedien hat eben nichts mit

---

[25] Paul Gilster prägt in seinem gleichnamigen Buch den Begriff der „digital literacy" (s. Anhang). Das vorangestellte Adjektiv sollte etwas darüber ausdrücken, welche Art von Literalität die Zukunft erfordern wird. „Digital" scheint mir hier unpassend, da es bedeutet, dass Informationen bzw. Daten in Form von Einsen und Nullen dargestellt werden – was nichts mit den Eigenschaften zu tun hat, die ein Mensch in Zukunft aufweisen sollte, wenn er alle „Medien" effektiv und kritisch bedienen können will. Der Begriff „mediale Literalität" scheint mir hilfreicher, da er verdeutlicht, dass die angestrebte Kompetenz über Texte als Medien und die Fähigkeit, Lesen und Schreiben zu können, (= engl. „literacy") hinausgeht.

Programmieren zu tun: Wie der Leser nicht wissen muss, wie man ein Buch druckt, so muss der medial gebildete Mensch nicht wissen, wie man eine Web-Seite erstellt – sondern sie sinnvoll und für sich möglichst gewinnbringend bedienen können.

Aus den dargelegten Überlegungen sowie den Anwendungsmöglichkeiten und innewohnenden Gefahren des Internet (und verwandter Medien) lassen sich einige grundlegende Lernziele bzw. Zielkompetenzen ableiten, die in jede Internet-bezogene Unterrichtsreihe integriert werden sollten. Diese Ziele lassen sich durch einen wiederholten Einsatz des Mediums vertiefen und zu einem medienbezogenen Spiralcurriculum aufbauen, an dessen Ende eine umfassende Medienkompetenz stehen könnte. Bei der Planung entsprechender Unterrichtsreihen sollte darauf hingearbeitet werden, die medienspezifischen Lernziele mit fachspezifischen Lernzielen zu verbinden, um einem reinen Medienunterricht vorzubeugen. Dementsprechend versteht sich die folgende Zusammenstellung nur als Grundgerüst, das so weit wie möglich an fachspezifische Lerninhalte und -prozesse der geplanten Reihe angepasst werden sollte.

6.3.1   Sachkompetenz

6.3.1.1 Grundlagen

Faktenwissen	– grundlegende Struktur des Internet (Computernetzwerk, Online-Dienste etc.) – grundlegende Funktionsweise des Internet (Email, WWW, Newsgruppen, Chat) – Art der dargebotenen Informationen (Text, Bilder, Musik, Statistiken etc.) – Angebot/Funktionen der Provider bzw. Online-Dienste
Fachbegriffe (Auswahl)	– online/offline – Online-Dienst, Provider – WWW, Browser, Hypertext, Link, Domäne, Adresse – Email, Email-Adresse – Newsgruppe, Beitrag, Thread – Chat, Kanal, IRC

➔ **Anregung:** Mit dem Thema Internet assoziierte Begriffe lassen sich beispielsweise in einer ersten Unterrichtsphase sammeln und dann so weit wie möglich durch die Schüler selbst aufklären, die bereits Erfahrungen mit dem Medium gemacht haben. In Bezug auf die Grundlagen lässt sich mit höchster

Wahrscheinlichkeit auf Vorerfahrungen einzelner Schüler zurückgreifen. Allerdings sollte man dafür Sorge tragen, dass diese Schüler nicht zu große Dominanz über das Unterrichtsgeschehen gewinnen und die weniger kenntnisreichen Schüler sich nicht zurückziehen oder gar resignieren.

6.3.1.2 Web-Seiten verstehen und auswerten

Verständnis	– Informationsentnahme und Verstehen – Verknüpfen von Internet-Quellen, Erkennen von Zusammenhängen, Transfer, Problemlösen
Web-Seiten/Information festhalten	– ausdrucken – speichern – offline browsen – Dateien herunterladen
Web-Adressen sammeln	– Lesezeichen/Favoriten setzen und verwalten
Auswertung	– Bewertung und Selektion von Quellen – zu eigener Zusammenstellung gelangen

6.3.1.3 Web-Seiten bewerten

inhaltliche Bewertung	– Menge, Art und Qualität der angebotenen Information – durch Links angebotene Quellen
formale Bewertung	– sprachliche Qualität – Funktionstüchigkeit – Layout (Details siehe Kapitel 2.3) – Nutzung von Hypertext – Ästhetik, Screendesign – Ladbarkeit, Erreichbarkeit
Aktualität prüfen	– Zeitpunkt der Erstellung – letzte Aktualisierung – tote Links ?
Quelle identifizieren	– Anbieter bzw. Autor – Angaben zur Person des Verfassers – Gibt es eine Email-Adresse ? – Gibt es eine persönliche Homepage, weitere Artikel und Werke ? – Ist die Web-Seite Teil einer größeren Web-*Site* ?

➔ **Anregung:** Das Problem der inhaltlichen Qualität und des Informationswerts lässt sich beispielsweise durch einen Vergleich zwischen den Angeboten verschiedener Nachrichtenzentren zu einem aktuellen Ereignis illustrieren.

6.3.1.4 Gefahren kennen

Online-Information	– unkritische Rezeption ohne Selektion und Bewertung der Quellen – Informationsflut, grundsätzlich beliebige Qualität durch Offenheit des Mediums – Konfrontation mit ungewollten oder als unpassend empfundenen Inhalten – mangelnde Sorgfalt bei der Publikation eigener Inhalte
Online-Kommunikation	– Verstöße gegen die Netiquette – mangelnde Rücksicht durch Anonymität – mangelnde Sorgfalt beim Schreiben – Leichtfertigkeit in der Eröffnung und Pflege von Kommunikation mit Partnern, die „weit weg" sind
Auswirkungen auf Psyche, Sozialisation und Physis	– Verstärkung einer sozialen Isolation – körperliche Schäden durch ekzessive Nutzung (Haltungsschäden, Augen)
Datenschutz	– Gefahr der Übermittlung sensibler Daten – Gefahr des Einbruchs von außen in den eigenen PC bzw. das eigene Netzwerk
Kosten	– entstehende Telefon- und Online-Gebühren – Kosten-Nutzen-Verhältnis

➔ **Anregung:** Diskutiert werden könnten Probleme, die bei exzessiver Benutzung vieler technischer und insbesondere computerisierter Medien auftreten: Abhängigkeit, Sucht (u.a. auch bei Computerspielen), Vereinsamung, Isolation und Eskapismus. Der Aspekt des Eskapismus lässt sich als Flucht in eine „Scheinkommunikation" konkretisieren: Ein Jugendlicher mag per Internet mit Menschen in aller Welt kommunizieren, dabei aber auf persönliche Freunde verzichten und in seinen kommunikativen Fähigkeiten verarmen, da die Computerkommunikation zahlreiche Faktoren der direkten Kommunikation von Angesicht zu Angesicht ausschließt.

Die Behandlung des Themas „Datenschutz" ließe sich durch den Einsatz eines Films unterstützen. Sehr zu empfehlen (und dabei amüsant) ist der Film

„Sneakers" mit Robert Redford und Sidney Poitier. Gefahren wie der Missbrauch persönlicher Daten oder der unbefugte Zugriff auf den eigenen PC lassen sich durch konkrete Beispiele veranschaulichen: z.b. Kreditkartenbetrug, Löschen von Dateien, Infektion durch Computerviren.

6.3.2 Methodenkompetenz

6.3.2.1 Bedienung

World Wide Web	– Anwahl einer WWW-Adresse – Bedienung von Web-Seiten: Scrollen, Blättern, Anwahl von Links – Nutzung spezieller Browserfunktionen (z.B. Lesezeichen, Verlauf)
Publikation von Web-Seiten	– Editoren für Web-Seiten benutzen – sinnvolle Bedienung ermöglichen – sinnvolles Layout erstellen – Möglichkeiten von Hypertext nutzen
Email	– Email schreiben – Email empfangen und beantworten – Dateien an Emails anhängen – an Mailing-Listen teilnehmen – Emails offline lesen und schreiben
Chat	– in Chat einwählen – Beiträge schreiben – Chats protokollieren – Chats moderieren
Newsgruppen	– Newsgruppen anwählen/abonnieren – Beiträge selektieren – Beiträge lesen – Beiträge offline lesen und schreiben – Newsgruppen moderieren

➔ **Anregung:** Besonders im Bereich der Erstellung von Web-Seiten bieten sich exzellente Chancen für lerngruppen- und fächerübergreifende Projekte wie Klassenzeitungen oder fachspezifische Journale, die ins WWW gestellt oder als Beiträge bei einem Internet-Wettbewerb eingereicht werden können. Auf diese Weise entstehen auf der Web-Seite einer Schule Spezialangebote zu Themen wie „Aktuelle Produkte der Gentechnik", „Staudämme und ihre Auswirkungen auf die Natur", „Rheinische Dialekte" o.ä., die Schüler aus allen Teilen des Landes bzw. der Welt ansehen und nutzen können.

6.3.2.2 Recherche

Suchwerkzeuge	– Suchmaschinen nutzen – Schlagwortkataloge nutzen
Suchstrategien	– Suchbegriffe formulieren und verknüpfen – Suchprofile festlegen
Suchstrategien (Forts.)	– Suchwerkzeuge kombinieren, Meta-Suchmaschinen nutzn – Suchergebnisse dokumentieren: als Datei speichern, Lesezeichen setzen, Adressen verwalten – wichtige Start-Seiten („Portal Sites") anwählen – Überblick über das gesammelte Material wahren

6.3.3   Haltungen, Sozial- und Selbstkompetenz

Rolle des aktiven Benutzers	– das Internet als aktive Benutzung erforderndes Medium begreifen – Geduld und Ausdauer trainieren, vor allem bei der Web-Recherche – das Internet, speziell das World Wide Web durch eigene Aktivitäten sinnvoll mitgestalten
Motivation	– durch Umgang mit Computermedien, Abbau von Ängsten – durch Kommunikation mit Muttersprachlern – durch gesteigerte Aktivität und Mitgestaltung des Unterrichts bis hin zu fertigen Produkten aus eigener Hand
Sozialkompetenz	– gemeinschaftlich arbeiten – Verantwortung für die Arbeit des Teams entwickeln – Verantwortung für selbst publizierte Web-Seiten, selbst verfasste Emails etc. zeigen – Informationen weitergeben, teilen – das Internet mitgestalten (s.o.) – Netiquette beachten

Sozialkompetenz (Forts.)	– Aufgeschlossenheit und Toleranz gegenüber Verfassern und Kommunikationspartnern aus anderen Sprach- und Kulturgruppen zeigen – Online-Kommunikation initiieren und pflegen
Selbstkompetenz	– Selbständigkeit im eigenen Lernprozess entwickeln – angesichts der Gefahren (s.o.) Verantwortungsgefühl gegenüber der eigenen Person entwickeln – eigene Stärken, wie z.B. Kreativität oder Programmierkenntnisse, einsetzen und weiterentwickeln

7. Der Weg ins Netz

7.1 Hard- und Software

Wie kommt man nun, als Schule wie als Privatmann, ins Internet ? Zunächst einmal muss der PC, über den der Anschluss erfolgen soll, entsprechend ausgestattet sein. Da der Datenaustausch mit dem weltweiten Computernetz über die Telefonleitung stattfindet, benötigt man ein Hilfsgerät, welches den Computer und die Telefonbuchse so miteinander verbindet, dass sie sich verstehen. Bei einem herkömmlichen (analogen) Telefonanschluss wird diese Aufgabe von einem **Modem** übernommen: Es übersetzt die *digitalen* Daten, die der Heim-PC ins Netz sendet (z.B. die Anwahl einer Homepage), in *analoge* Informationen, genauer gesagt in Töne; und es wandelt in umgekehrter Richtung die aus dem Netz ankommenden Töne wieder in digitale Informationen um, die der Heim-PC verarbeiten kann; z.B. um die angewählte Homepage anzuzeigen. Ein Modem ist demnach nichts weiter als ein Umwandler (entsprechend sein Name: *Mo*dulator/*Dem*odulator). Man kann es als Karte erwerben, die in den PC eingesteckt wird (wie die Sound- oder Grafikkarte), oder als externes Gerät, das per Kabel mit dem PC verbunden wird. Die Kosten für ein Modem auf dem Stand der Technik (Übertragungsrate 56.600 Baud) belaufen sich auf etwa 250 DM.

Teilnehmer mit einem ISDN-Telefonanschluss benötigen keinen solchen Umwandler, weil ISDN bereits eine digitale Übertragungstechnik ist. Dennoch kann der PC das Versenden und Empfangen von Daten über die Telefonleitung nicht allein erledigen, sondern benötigt eine hierauf spezialisierte Karte. Einfache, aber für den normalen Betrieb ausreichende und zuverlässige **ISDN-Karten** sind ab ca. 150 DM zu haben.

Die für einen Internet-Anschluss benötigte **Software** erhält man von dem jeweiligen Anbieter, der die Einwahl ins Internet ermöglicht. Solche Anbieter – genannt **Provider** – geben Privatleuten und Firmen die Möglichkeit, sich in die Nervenstränge des Internet einzuwählen, und übernehmen den hierfür notwendigen technischen und finanziellen Aufwand, der u.a. im Betrieb einer teuren Standleitung zum Internet besteht. Es gibt verschiedene Arten von Providern:

a) Firmen, die ihren Kunden eine Einwahlmöglichkeit ins Internet bereitstellen und (eventuell gegen weitere Gebühren) Speicherplatz auf ihrem Server vermieten, damit die Kunden eine allzeit erreichbare Homepage im Internet einrichten können: die **Internet-(Service)-Provider;**

b) Firmen, die ihren Kunden neben dem Zugang zum Internet eigene Informationsangebote (z.B. Nachrichtenarchive) und Funktionen (z.B. Homebanking oder Chaträume) anbieten: die **Online-Dienste.**

Wer sich bei einem solchen Anbieter anmeldet, erhält die zur Einwahl erforderliche Software, z.T. auch als Testversion mit begrenzter Nutzungsdauer (meist auf einen Monat limitiert). Alle Programme sind als Version für Microsoft Windows® lieferbar, z.T. existieren auch Versionen für das Apple-System. Die Bedienungsprogramme der Online-Dienste, die nicht nur den Zugang zum Internet, sondern auch die spezifischen Funktionen des Dienstes abwickeln müssen, sind meist umfangreicher und werden auch **Decoder** genannt. Zum Vergleich die Decoder von AOL und T-Online nach der Einwahl:

Der grafisch recht ansprechende AOL-Decoder bietet über die Menüleiste und eine Reihe von Icons schnellen Zugriff auf die diversen Funktionen wie WWW, Email oder die Suche nach Quellen und Dateien innerhalb des Dienstes. Das Übersichtsfenster ermöglicht die Anwahl des elektronischen Briefkastens mit seinen zahlreichen Hilfefunktionen („Postamt"), des recht großen Angebots an Chat-Räumen, der AOL-Versionen anderer Länder wie GB, USA oder Kanada und nicht zuletzt der diversen Kategorien, in welche AOL seine eigenen Informationsquellen und zahlreiche des WWW eingeordnet hat.

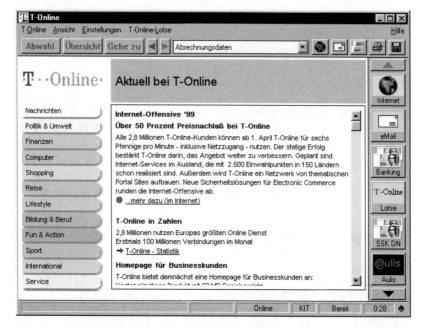

Der äußerlich schlichtere Decoder von T-Online stellt ähnliche Schalter und Symbole zur Verfügung, mit denen sich die verschiedenen inhaltlichen Bereiche und Internet-Funktionen aktivieren lassen.

Ein wesentlicher Zweck der Decoder ist es, den Anwender bei der Nutzung der Funktionen des Internet zu unterstützen. Sie ermöglichen es, Emails zu lesen und ohne großen Aufwand sofort zu beantworten; sie archivieren die empfangenen und versandten Botschaften; sie benachrichtigen den Teilnehmer direkt nach der Einwahl, wenn neue Emails für ihn vorliegen, oder lassen sich (z.B. bei AOL) als Kurierdienste einrichten, die neue Emails automatisch aus dem Netz abholen.

7.2 Online-Dienste und Provider

Die wohl populärsten Online-Dienste in Deutschland sind **T-Online** (vormals BTX, unter http://www.t-online.de), mit inzwischen ca. 2,8 Millionen Kunden, und **America Online/AOL** (http://www.germany.aol.com), der in den USA beheimatete größte Online-Dienst der Welt (ca. 12,5 Millionen Mitglieder insgesamt), dessen deutsche Version in den Händen von Bertelsmann liegt (ca. 600.000 Mitglieder). Während AOL durch sein farbenfrohes Erscheinungsbild und die eher auf Freizeitinteressen ausgerichteten Inhalte vor allem das jüngere Publikum anspricht, zielt T-Online in erster Linie auf den professionelleren Anwender; nicht nur aufgrund der Homebanking-Funktion, sondern auch aufgrund der zahlreichen Archive (z.B. für Tageszeitungen, Nachrichten- und Wirtschaftsmagazine) und Recherchemöglichkeiten (Fahrplanauskünfte für Bahn und Flugzeug, Unternehmensnachrichten, Finanzinfos).

Der ebenfalls bekannte Anbieter **Compuserve** (http://www.compuserve.de) bietet die bundesweite Einwahl im City-Bereich (vormals Ortsbereich) nur an 13 Einwahlpunkten, will sein Netz jedoch demnächst deutlich verdichten. Das Angebot des Dienstes ist auf den professionellen Nutzer und Unternehmen zugeschnitten; er bietet Zugriff auf eine Vielzahl von Foren und „Business-Centers", die nach Berufsgruppen und Interessen sortierte Quellen bereithalten. Hierzu gehören Archive, Datenbanken und Nachrichtendienste. Das **Microsoft Network/MSN** (http://www.msn.de) hat seine Tätigkeit als Online-Dienst in Deutschland eingestellt.

Hinsichtlich der durch die Online-Dienste erreichbaren Inhalte ist zu unterscheiden zwischen Informationsquellen, die ausschließlich über den jeweiligen Dienst zu erreichen sind, und den über jeden Internet-Anschluss erreichbaren Quellen des World Wide Web. Während sich T-Online neben dem Internet-Zugriff naturgemäß auf deutschsprachige Inhalte konzentriert (gebührenpflichtige Archive für „FAZ", „Focus", „Die Zeit" etc.), bieten AOL und Compuserve verstärkt auch englischsprachige Quellen. Das Repertoire von Compuserve lässt sich für jeden im WWW einsehen, tatsächlichen Zugriff auf die Quellen erhält man jedoch nur mit dem Compuserve-Zugangscode. Hier findet man u.a. deutsche und internationale Pressearchive wie die „FAZ", die „Süddeutsche", den „Focus" oder „Die Woche"; sowie im internationalen Segment – für den **Englischlehrer** reizvoll – den Executive News Service (USA), die UK Newspaper Library, die Newspaper Archives (USA) und die News Source USA, nebst Archiven für Nachrichtenbilder und die Enzyklopädien von *Grolier* und *Hutchinson*. Wer darauf verzichten kann, die Papierversion des *Guardian* oder der *USA Today* durchzublättern, und statt dessen auf die Texte zahlloser bedeutender Tageszeitungen in UK und USA zugreifen möchte, wird hier glücklich. Leider ist die Zukunft von Compuserve aufgrund eines recht radikalen Mitgliederschwundes ungewiss; die Übernahme durch AOL hat ebenfalls zu Verunsicherungen in bezug auf den Fortbestand von Compuserve als eigenständigen Dienst geführt. Bei AOL findet man nicht nur zahlreiche (wenn auch wenig sinnvoll gefüllte) Chat-Räume, sondern auch einige exklusive Zeitschriften- und Magazinangebote.

Für welchen Provider bzw. Online-Dienst Sie sich letztlich entscheiden, sollten Sie von folgenden Faktoren abhängig machen:

– Funktionsumfang: Der Dienst sollte die wichtigen Internet-Funktionen Email, WWW und Newsgruppen unterstützen und weitere, eigene Angebote zur Verfügung stellen; z.b. seriöse Archive, Homebanking und natürlich eine umfangreiche technische Unterstützung. Zum Angebot gehört auch Platz für eine persönliche Homepage (bei T-Online und AOL stehen 10 MB Speicherplatz zur Verfügung.)

– Bedienung: Der Decoder des Dienstes sollte eine leichte Einstellung der Parameter zur Einwahl ermöglichen (Passwörter, Modem, Telefonnummer) und die Nutzung der o.g. Internet-Bereiche durch erklärende Informationen sowie komfortable Zusatzfunktionen wie z.b. einen Email-Kurierdienst oder eine Kindersicherung (zum Schutz vor zweifelhaften Angeboten) erleichtern. AOL bietet hier das wohl umfassendste Angebot.

Versionen der jeweiligen Decoder bzw. Zugangssoftware, oft als kostenlose Testversionen, erhält man z.b. durch Anruf bei:

T-Online:	*0800/3301000 (oder im T-Punkt-Laden)*
AOL:	*01805/313164*
Compuserve:	*0800/3732373*

– Telefongebühren: Das Surfen im Internet ist abseits der eingesetzten technischen Hilfsmittel nichts anderes als ein Telefonat. Der besondere Trick dabei besteht darin, dass man sich nur einmal, am nächsten Einwahlpunkt des Online-Dienstes, in das Netz einwählt und dann per Modem bzw. ISDN-Karte und Maus quer durch das gesamte Netzwerk reisen kann, über die Landesgrenzen hinaus auf Server in den USA, Kanada, Japan und auf den Faröer-Inseln. Wer sich ins Weiße Haus einwählt, muss eben kein Telefonat nach Washington bezahlen, sondern nur die normalen Gebühreneinheiten, die für den Anruf beim Provider anfallen. Trotzdem sollte man natürlich darauf achten, dass der gewünschte Online-Dienst bzw. Internet-Provider Einwahlpunkte im City-Bereich anbietet, zumal in der Schule zur teuersten Zeit gesurft wird. Bei T-Online und AOL ist diese Voraussetzung ebenso gegeben wie bei vielen reinen Internet-Providern, die sich darauf spezialisiert haben, Firmen und Privatleute in *Ihrer* Wohnregion ins Internet zu chauffieren.

Die diversen und kaum überschaubaren Konstellationen, die sich durch die Angebote der verschiedenen Telekommunikationsanbieter ergeben, können hier nicht diskutiert werden. In Zukunft sind auch im City-Tarifbereich, d.h. bei Ortsgesprächen, Preiskämpfe zu erwarten. Ein nützliches Werkzeug zur Suche nach dem günstigsten Anbieter im „Cally-by-Call"-Bereich ist **Tgeb**, ein (noch) kostenloses Programm von Olaf Matthes, das sich unter der Adresse http://www.wi-inf.uni-essen.de/~matthes herunterladen lässt. Für eine Spende ist der Autor jedoch sicher dankbar.

– Nutzungsgebühren: Hier existieren inzwischen die verschiedensten Modelle, die z.T. wenig transparent sind und sich zudem ständig ändern. Die Online-Dienste berechnen ihren Mitgliedern meist eine monatliche Grundgebühr und die tatsächliche Nutzung nach Stunden. Die folgende Übersicht berücksichtigt die beiden größten Online-Dienste, die in Deutschland tätig sind, sowie die wichtigsten Parameter für einen Kostenvergleich:

	T-Online	T-Online pro	AOL
Monatsgebühr	8,00 DM	19,90	9,90 DM
Freistunden	2	--	--
weitere Nutzungsgebühr	2 Pf/Min Nutzung 3 Pf/Min Telefon	3 Pf/Min Telefon	3,9 Pf/Min Telefon 6 Pf proVerbindungsaufbau
Gesamtpreis* 5 Stunden	17,00 DM	28,90 DM	21,66 DM**
Gesamtpreis* 10 Stunden	32,00 DM	37,90 DM	33,36 DM**
Gesamtpreis* 20 Stunden	62,00 DM	55,90 DM	56,76 DM**

* Enthält jeweils die monatliche Grundgebühr, eventuelle Freistunden und Nutzungsgebühren sowie die Verbindungskosten. ** Bei AOL wurden die Kosten für den Verbindungsaufbau nur einmal hinzugerechnet, so als würde man die 5, 10 oder 20 Stunden am Stück surfen, was man natürlich kaum tun wird. Daher ergeben sich dort in der Realität leicht höhere Preise, abhängig davon, in welchen Intervallen man sich einwählt.

Darüber hinaus will T-Online noch im Lauf dieses Jahres (2000) einen kompletten Pauschaltarif anbieten (angeblich unter 100 DM), der alle Surfkosten einer beliebig langen Nutzung abdecken soll.

Bei den Service-Providern setzt sich immer mehr das Prinzip „Internet-by-call" durch, das eine Nutzung ohne Anmeldegebühr erlaubt: Man richtet eine DFÜ-Verbindung zum Anbieter ein, wählt sich ein und bezahlt nur die Minuten, die man online war – ohne sich hierbei durch eine Mitgliedschaft o.ä. an den Anbieter zu binden. Über den wahren Dschungel an Providern und Konditionen informiert sich z.B. auf der c't-Homepage unter http://www.heise.de/itarif/ . Hier findet man nicht nur den günstigsten Internet-by-call-Anbieter, sondern kann auch ein eigenes Profil für die Internet-Nutzung einstellen und den hierzu passenden günstigsten Provider berechnen lassen.

– Geschwindigkeit und Stabilität der Verbindungen: Achten Sie zunächst darauf, dass der Dienst bzw. Anbieter gut erreichbar, d.h. nicht zu oft besetzt ist, und dass die Verbindung stabil bleibt; vor allem aber darauf, dass die

Daten schnell geliefert werden. Jenseits aller Übertragungsraten, die sich mindestens bei 2 KB, realistisch gesehen jedoch bei 4 KB liegen sollten, empfiehlt sich folgende Regel: Wenn das Warten auf die Daten aus dem Netz in Frust ausartet, sollten Sie sich nach einer Alternative umsehen. Vor einigen Jahren gab es z.B. bei T-Online in manchen Regionen Probleme mit der Stabilität und Übertragungsgeschwindigkeit, in erster Linie, wenn man sich mit einem Modem (und nicht mit ISDN) einwählte. Inzwischen gilt T-Online jedoch als einer der schnellsten und zuverlässigsten Provider.

Mit Blick auf die letztgenannten, eher technischen Aspekte übertreffen reine Internet-Provider meist die Leistungen der Online-Dienste; nur T-Online kann hier an der Spitze mitmischen. Dieser Leistungsabstand ist vor dem Hintergrund zu sehen, dass die Service-Provider ihr Geschäft auf Firmen konzentrieren, die mit besonders schnellen Internet-Zugängen versorgt sein wollen.

Man sollte sich, sowohl als Schule wie als Privatmann, auf jeden Fall vor der Entscheidung für einen Online-Dienst erkundigen, ob es vor Ort einen Internet-Provider mit guten Zugängen und vernünftigen Preisen gibt, und die Leistungen und Angebote der Online-Dienste und Provider vergleichen. Letztlich wird man abwägen, ob man Wert auf einen schnellen Draht zum Internet legt und für diesen Anspruch einen (bei durchschnittlicher Nutzung von drei bis fünf Stunden) etwas höheren Grundpreis bezahlt; oder ob man die Angebote und Funktionen eines Online-Dienstes benötigt und hierfür leichte Abstriche bei der Geschwindigkeit in Kauf nimmt. Den Privatmann erfreut bei den Online-Diensten oft auch die mitgelieferte Software mit ihren eingebauten, leicht nutzbaren Funktionen. In der Schule hingegen, wo Netzwerk und Software ohnehin speziell eingerichtet werden müssen und es auf schnelle Leitungen ankommt, bieten Service-Provider eine echte Alternative.

7.3 „Schulen ans Netz" und weitere Fördermaßnahmen

Die bisher beschriebenen Wege ins Netz gelten natürlich nicht nur für den Privatmann, sondern auch für die Schule. Zum einen besteht die Möglichkeit, über einen selbstfinanzierten Zugang (z.B. mit Hilfe des Fördervereins der Schule oder ortsansässiger Sponsoren[29]) ins Internet zu kommen. Andererseits sind in den Bundesländern Projekte unter der Regie der Landesregierungen angelaufen, die wiederum finanziell am bundesweiten Projekt „Schulen ans Netz" partizipieren. Im Rahmen dieser Projekte wurden viele Schulen, vor allem weiterbildende Schulen, mit ISDN-Anschlüssen, einem Multimedia-PC, kostenlosen Internet-Zugängen über die Online-Dienste und einem (sich bei reger Nutzung schnell erschöpften) Gebührenkontingent von 1.600,-- DM pro Jahr ausgestattet. Namhafte Software-Hersteller steuerten Produkte größtenteils kostenlos bei, wie z.B. Microsoft das „Frontpage"-Paket zur Erstellung (und Verwaltung) von Web-Sites. Die neueren Ausschreibungen bieten den noch nicht angeschlossenen Schulen weiterhin Starthilfen, allerdings in reduziertem Maß.

Kontakt zu dieser Initiative stellt die Schule über folgendes Büro her, das gegebenenfalls an die zuständigen Büros der einzelnen Länder weiterverweist:

> *Schulen ans Netz*
> *Oberkasseler Str. 2*
> *53227 Bonn*
> *Tel: (0228) 910 4869*
> *Fax: (0228) 910 4867*
> *Email:* buero@san-ev.de
> *Homepage:* http://www.san-ev.de

Wie bereits in Kapitel 6.2.3 angesprochen, konnte dieses Sponsoring nur als Ansatz gesehen werden. In welcher Form die neuerliche Ankündigung der Deutschen Telekom vom Beginn des Jahres (2000), alle Schulen in Deutschland mit kostenlosen und Schüler mit günstigen Zugängen zu versorgen, in die Tat umgesetzt wird, bleibt abzuwarten. Ob man wieder mit „Schulen ans Netz" arbeiten wird, darf bezweifelt werden, da die Telekom vermutlich einen direkteren Kontakt zu den Schulen herstellen will.

In jedem Fall besteht ein wesentliches Ziel solcher Förderprojekte darin, eine Kooperation der Schulen mit Computerfirmen vor Ort anzubahnen, aus der eine Erweiterung der Ausstattung und eine technische Unterstützung beim Einrichten der Schul-Netzwerke und Internet-Zugänge erwachsen soll. In-

---

[29] In den USA und GB eine gängige Vorgehensweise, bei uns leider noch nicht „politically correct".

wieweit diese Strategie von Erfolg gekrönt wird, hängt einerseits von engagierten Lehrern, vor allem aber davon ab, ob sich genügend Computerfirmen finden, die sich auf die nicht immer leichte Zusammenarbeit mit Bildungseinrichtungen und Behörden einlassen.
Langfristig erscheint der Versuch sinnvoll, den Internet-Anschluss der Schule über einen **lokalen Provider und Sponsor** zu betreiben, der auch bei der Einrichtung im Netzwerk professionelle Hilfe vor Ort bieten kann. Unter den Online-Diensten erweist sich für die Web-Recherche im Unterricht (d.h. im Netzwerk) nur der Zugang zu T-Online als leistungsfähig genug. Eine weitere Option besteht darin, über eine nahe **Universität** oder ein Forschungsinstitut ins Netz zu gelangen. Solche Einrichtungen verfügen üblicherweise über sehr gute Verbindungen ins Internet.

7.4 Kindernetze

Hierunter sind Angebote zu verstehen, die Kindern im World Wide Web eine Plattform für Information und Austausch unter ihresgleichen bieten wollen. Als Empfehlung für jüngere Schüler bzw. deren Eltern sollen hier die leider noch raren Projekte folgender Anbieter erwähnt werden:
Ein für jüngere Schüler empfehlenswertes Online-Forum ist das **„Kindernetz"** des SWR (http://www.kindernetz.de), das u.a. einen Chat und die Möglichkeit zur Einrichtung einer eigenen Homepage anbietet. Ein ähnliches Angebot mit Email-Funktion und einer kleinen Linksammlung ist als Teil der Expo 2000 unter http://www.expo2000.de/deutsch/expokids/index.html als „Expo für Kids" zu erreichen.
„Fun Online" (http://www.funonline.de), ein Unternehmen des Egmont Ehapa Verlags, stellt Kindern und Jugendlichen einen eigenen Email-Namen, Chats, Pinnwände und ein eigenes Gästebuch bereit. Daneben gibt es eine Linksammlung und den „Ratzke", hinter dem sich einige Online-Lernprogramme verbergen.
Ernsthafter geht es im „Schulweb" (http://www.schulweb.de) zu, das eher als Anlaufstelle für schulische Zwecke gedacht ist, wie z.B. die Suche nach Bildungsangeboten im Netz, Schul-Homepages und Schülerzeitungen. Auch hier gibt es allerdings einen „Schulchat".
Ein internationaler Knotenpunkt für Kinder ist „Kids World", ein kindersicheres Chatsystem für junge Teilnehmer aus aller Welt. Nähere Informationen zu diesem nach dem IRC-System funktionierenden Live-Forum erhält man unter http://www.kidsworld.org .

8. Internet-Quellen – nach Fächern sortiert

Das Internet ist ein unerschöpfliches Archiv, das ständiger Fluktuation unterworfen und nicht komplett erfassbar ist. Ein Katalog, der alles verzeichnen wollte, was irgendwie didaktisch nutzbar sein könnte, wäre in seiner Fülle schlichtweg unbrauchbar. Dieses Kapitel bietet daher nur eine Auswahl der wichtigsten oder einfach interessanter Quellen. Sollten Sie dort nicht finden, was Sie in einem speziellen Fall suchen, besteht dennoch eine sehr große Chance, dass Sie mit Hilfe der beschriebenen Suchwerkzeuge fündig werden.

Aufgrund der stetigen Veränderungen kann es vorkommen, dass eine einzelne Adresse sich sehr kurzfristig ändert. In der Regel finden Sie in einem solchen Fall jedoch einen Verweis auf die neue Adresse. Wenn der Autor der Seite keinerlei Nachricht hinterlassen hat, muss ebenfalls ein Suchwerkzeug konsultiert werden. Der vorliegende Katalog bemüht sich jedoch um Quellen, die zu etablierten Institutionen und Informationsquellen gehören und bei denen daher keine große Gefahr der Änderung besteht (das ZDF wird seine Adresse www.zdf.de kaum ändern).

Sollten Sie einmal auf ein „totes Link" oder eine neue, faszinierende Quelle stoßen, wäre ich für eine kurze Email an Jens.Hildebrand@t-online.de sehr dankbar. Dies gibt mir die Möglichkeit, auf schnellem Wege geänderte Adressen auf der Homepage des „Internet-Ratgebers" unter

> http://www.jens-hildebrand.de

zu veröffentlichen. Hier finden Sie stets eine Liste mit den Links, die sich seit der letzten Druckausgabe geändert haben. An dieser Stelle sei auch auf die ebenfalls im Aulis-Verlag erschienene „Internet-CD für Lehrer" hingewiesen, die alle Adressen dieses Katalogs und weitere Links (insgesamt ca. 3.000) enthält: einen Internet-Zugang vorausgesetzt, ist jede der dort gesammelten dann nur noch einen Mausklick entfernt.

Abkürzungen:
D = Angebot in deutscher Sprache
E = Angebot in englischer Sprache
F = Angebot in französischer Sprache
I = Angebot in italienischer Sprache
S = Angebot in spanischer Sprache
R = Angebot in russischer Sprache
BdW = Magazin Bild der Wissenschaft
SciAm = Scientific American
NatGeo = National Geographic

8.1 Medien

8.1.1 Medien: International

8.1.1.1 International: Übersichten

Yahoo USA: News and Media (E)
http://dir.yahoo.com/News_and_Media/

Yahoo UK: News and Media (E)
http://www.yahoo.co.uk/News_and_Media/

Yahoo Frankreich: Actualités et médias (F)
http://www.yahoo.fr/Actualites_et_medias/

Yahoo Italien: Attualita e media (I)
http://www.yahoo.it/Attualita_e_media/

Yahoo Spanien: Medios de comunicación (S)
http://www.yahoo.es/Medios_de_comunicacion/

8.1.1.2 International: Nachrichtenticker

Yahoo USA: Daily News – Top Stories (E)
http://dailynews.yahoo.com/headlines/ts/

Reuters News (E)
http://www.reuters.com/news/
Der internationale Nachrichtenprovider.

Pointcast (E)
http://www.pointcast.com
Hervorragender Newsticker mit der Möglichkeit, sich das eigene Nachrichtenangebot zusammenzustellen.

8.1.1.3 International: Online-Nachrichtenzentren

Es scheint sinnvoll, zwischen solchen Angeboten von TV-Sendern, Zeitungen und Magazinen zu unterscheiden, die sich als eigenständige Nachrichtenplätze im Netz verstehen und seine technischen Möglichkeiten mit einem umfangreichen Angebot nutzen, und jenen, die sich lediglich als Übertragung der Print-Inhalte oder als Präsenznachweis verstehen. Erstere Angebote habe ich – im Bewusstsein der fließenden Grenzen – unter „Online-Nachrichtenzentren", letztere unter „Zeitungen" o.ä. aufgeführt.

CNN Interactive (E)
http://www.cnn.com
http://allpolitics.com
Amerikanischer Nachrichtensender mit Politmagazin "All Politics".

Pathfinder (Time Warner) (E)
http://www.pathfinder.com
Links zu verschiedenen Magazinen, u.a. Time, People und Sports Illustrated.

Time (E)
http://www.pathfinder.com/time
Umfangreiches Angebot des bekannten Nachrichtenmagazins.

Newsweek (E)
http://www.newsweek.com
Mit Unterrichtsvorschlägen zu einzelnen Artikeln.

MSNBC (E)
http://www.msnbc.com

Press Association (UK)
http://www.pa.press.net/

BBC World Service (E)
http://news.bbc.co.uk/

8.1.1.4 International: US-Zeitungen

USA Today (E)
http://www.usatoday.com

New York Times (E)
http://www.nytimes.com

The Washington Post (E)
http://www.washingtonpost.com

The Chicago Tribune (E)
http://www.chicago.tribune.com

San Francisco Chronicles (E)
http://www.sfgate.com/chronicle

Slate (E)
http://www.slate.com
Kostenpflichtiges Magazin von Microsoft um amerikanische Politik, Wirtschaft und Kultur.

8.1.1.5 International: Zeitungen aus Großbritannien und Irland

The Times/The Sunday Times (E)
http://www.the-times.co.uk

The Daily Telegraph/The Sunday Telegraph (E)
http://www.telegraph.co.uk

The Guardian (E)
http://www.guardian.co.uk

The Observer (E)
http://www.observer.co.uk

Electronic Herald (E)
http://www.theherald.co.uk

The Scotsman (E)
http://www.scotsman.com

The Irish Times (E)
http://www.irish-times.com

Sydney Morning Herald (E)
http://www.smh.com.au

8.1.1.6 International: Magazine rund ums Internet

HotWired (E)
http://www.hotwired.com
Zentrale Anlaufstelle für Informationen rund ums Internet, u.a.. mit dem wohl populärsten Internet-Magazin „Wired".

Mondo 2000 (E)
http://www.mondo2000.com

8.1.1.7 International: Sparten-Zeitungen und Magazine

The Wall Street Journal (E)
http://www.wsj.com

Financial Times (E)
http://www.ft.com

The Discovery Channel (E)
http://www.discovery.com
Online-Ableger des interessanten, populärwissenschaftlichen TV-Kanals.

8.1.1.8 International: Französische Zeitungen und Magazine

Yahoo France: Aktuelle Nachrichten (F)
http://www.yahoo.fr/actualite/

Libération (F)
http://www.liberation.fr

Le Monde (F)
http://www.lemonde.fr/

Le Monde diplomatique (F)
http://www.monde-diplomatique.fr

Marianne (F)
http://www.marianne-en-ligne.fr

8.1.1.9 International: Italienische Zeitungen und Magazine

Yahoo Italy: Aktuelle Nachrichten (I)
http://www.yahoo.it/notizie/

Corriere della Sera / Gazetta dello Sport (I)
http://globnet.rcs.it/

La Stampa (I)
http://www.lastampa.it

L'Unita (I)
http://www.mclink.it/unita/index.html

8.1.1.10 International: Spanische Zeitungen und Magazine

ABCe (S)
http://www.abc.es

El Correo (S)
http://www.diario-elcorreo.es

El Mundo (S)
http://www.el-mundo.es/index.html

El País (S)
http://www.elpais.es

8.1.1.11 International: TV

Yahoo USA: Television (E)
http://dir.yahoo.com/News_and_Media/Television/

Yahoo UK: Television (E)
http://www.yahoo.co.uk/News_and_Media/Television/

Yahoo Frankreich: Télévision (F)
http://www.yahoo.fr/Actualites_et_medias/Television/

Yahoo Italien: Televisione (I)
http://www.yahoo.it/Attualita_e_media/Televisione/

Yahoo Spanien: Televisión (S)
http://www.yahoo.es/Medios_de_comunicacion/Television/

USA: CNN (E)
http://cnn.com
Zugleich umfassendes Nachrichtenzentrum.

USA: Fox (E)
http://www.foxnetwork.com

USA: NBC (E)
http://www.nbc.com

USA: PBS: Public Broadcasting Service (E)
http://www.pbs.org

USA: United Paramount Network (E)
http://www.upn.com

UK: BBC (E)
http://www.bbc.co.uk
Umfangreiches Angebot mit Links zu allen Programmen und Nachrichtenangeboten.

UK: British Sky Broadcasting Network (E)
http://www.sky.co.uk/main.shtml

Télévision (F)
http://www.culture.fr/culture/autserv/televi.htm
Links zu französischen TV-Sendern.

8.1.1.12 International: Radio

BBC: Radio 1 (E)
http://www.bbc.co.uk/radio1/

Radio France Internationale (F)
http://www.rfi.fr

8.1.2 Medien: National

8.1.2.1 National: Übersichten

DINO-Katalog: Nachrichten
http://www.dino-online.de/seiten/go06n.htm

DINO-Katalog: Medien
http://www.dino-online.de/medien.html

DINO-Katalog: Funk und Fernsehen
http://www.dino-online.de/seiten/go06r.htm

Yahoo-Katalog: Nachrichten und Medien
http://www.yahoo.de/Nachrichten_und_Medien/

8.1.2.2 National: Nachrichtenticker

DPA-Kurzmeldungen
http://rhein-zeitung.de/tick/
Service der Rhein-Zeitung.

Der ARD-Videotext
http://www.ard.de/videotext/
Falls Ihr Fernseher keinen Videotext hat, finden Sie auch hier einen aktuellen Nachrichtenticker...

Yahoo Deutschland: Schlagzeilen
http://www.yahoo.de/schlagzeilen/

8.1.2.3 National: Online-Nachrichtenzentren

Paperball
http://www.paperball.de
Aktuelle Recherche in ca. 50 deutschen Zeitungen mit Online-Filiale, nach Stichwort bzw. Rubriken; mit der Möglichkeit, sich eine personalisierte Online-Zeitung zusammenzustellen.

Focus online
http://www.focus.de

Der Spiegel
http://www.spiegel.de

Süddeutsche Zeitung
http://www.sueddeutsche.de

Stern
http://www.stern.de
Mit Nachrichtenabo per Email.

Die Zeit
http://www.zeit.de

ARD: Tagesschau
http://www.tagesschau.de
Mit Videos der Nachrichten und einem Archiv aller Sendungen.

ZDF: heute
http://www.heute.de

Pro Sieben
http://www.prosieben.de/aktuell/index.html
Umfangreiches, vorbildliches Online-Angebot.

RTL Aktuell
http://www.rtlaktuell.de

8.1.2.4 National: Zeitungen

FAZ
http://www.faz.de

Die Welt
http://www.welt.de

Frankfurter Rundschau
http://www.fr-aktuell.de

Bild
http://www.bild.de

8.1.2.5 National: TV

Yahoo-Katalog: Fernsehen
http://www.yahoo.de/Nachrichten_und_Medien/Hoerfunk_und_Fernsehen/Fernsehen/

Das Erste (ARD)
http://www.das-erste.de

ZDF
http://www.zdfmsn.de

WDR
http://www.wdr.de

RTL
http://www.rtl.de

SAT 1
http://www.sat1.de

Arte
http://www.arte-tv.com

TV-Zeitschrift „TV Spielfilm"
http://www.tvspielfilm.de/

8.1.2.6 National: Radio

Deutsche Welle
http://www.dwelle.de

Bayerischer Rundfunk
http://www.br-online.de/

Norddeutscher Rundfunk
http://www.ndr.de/

Südwest-Rundfunk
http://www.swr-online.de

8.1.2.7 National: Diverse

GBI-Datenbanken
http://www.gbi.de
Kostenpflichtiger Zugriff auf Archive großer Tageszeitungen, Nachrichten- und Wirtschaftsmagazine.

WDR: Presseclub
http://www.wdr.de/tv/presseclub/

WDR: Schulfernsehen
http://www.wdr.de/tv/schulfernsehen/

WDR: Lilipuz – Radio für Kinder
http://www.wdr.de/radio/radio5/lilipuz
Nachrichten und Infos für Kinder, z.B. Besprechungen von Kinderbüchern („Lesepuz").

SWR: Kindernetz
http://www.kindernetz.de
Online-Forum für Kinder mit Suchmaschine, Chat und der Möglichkeit, eine persönliche Homepage einzurichten.

8.2 Wissenschaftliche Online-Magazine

8.2.1 Deutschsprachige Magazine

National Geographic Society
http://www.nationalgeographic.de
Gelungene deutsche Homepage der weltberühmten Gesellschaft (internationale Seite s.u.): Infos zur aktuellen Ausgabe mit bebilderten Kurzfassungen zu ausgewählten Artikeln, Geschichte der "National Geographic Society", Forum, Archiv, Abonnement, Shop.

GEO
http://www.geo.de
Mit Highlights (ausführlichere Artikel und Materialien, auch ergänzend zu aktuellen Ausgaben von GEO und GEO Wissen), Datenbank des „GEOskops" (Wissenschaftsnews der letzten Jahre, nach Themen gegliedert) sowie Links zu anderen Magazinen (GEO Saison und GEOlino) und Projekten (Projekt Tropischer Regenwald e.V.). Das Magazin für Kinder namens „Geolino" unter *http://www.geo.de/magazin/geolino/* bietet für Kinder aufbereitete Artikel, Links, Bastel- und Experimentieranleitungen.

Bild der Wissenschaft
http://www.wissenschaft.de
Aktuelle Nachrichten aus der Wissenschaft, Top-Ten-Links, Agent (schickt automatisch Email mit Titel der neuesten Nachrichten), Newsticker, Highlights (kürzere Artikel, mit Archiv), Wissenschaftsforen, Shop. Sowohl der Newsticker als auch die Highlights lassen sich als Channel für den Internet-Explorer abonnieren (kostenfrei).

Spektrum der Wissenschaft
http://www.spektrum.de
Wenig direkt nutzbares Material, dafür ausführliche Inhaltsangabe des aktuellen Magazins, Zusammenfassungen und Leseproben, Inhaltsangaben der Hefte der letzten Jahre, Inhaltsvorschau der kommenden Magazine und Sonderhefte, Infos zu den Autoren, Volltext-Archiv der Hefte von 1996-1998 (für Abonnenten), Diskussionsforen, Spektrum-Ticker (tägliche Zusammenfassung der Meldungen kostenfrei, volle Textversion kostenpflichtig) und Shop.

Informationsdienst Wissenschaft
http://www.tu-clausthal.de/idw/
Diese Initiative der Pressestellen der Universitäten Bayreuth, Bochum und Clausthal liefert aktuelle Wissenschaftsnachrichten von mehr als 300 Hochschulen und Forschungseinrichtungen; die Nachrichten können auf einer personalisierten Web-Seite gesammelt und abgerufen sowie als Email automatisch zugestellt werden. Ein umfangreiches Archiv steht ebenfalls zur Verfügung.

WDR: Quarks und Co.
http://www.quarks.de
Die Wissenschaftsshow der ARD mit vorbildhaftem Angebot: Ausführliche und fundierte Infos zum Thema der aktuellen sowie Kurzinfos zur kommenden Sendung. Im Archiv stehen die Infopakete zu den Sendungen seit Mai 1995 sowohl als Webseiten als auch als gepackte Textdateien zum kostenlosen Download bereit. Eine weitere wahre Fundgrube: Die meisten der Begleithefte zur Sendung stehen als Online-Texte frei abrufbar zur Verfügung. Außerdem mit Shop und Video-Bestellung.

8.2.2 Englischsprachige Magazine

Scientific American (E)
http://www.sciam.com
Eines der professionellsten und umfangreichsten Angebote wissenschaftlicher Inhalte im WWW; allerdings kann man auch als Abonnent, anders als bei den Angeboten von „Nature" und „Science" (s.u.), nicht jeden Artikel im Volltext abrufen. Diese Site bietet:
– Current Issue (Auszüge aus der aktuellen Printausgabe): Inhaltsangabe der Druckausgabe, zwei volle Artikel (Feature Articles), Zusammenfassungen aller Artikel der Druckausgabe (Quick Article Summaries), ausgewählte Kurzartikel und Nachrichten (News and Analysis), Sonderartikel für den Hobbyforscher (The Amateur Scientist), Rezensionen zu wissenschaftlichen Publikationen (Reviews and Commentaries), Erklärung eines besonderen technischen Phänomens/Apparats (Working Knowledge)
– Past/Previous Issues: Archiv der Ausgaben von 1996-heute sowie der „Special Issues"; mit allen Angeboten wie beim „Current Issue"
– Web-Features (speziell für das WWW zusammengestellte Artikel und Informationen, wöchentlich neu)
– Explorations: Archiv der Web-Feature-Artikel der letzten Monate
– Exhibits: kurze Artikel bzw. Bildsammlungen
– Bookmarks: Vorstellung einer ausgewählten Seite (Pick of the Web) und thematisch sortierte Linksammlung der Redakteure (Editor's Selections)
– Ask the Experts: Archiv, dessen Artikel gängige (aber interessante !) Fragen an die Wissenschaft beantworten (s. Einträge „SciAm – Ask the Experts-Archive: ..." in diesem Katalog)
– Feature Articles: Sammlung von Volltextartikeln aus den Printausgaben (s.o. bei „Current Issue")
– Interviews: mit führenden Personen der Wissenschaft und Technik
– Durchsuchen der gesamten Inhalte

Nature (E)
http://www.nature.com
Anerkanntes Fachmagazin und Publikationsorgan der Wissenschaft mit professionellem Online-Angebot:
– This week's Nature: Inhaltsverzeichnis und kurze Inhaltsangaben aller Artikel der Druckausgabe-> Volltextanzeige der Artikel (oder Übermittlung als PDF-Datei für den Acorbatreader) nur bei Abo (Details hierzu s.u.)
– Nature Science Update: Nachrichten aus der Wissenschaft -> frei abrufbar
– Feature of the Week:Volltextartikel der aktuellen Ausgabe -> frei abrufbar
– Nature Debates: aktuelle Diskussionen wissenschaftlicher Themen -> frei abrufbar
– Supplementary Information: nur online verfügbares Zusatzmaterial zu Artikeln -> frei abrufbar
– Search: Durchsuchen der Inhalte nach Stichwörtern (aber Volltext-Anzeige der Fundstellen nur bei Abo) -> frei nutzbar
– Archive: Archiv aller Ausgaben seit Juni 1997 -> Volltext nur bei Abo
– Nature Genetics: Sondermagazin zur Genetik -> dito
– Nature Structural Biology: Sondermagazin zur Biochemie -> dito
– Nature Biotechnology: Sondermagazin zur Biotechnologie -> dito
– Nature Medicine: Sondermagazin zur Medizin -> dito
– Nature Neuroscience: Sondermagazin zur Neurologie -> dito

Üblicherweise steht eine ältere Ausgabe mit allen Artikel im Volltext zur Verfügung. Wer alle Artikel im Volltext abrufen will, muss Abonnent sein. Das Abonnement kostet für Europäer 117 britische Pfund pro Jahr; der Preis ist vor dem Hintergrund zu sehen, dass es sich bei „Nature" um ein wöchentlich erscheinendes Magazin handelt.

Science (E)
http://intl.sciencemag.org
Das Magazins „Science" ist *die* Publikationsplattform für Wissenschaftler, die ihre Forschungsergebnisse vorstellen wollen. Die wesentlichen Inhalte sind:
– Browse Current Issue/Browse Back Issues: Inhaltsangaben der aktuellen und bisherigen Ausgaben ab Oktober 1995 -> Auflistung der Artikel frei nutzbar, Anzeige der Zusammenfassungen nur bei Registrierung, Anzeige der Artikel im Volltext nur bei Abo
– Browse Subject Collections: Zusammenfassung der Artikel in thematische Gruppen
– Enhanced Perspectives: Zusammenfassung aktueller Forschung auf allen gängigen Gebieten, mit Links zu den jeweiligen Forschungsstätten und Wissenschaftlern
– Supplemental Data: Begleitmaterial zu Artikeln, das nur online abrufbar ist
– Essays on Science and Society: Aufsätze über Wissenschaft und Gesellschaft -> frei abrufbar
– automatische Email-Benachrichtigung über neue Inhalte -> Abo erforderlich
– Autorenindex -> frei abrufbar
– Durchsuchen aller Inhalte (aber Volltextanzeige der Fundstellen nur bei Abo) -> frei nutzbar
– Bestellung eines Artikels: als Fax oder Ausdruck für $ 7
Es gibt drei Benutzerebenen; ein wirklicher Zugriff auf die Inhalte ist kostenpflichtig:
– ohne Registrierung: keinerlei persönliche Angaben erforderlich
– Registrierung (Sign In): lediglich Angabe einiger persönlicher Daten erforderlich, z.Zt. kostenfrei
– Abonnement (Sign Up): Mitgliedschaft in der AAAS (American Association for the Advancement of Science), damit Bezug der Printausgabe (51 Ausgaben/Jahr) und der Zugriff auf alle Online-Inhalte für $ 187 pro Jahr (nur Print-Ausgabe: $ 175)

National Geographic (E)
http://www.nationalgeographic.com
Die Homepage der berühmten „National Geographic Society" und ihres noch bekannteren Magazins – umfangreich, professionell gemacht, aber leider keine Volltexte aus den Druckausgaben abrufbar:
– spezielle Online-Artikel mit sehr gut aufbereitetem Material, oft in Anknüpfung an Artikel der Druckausgabe (Features) -> alle Artikel und Angebote sind voll abrufbar bzw. bedienbar
– Archiv: Zugriff auf aktuelle und bisherige Features, Verzeichnis ausgewählter Artikel der Printausgaben ab Juli 1996 mit kurzen Inhaltsangaben (Volltext nicht abrufbar; hierzu sei auf die CD-ROM-Kollektion verwiesen: 30 CD-ROMs, alle Artikel, Bilder etc. von 1888-1996, mit Suchindex, Preis $ 149,95 -> siehe „Store")
– National Geographic Magazine: Verzeichnis ausgewählter Artikel mit kurzen Inhaltsangaben
– Traveler Magazine: weniger umfangreiches Material landeskundlicher Natur
– Education Foundation: Sammlung von im Unterricht nutzbaren Ressourcen der National Geographic Society
– Library: Suche in der großen Bibliothek der „National Geographic Society"
– Map Machine: Zoomen von Weltkarte auf Länderkarten mit recht ausführlichen Informationen zu jedem Land
– Xpeditions: Ausdruck von Karten mit diversen Einstellungsmöglichkeiten (Atlas), die National Geographic Standards (Lernbereiche und -ziele für den Geographieunterricht, in vielen Staaten

der USA Teil des Curriculums), die Visualisierung dieser Standards in einer virtuellen Museumhalle namens „Xpedition Hall" (recht aufwendig gemacht) sowie Diskussionsforen
– Registrierung: nach Angabe einiger persönlicher Daten wird man automatisch über neue Meldungen und Inhalte informiert; mit speziellem Angebot für Lehrer
– Durchsuchen der gesamten Inhalte
– Mitgliederschaft der National Geographic Society beantragen, Abonnentenservice, Shop

Smithsonian Magazine (E)
http://www.smithsonianmag.si.edu
Die Homepage des Magazins der amerikanischen "Smithsonian Institution" (u.a. Betreiber des legendären "National Air and Space Museums" in Washington) mit:
- Abstracts der Artikel der aktuellen Asugabe
- dabei Zugriff auf ältere Artikel aus dem Archiv und interessante Links zum Thema
- Artikel- und Bildarchiv mit Aufnahmen der Profi-Fotografen, die für das Magazin tätig sind
- Abomöglichkeit für das Printmagazin, Online-Shop ("Kiosk")

New Scientist (E)
http://www.newscientist.com
Anerkanntes Wissenschaftsmagazin, im Anspruch ähnlich „Bild der Wissenschaft". Der Vorteil dieser Web-Site liegt darin, dass einige Artikel der Druckausgabe erhältlich sind. Das dennoch lohnende Abonnement kostet 105 britische Pfund (für 51 Ausgaben pro Jahr).
– Magazine Contents: Inhaltsverzeichnis der aktuellen Druckausgabe; einige ausgewählte Artikel und Wissenschaftsnachrichten sind ohne Registrierung oder Zwang zum Abonnement im Volltext abrufbar (z.T. direkt von der Startseite aus)
– Back Issues: das gleiche Angebot wie zur aktuellen Ausgabe, und zwar für die Ausgaben ab April 1997
– NS+: zusätzliches Material zu Artikeln des Printmagazins
– Last Word Archive: Antworten auf ca. 450 Fragen zu wissenschaftlichen Phänomenen, sortiert nach Themengebieten
– News: neueste Meldungen aus der Wissenschaft
– Site Search: Durchsuchen der Inhalte
– automatische Benachrichtigung über neue Meldungen etc. per Email

Discover (E)
http://www.discover.com
Magazin aus dem Hause Walt Disney, nicht so wissenschaftlich wie „Scientific American" oder „Science", aber mit seriösem Anspruch und breitem Themenspektrum. Ein Teil der gedruckten Ausgabe (Abonnement in Europa á $ 30,97 für 12 Ausgaben pro Jahr) steht auch online zur Verfügung:
– Highlights: ausgewählte Volltextartikel der aktuellen Ausgabe, direkt von der Startseite aus abrufbar -> frei nutzbar
– Current Issue: Inhaltsverzeichnis der aktuellen Druckausgabe und ausgewählte Artikel bzw. wissenschaftliche Nachrichten im Volltext abrufbar
– Recent Issues: gleiches Angebot für die letzten drei Ausgaben
– Archive: Durchsuchen von Artikeln von Januar 1992 bis Juni 1998, mit anschließender Anzeige des Artikel im Volltext
– Search the Site: Durchsuchen der Inhalte ab Juli 1998
– Science News: Meldungen aus der Wissenschaft, in Sachgebiete gegliedert
– Web Picks: Links zu interessanten Ressourcen rund um die Wissenschaft, nach Sachgebieten
– Gallery: Bilder aus Forschung und Wissenschaft

8.3 Didaktik online

8.3.1 Schule und Internet

Deutsches SchulWeb
http://www.schulweb.de
Beratung in Bezug auf Internet und Schule; Links zu didaktischen Angeboten; Verzeichnis der
deutschen Schulen (und deutschprachiger Schulen weltweit), die im WWW vertreten sind.

Eduweb
http://www.eduweb.de
http://www.eduweb.de/world/
Online-Forum für Bildung und Schule.

Web 66 (E)
http://web66.coled.umn.edu/
Internationale Anlaufstelle für Lehrer und Schulen im WWW; internationales Verzeichnis der
Schulen im Internet.

Yahoo-Katalog: Schulwesen
http://www.yahoo.de/Bildung_und_Ausbildung/Schulwesen/

Schulen ans Netz
http://www.san-ev.de
Initiative "Schulen ans Netz" des Ministeriums für Forschung und Bildung, der Deutschen
Telekom AG und weiterer Sponsoren.

Deutsches Forschungsnetz
http://www.dfn.de/home.html
Förderer von Schulen beim Anschluß ans Internet. Träger des deutschen Wissenschaftsnetzes
WIN.

ZUM: Das WWW als Lern- und Lehrhilfe am Gymnasium
http://www.zum.de/Schule.html
Schlagwortkatalog für Unterrichtsquellen, nach Fächern sortiert.

Stiftung Bertelsmann
http://www.stiftung.bertelsmann.de
Publikationen zu Medien und ihrer Rolle und Wirkung in der Gesellschaft, z.T. als kostenlose
Zusammenfassungen bestellbar.

Internet-Fahrschule
http://www.internet-fahrschule.de
Online-Surf-Training.

Max-Planck-Institut für Bildungsforschung
http://www.mpib-berlin.mpg.de/

Lernen mit Neuen Medien
http://www.learn-line.nrw.de/Themen/NeueMedien/aktuell.htm
Übersicht und Informationen zu für den Unterricht geeigneten CD-ROMs und Programmen.

Medien für Bildung und Freizeit
http://www.learn-line.nrw.de/Themen/Medien/taarb015.htm
Informationen zu Medien von der Internet-AG der Medienzentren NRW.

Infoset Medienkompetenz und Medienpädagogik in einer sich wandelnden Welt
http://www.mpfs.de/infoset/
Material zu Fernsehen, Computer, Comics etc. als Kindermedien.

Kinder im Netz
http://www.medien-zentrum.com/kinder/
Untersuchung zur Nutzung des Internet durch Kinder und Jugendliche.

8.3.2 Bildungsserver für Unterrichtsmaterialien

Die Adressen deutscher Schulen im WWW finden Sie u.a. im deutschen „SchulWeb". Internationale Schulen sind im Web 66 verzeichnet. Falls Sie den Server einer Universität suchen, bedienen Sie sich am besten des DINO-Suchkatalogs (http://www.dino-online.de).

Microsoft Encarta: Schoolhouse (E)
http://encarta.msn.com/schoolhouse/default.asp
Umfangreiche Sammlung von Unterrichtseinheiten (in englischer Sprache) zu in der Enzyklopädie verzeichneten Quellen.

The Gateway to Education (E)
http://www.thegateway.org
Materialpool des US Department of Education.

Study-Web (E)
http://www.studyweb.com
Linksammlung zu Bildungsangeboten im WWW (mehr als 70.000 Links).

The World Lecture Hall (E)
http://www.utexas.edu/world/lecture/
Eine der zentralen Startseiten zu Vorlesungen und Tutorien im WWW.

Deutscher Bildungsserver
http://www.bildungsserver.de

Zentrale für Unterrichtsmaterialien im Internet
http://www.zum.de

Schulweb: Materialien von/für Schulen
http://www.schulweb.de/material.html

Materialpool: Examensarbeiten und Unterrichtsentwürfe
http://www.uni-paderborn.de/schulen/sem/pool/pool.html

Bildungsserver Berlin
http://www.be.schule.de

Bildungsserver Brandenburg
http://www.brandenburg.de/schulen/

Bildungsserver Baden-Württemberg
http://www.bw.schule.de

Bildungsserver "Bremer Schulserver" (BSS)
http://www.schule.bremen.de

Bildungsserver Hessen
http://www.he.schule.de

Bildungsserver Hamburg
http://www.hh.schule.de

Bildungsserver Niedersachsen "Schule im Netz"
http://www.ni.schule.de
Bildungsserver NRW "Learn-line"
http://www.learn-line.nrw.de

Bildungsserver Rheinland-Pfalz
http://www.rp.schule.de

Bildungsserver Sachsen
http://www.sn.schule.de

Bildungsserver Sachsen-Anhalt
http://olsn.cs.uni-magdeburg.de/olsn

Bildungsserver Schleswig-Holstein
http://www.sh.schule.de

Thüringer Bildungsserver
http://www.th.schule.de

8.3.3 Hausaufgaben, Referate, Weiterbildung

Hausaufgaben, Referate, Hausarbeiten
http://www.hausaufgaben.de
http://www.fundus.org
http://www.cheatweb.de
http://www.referate.de
http://www.schuelerweb.de
http://referate.net
http://www.terminal.at
http://www.referate.heim.at

Hausaufgaben, Referate, Hausarbeiten (Forts.)
http://www.schoolhelp.de
http://www.schulhilfen.com
http://www.homeworx.net
http://www.spickzettel.de

Facharbeiten
http://members.tripod.de/Facharbeiten/fa-index.htm
Sammlung von Facharbeiten sowie Tips zum Verfassen.

Abi-Tools
http://www.abi-tools.de
Online-Kurse und -materialien zu Biologie, Chemie und Physik.

Dr. Mathe
http://www.drmathe.de
Archiv und Forum für Mathematik-Probleme, mit Email-Hilfe in ganz schwierigen Fällen...

Studium: Hausarbeiten
http://www.student-online.de
http://www.hausarbeiten.de

Die Virtuelle Universität
http://vus.fernuni-hagen.de/
Angebot der Fernuniversität Hagen. Geringe Gebühren, jedoch recht teure Ausstattung nötig.

Open University (E)
http://www.open.ac.uk
Die internationale Fern-Uni.

Ask An Expert (E)
http://njnie.dl.stevens-tech.edu/curriculum/aska.html
Befragen Sie einen Experten zu Wissenschaft, Literatur, Medizin und Computing.

Mad Scientist Network (E)
http://128.252.223.239/~ysp/MSN/
Fragen Sie einen Experten zu einem fachlichen Problem !

8.3.4 Projekte und Wettbewerbe

Webbewerbe für Schulen und Schüler
http://www.schulweb.de/wettbewerbe.html

Netdays
http://www.netdays.de
Europaweiter Internet-Wettbewerb für Schulen.

Join Multimedia
http://www.siemens.de/joinmm
Bundesweiter Schulwettbewerb der Siemens AG

Stiftung Jugend forscht online
http://www.jugend-forscht.de

Das Globe-Projekt
http://www.globe-germany.de
http://www.globe.gov
Weltweites Projekt zur Umwelterziehung, initiiert von der amerikanischen Regierung.

Das Jason-Projekt
http://www.jason.org

Die Nobel-Preis-Stiftung (E)
http://www.nobel.se/

8.3.5 Online-Dienste und Foren für Schüler

SWR-Kindernetz
http://www.kindernetz.de

Fun Online
http://www.funonline.de
Eigener Email-Name und Gästebuch innerhalb des Forums, Chat, Linksammlung, Edutainment.

Kids World (E)
http://www.kidsworld.org
Chat für Kinder.

EXPO 2000: Kinderexpo
http://www.expo2000.de/deutsch/expokids/index.html
Die Weltausstellung für Kinder, mit Email-Service.

Global School House (E)
http://www.gsn.org
Hervorragender Online-Dienst für Schüler (Englisch !).

Scholastic (E)
http://www.scholastic.com/
Online-Dienst für Schüler.

8.3.6 Schülerzeitungen

Schulweb: Schulzeitungsring
http://www.schulweb.de/zeitung.html
Auf dieser Seite des Schulweb kann man nach einer Schülerzeitung suchen oder sich über den "Ring" willkürlich von einer Zeitung zur nächsten bringen lassen.

Stift: Altenteich
http://www.stiftisches-gymnasium.de/stift_online__altenteich/altenteich/home.htm
Home, sweet home...

8.3.7 Weitere Infos für Lehrer

Deutsche Gesellschaft für Erziehungswissenschaft
http://www.educat.hu-berlin.de/dgfe/
Hier findet man online das „DGfE-Handbuch Erziehungswissenschaft", mit Infos über Studienmöglichkeiten, Universitäten, Forschungsinstitute etc.

DAAD: Deutscher Akademischer Austauschdienst
http://www.geist.spacenet.de/daad/

Erste Hilfe für das Kind
http://home.t-online.de/home/planger/fon.htm

ScoutNet
http://www.scoutnet.de
Homepage des Rings deutscher Pfadfinderverbände und des Ring deutscher Pfadfinderinnenverbände; mit Infos zu den Verbänden, Online-Magazin, Chat, Liederarchiv und Pfadfinderinfos (Knoten knüpfen, Outdoor-Ausrüstung etc.).

Newsgruppe zu Klassenfahrten
schule.klassenfahrten

Newsgruppe zur Schulverwaltung
schule.verwaltung

Newsgruppe zur Schule (E)
school.general
Allgemeiner internationaler Austausch, aktuelle Projekte...

Newsgruppe für Lehrer (E)
school.teachers

Newsgruppe für Schüler
schule.schueler.forum

Newsgruppe für Schüler (E)
school.pupils

Newsgruppe zu Sprachen in der Schule (E)
school.subjects.languages

Newsgruppe zu Gesellschaftswissenschaften in der Schule (E)
school.subjects.humanities

Newsgruppe zu Naturwissenschaften in der Schule (E)
school.subjects.sciences

8.4 Buchhandlungen und Verlage

Online-Recherche im KNO-K&V-Buchkatalog
http://www.buchkatalog.de
Suche nach Büchern und Verlagen.

Amazon (E)
http://www.amazon.com
Online-Buchhandlung, besonders für Englischlehrer interessant.

Amazon Deutschland
http://www.amazon.de
Deutsche Filiale, mit Bestellmöglichkeit von US-Titeln.

Buchhaus Stern-Verlag
http://www.buchhaus-sternverlag.de
Online-Buchbestellung auf Rechnung, Lieferung frei Haus.

Books Online
http://www.bol.de
Weiterer Online-Buchshop.

Booxtra
http://www.booxtra.de

Addison Wesley Verlag
http://www.addison-wesley.de/

Aulis Verlag
http://www.aulis.de

Bergmoser & Höller Verlag
http://www.buhv.de/

Berlitz
http://www.berlitz.de

Bertelsmann
http://www.bertelsmann.de/

Bibliographisches Institut & F. A. Brockhaus
http://www.brockhaus.de/

Carl Hanser Verlag
http://www.hanser.de

DTV Deutscher Taschenbuch Verlag
http://www.dtv.de/

DVA Deutsche Verlags-Anstalt
http://www.dva.de

Droemer Knaur
http://www.droemer-knaur.de

Dumont Buchverlag
http://buchverlag.dumont.de/

Egmont Ehapa Verlag
http://ehapa.funonline.de/

Eichborn
http://www.eichborn.de/

Ernst Klett Verlag
http://www.klett.de

Franz Schneider Verlag
http://www.schneiderbuch.de

Gabler Verlag
http://www.gabler-online.de

Gruner & Jahr
http://www.guj.de/

J.B. Metzler Verlag
http://www.metzlerverlag.de/

Karl-May-Verlag
http://www.karl-may.de

Langenscheidt
http://www.langenscheidt.de

Microsoft Press
http://www.microsoft.com/germany/mspress/default.asp

Oldenbourg Verlag
http://www.oldenbourg.de/

Raabe Verlagsgesellschaft
http://www.raabe.de/

Rowohlt Verlag
http://www.rowohlt.de

S. Fischer Verlag
http://www.s-fischer.de/

Schöningh
http://www.schoeningh.de

Schroedel
http://www.schroedel.de

Spektrum Akademischer Verlag
http://www.spektrum-verlag.com/

Tivola Verlag
http://www.tivola.de/

Verlag C.H. Beck
http://www.beck.de/

Vgs Verlagsgesellschaft
http://www.vgs.de/

Volk und Wissen
http://www.vwv.de

Westermann
http://www.westermann.de

Wilhelm Heyne Verlag
http://www.heyne.de/

Penguin Books (E)
http://www.penguin.co.uk

Cambridge University Press (E)
http://www.cup.cam.ac.uk
http://www.cup.org
CUP in GB und USA.

Oxford University Press (E)
http://www.oup.co.uk

8.5 Online-Bibliotheken

DINO-Katalog: Bibliotheken
http://www.dino-online.de/seiten/go02b.htm

Yahoo-Katalog: Bibliotheken
http://www.yahoo.de/Nachschlagewerke/Bibliotheken/

WWW Virtual Library
http://www.rz.uni-karlsruhe.de/Outerspace/VirtualLibrary/

DINO-Katalog: Literatur
http://www.dino-online.de/seiten/go05l.htm

Yahoo-Katalog: Literature (E)
http://www.yahoo.com/Arts/Humanities/Literature/Authors/
Mit zahlreichen Links zu Autoren und Online-Texten.

Yahoo-Katalog: Literatur
http://www.yahoo.de/Kunst_und_Kultur/Literatur/

Project Gutenberg (E)
http://www.gutenberg.net
Bibliothek mit ca. 1000 online abrufbaren Werken, fast ausschließlich in englischer Sprache..

Projekt Gutenberg Deutschland
http://gutenberg.aol.de
Bibliothek mit zahlreichen Online-Texten der deutschen Literatur; deutsche Abteilung des weltweiten Projekts Gutenberg.

LuBiC - Literatur und Bücher im Cyberspace
http://www.carpe.com/lubic/
Empfehlenswerte, sehr umfangreiche Linkliste zur Literatur.

Olli – Olivers Links zur Literatur
http://www.carpe.com/lit/
Private Link-Sammlung mit über 250 kommentierten Links zur Literatur.

Electronic Text Center at the University of Virginia (E)
http://etext.lib.virginia.edu/uvaonline.html
Online-Bibliothek für deutsche, englische, französische, japanische und lateinische Ressourcen.

Alex-Catalogue (E)
http://www.lib.ncsu.edu/stacks/alex-index.html
Katalog im Internet erreichbarer Texte.

Online Books Page (E)
http://www.cs.cmu.edu/books.html
Katalog der Carnegie-Mellon-Universität Pittsburgh.

The Internet Public Library (IPL)
http://www.ipl.org

Sehr gut gestaltete Online-Bibliothek mit zahlreichen Gesamtwerken aus Belletristik und Wissenschaft, sowie mit weiteren Sammlungen, u.a. mehr als 1.500 Rezensionen bekannter Autoren und ihrer Werke.

Project Bartleby (E)
http://www.bartleby.com
Projekt der Columbia-Universität New York mit 36 klassischen amerikanischen Texten und historischen Reden, sehr sorgfältig herausgegeben.

Kids Web: The Digital Library for K12 Students (E)
http://www.npac.syr.edu/textbook/kidsweb/

Library of Congress (E)
http://lcweb.loc.gov/
Vielleicht größte (westliche) Bibliothek der Welt, u.a. mit Online-Ausstellungen zur amerikanischen Geschichte.

The British Digital Library (E)
http://www.bl.uk
Beowulf und Magna Carta mit Kommentar.

Bibliomania (E)
http://www.bibliomania.com/
Online-Werke von Jane Austen (Pride and Prejudice etc.), Bronte Sisters (Wuthering Heights), Lewis Caroll (Complete Works), Sor A.C. Doyle (Hound of the Baskervilles), Defoe (Robinson Crusoe), Dickens (diverse), J.F. Cooper (Last of the Mohicans), Joyce (Ulysses, Dubliners), Kipling, D.H. Lawrence, Melville, Maugham, H. Rider Haggard (King Solomon's Mines, She), R.L. Stevenson (Dr. Jekyll and Mr. Hyde, Treasure Island), Tolstoy, Mark Twain (Tom Sawyer), Jules Verne (Around the World in 80 Days), Oscar Wilde (The Picture of Dorian Gray etc.).

Suchmöglichkeit für andere westeuropäische Sprachen (E)
http://www.lib.virginia.edu/wess/etexts.html
WESS Web (Western European Specialists Section, Universitätsbibliothek Virginia).

The Libyrinth (E)
http://www.rpg.net/quail/libyrinth/
Moderne Online-Bibliothek zu Leben und Werk von: Jorge Luis Borges, Umberto Eco, James Joyce, Franz Kafka, Gabriel García Márquez, Thomas Pynchon.

Initiative Athena (F + CH)
http://un2sg1.unige.ch/www/athena/html/athome.html
Sammlung mit ca. 130 französischen Texten und mehr als 3000 Links zu weiteren Textquellen.

Französische Dichtung bis zum Jahrhundertwechsel (F)
http://www.webnet.fr/poesie/

Project Runeberg (E)
http://www.lysator.liu.se/runeberg/
Projekt der Universitätsbibliothek Linköping in Schweden mit ca. 170 Texten, u.a. dem Werk von Selma Lagerlöf.

8.6 Zugriff auf „echte" Bibliotheken (OPACs)

Online-Zugriff auf die dt. Bibliotheken mit Internet-Service (D/E)
http://www.hbz-nrw.de/hbz/germlst/
Ein Service des Hochschulbibliothekszentrums (HBZ) des Landes NRW in Köln: hierüber u.a.
Zugriff auf die Gesamtkataloge vieler Universitäten.

Die Deutsche Bibliothek
http://www.ddb.de

Karlsruher Virtueller Katalog (KVK)
http://www.ubka.uni-karlsruhe.de/hylib/kvk_help.html
Zugang zu den deutschen Verbunds- und Buchhandelskatalogen mit WWW-Zugriffsmöglichkeit.

Subito
http://www.subito-doc.de
Service des Deutschen Bibliotheksinstitut (DBI): Bestellmöglichkeit für Aufsätze aus
Fachzeitschriften; Zusendung innerhalb weniger Tage für 8 DM pro 20 Seiten als Fotokopie, 10
DM als Fax, 5 DM als online zugesandte Scans.

Link
http://link.springer.de
Möglichkeit, wissenschaftliche Magazine des Springer-Verlags online zu abonnieren. Die
Artikel werden als Hypertexte zur Verfügung gestellt.

Library of Congress (E)
http://lcweb.loc.gov/
Mehr als 130 Millionen Medien; u.a. mit Online-Ausstellungen zur amerikanischen Geschichte.

British Library: Portico (E)
http://www.bl.uk/
Mehr als 150 Millionen Medien.

British Library: OPAC 97 (E)
http://opac97.bl.uk/
Frei nutzbar, aber begrenzter Bestand.

Bibliothèque nationale de France (F/E)
http://www.bnf.fr/
Mit virtuellen Ausstellungen.

Bibliothèque nationale de France: Druckschriften (F)
http://www.bnf.fr/web-bnf/catalog/opale.htm

bib-o-pac
http://bibopac.univie.ac.at/
Opac für die 24 größten österreichischen Bibliotheken.

8.7 Nachschlagewerke, Wörterbücher, Übersetzung

8.7.1 Nachschlagewerke

Encyclopedia Britannica im WWW (E)
http://www.eb.com
Probenutzung gratis.

Microsoft Encarta (E)
http://www.microsoft.com/encarta/default.htm
http://www.microsoft.com/encarta/online/online.htm
http://www.microsoft.com/encarta/de/default.htm
Online-Angebot des Multimedia-Lexikons von Microsoft (auch als CD-ROM in D und E erhältlich); für $ 49,95 pro Jahr.

Meyers Lexikon
http://www.iicm.edu/ref.m10

Der Duden online
http://www.duden.bifab.de/home.html

Langenscheidts Fremdwörterbuch
http://www.langenscheidt.aol.de

8.7.2 Wörterbücher: allgemein

Wörterbücher
http://www.forwiss.uni-passau.de/~ramsch/bookmarks/english.html
Verzeichnis online verfügbarer Wörterbücher.

Yahoo-Katalog: Wörterbücher
http://de.dir.yahoo.com/Nachschlagewerke/Woerterbuecher/

Yahoo-Katalog: Dictionaries (E)
http://www.yahoo.com/Reference/Dictionaries/

Dictionary (E)
http://www.dictionary.com
Links zu Englisch-Wörterbüchern und weiteren Sprachlernhilfen (Grammatik, Usage etc.), sowie zu Wörerbüchern anderer Sprachen (insgesamt mehr als 600); darüber hinaus kann eine Online-Übersetzung in folgenden Richtungen vorgenommen werden („Other Languages" anklicken):
Links zu Englisch-Wörterbüchern und weiteren Sprachlernhilfen (Grammatik, Usage etc.), sowie zu Wörerbüchern anderer Sprachen (insgesamt mehr als 600); darüber hinaus kann eine Online-Übersetzung u.a. in folgenden Richtungen vorgenommen werden („Other Languages" anklicken):
– Deutsch <-> Englisch, Deutsch <-> Französisch
- Englisch <-> Deutsch, Englisch <-> Französisch, Englisch <-> Italienisch, Englisch <-> Portugiesisch, Englisch <-> Spanisch, Französisch <-> Deutsch, Französisch <-> Englisch

8.7.3 Wörterbücher: Englisch

LEO: Wörterbuch Deutsch-Englisch
http://www.leo.org/cgi-bin/dict-search

ZERES: Wörterbuch Deutsch-Englisch
http://www.zeres.de/dict/index.html

WWWebster: Wörterbuch und Thesaurus (E)
http://www.m-w.com

Cobuild Home Page (E)
http://titania.cobuild.collins.co.uk/index.html
Homepage der Collins Cobuild-Wörterbücher.

Collins Cobuild Student's Dictionary (E)
http://www.linguistics.ruhr-uni-bochum.de/ccsd/
Freie Nutzung des Kooperationsprojekts von Collins Cobuild und der Ruhr-Universität Bochum.

Suche im Collins (E)
http://titania.cobuild.collins.co.uk/form.html
Suche im CobuildDirect Corpus, bestehend aus ca. 50 Millionen Wörtern des zeitgenössischen Englisch (geschrieben und gesprochen); als Quelle dienen britische und amerikanische Printmedien, Radio und Zeugnisse des gesprochenen britischen Englisch. Die zweite Eingabemaske ermöglicht die Suche nach Kollokationen.

Roget's Thesaurus (E)
http://humanities.uchicago.edu/forms_unrest/ROGET.html

8.7.4 Wörterbücher: Weitere europäische Sprachen

ECHO – EURODICAUTOM (E)
http://www2.echo.lu/edic/
Online-Übersetzung zwischen Dänisch, Deutsch, Englisch, Finnisch, Französisch, Griechisch, Italienisch, Latein, Niederländisch, Portugiesisch, Spanisch, Schwedisch.

ZERES: Wörterbuch Online
http://www.zeres.de/dict/index.html
Angebote für Englisch, Französisch, Spanisch, Italienisch.

8.7.5 Fachwörterbücher

Networds: Internet-Wörterbuch
http://www.networds.de
Angebot von Langenscheidt und der Süddeutschen Zeitung.

Biologie-Wörterbuch Englisch-Deutsch
http://bio.biologie.de/lexikon/

8.7.6 Online-Übersetzung

Babelfish: Altavista-Übersetzungsservice (Systran)
http://babelfish.altavista.digital.com/cgi-bin/translate
Maschineller Übersetzungsservice der Altavista-Suchmaschine – probieren Sie den Fortschritt doch einmal aus...

8.8 Literatur und Sprachwissenschaft allgemein

Yahoo-Katalog: Sprach- und Literaturwissenschaft
http://de.dir.yahoo.com/Geisteswissenschaften/Sprach__und_Literaturwissenschaft/

Yahoo-Katalog: Literatur
http://www.yahoo.de/Kunst_und_Kultur/Literatur/

Yahoo-Katalog: Autoren
http://www.yahoo.de/Kunst_und_Kultur/Literatur/Autoren/

DINO-Katalog: Literatur
http://www.dino-online.de/seiten/go05l.htm

Yahoo-Katalog: Literature (E)
http://www.yahoo.com/Arts/Humanities/Literature/

Yahoo-Katalog: Authors (E)
http://www.yahoo.com/Arts/Humanities/Literature/Authors/
Alle bekannten Genres.

Yahoo-Katalog: Education in Literature (E)
http://dir.yahoo.com/Arts/Humanities/Literature/Education/

Nobelpreisträger Literatur
http://www.nobel.se/prize/index.html

DINO-Katalog: Sprachwissenschaften
http://www.dino-online.de/seiten/go14s.htm

Yahoo-Katalog: Sprachen
http://www.yahoo.de/Geisteswissenschaften/Sprach__und_Literaturwissenschaft/Sprachen/

Yahoo-Katalog: Languages (E)
http://dir.yahoo.com/Social_Science/Linguistics_and_Human_Languages/Languages/

Yahoo-Katalog: Linguistics and Human Languages (E)
http://dir.yahoo.com/Social_Science/Linguistics_and_Human_Languages/

Linguist List (E)
http://www.sfs.nphil.uni-tuebingen.de/linguist/index.html
Infozentrum für die Linguistik.

The Human-Languages Page (E)
http://www.june29.com/HLP/
Ressourcen zu (fast) allen Sprachen der Welt, z.T. mit Tonbeispielen.

8.9 Film

8.9.1 Allgemein

DINO-Katalog: Film
http://www.dino-online.de/seiten/go05f.htm

Yahoo-Katalog: Film
http://www.yahoo.de/Unterhaltung/Kino_und_Filme/

Yahoo-Katalog: Movies and Films (E)
http://dir.yahoo.com/Entertainment/Movies_and_Film/

Drews Script-O-Rama (E)
http://www.script-o-rama.com
Zahlreiche Drehbücher und Transkriptionen bekannter Kinofilme – besonders für Englischlehrer eine Erleichterung.

The Internet Movie Database (E)
http://www.imdb.com
Wohl die informativste Filmdatenbank mit fast allen Filmen, mit kurzen Inhaltsangaben, Produktionsdaten, Cast, Zitaten (!!!), Reviews etc.

Filmdatenbank
http://www.movieline.de
Infos zu vielen Filmen mit kurzer Inhaltsangabe, Produktionsdaten und Cast.

Film.com (E)
http://www.film.com
Startseite zum Thema Film, Nachrichten, Rezensionen, Festivals etc.

The Motion Picture Industry: Behind-the-Scenes (E)
http://www.thinkquest.org/library/10015.shtml
Thinkquest-Projekt zur Entstehung von Filmen. Hervorragend!

8.9.2 Magazine, Nachrichten, Rezensionen

Cinema
http://www.cinema.de
Das deutsche Kinomagazin mit umfassender Filmdatenbank.

Kino-News online
http://www.kinonews.de

Cinescape (E)
http://www.cinescape.com
Hervorragendes, aktuelles Kinomagazin.

Hollywood online (E)
http://www.hollywood.com

Roger Ebert on Movies (E)
http://www.suntimes.com/ebert/
Film-Reviews.

8.9.3 Studios und Institutionen

The Academy of Motion Picture Arts and Sciences (E)
http://www.oscars.org

Institut für den Wissenschaftlichen Film (IWF)
http://www.iwf.gwdg.de/

Paramount (E)
http://www.paramount.com

Twentieth Century Fox (E)
http://www.tcfhe.com

United International Pictures (E)
http://www.uip.com

Disney (E)
http://www.disney.com

8.9.4 Berühmte Filme und Serien

Fox: Akte X (E)
http://www.thex-files.com

Paramount: Star Trek (E)
http://www.startrek.com

Fox/LucasArts: Star Wars (E)
http://www.starwars.com

Indiana Jones (E)
http://www.indyfan.com
http://www.indy-world.com
Der wahre Filmheld des 20.Jahrhunderts.

Forrest Gump
http://home.t-online.de/home/Schuermann.Roland/gump.htm
Der Film im Englischunterricht.

Deutsches Bladerunner Archiv
http://www.minet.uni-jena.de/~vicay/BR.html

Stanley Kubrik (E)
http://www.alta.demon.co.uk/amk/
http://www.indelibleinc.com/kubrick/
http://pages.prodigy.com/kubrick/
http://crash.simplenet.com/shining/
Infos, Bilder, Sounds und Links zu seinen Filmen.

8.10 Deutsch

8.10.1 Allgemein

Yahoo Deutschland: Deutsch
http://www.yahoo.de/Geisteswissenschaften/Sprach__und_Literaturwissenschaft/Sprachen/Deutsch/

Yahoo International: German (E)
http://dir.yahoo.com/Social_Science/Linguistics_and_Human_Languages/Languages/Specific_Languages/German/

Dino-Katalog: Germanistik
http://www.dino-online.de/seiten/go14sg.htm

Paperball
http://www.paperball.de
Durchsucht alle deutschen Zeitungen nach aktuellen Artikeln.

Erlanger Liste
http://www.phil.uni-erlangen.de/~p2gerlw/ressourc/liste.html
Umfangreiche Startseite zu germanistischen Angeboten.

Düsseldorfer Virtuelle Bibliothek: Germanistik
http://www.uni-duesseldorf.de/WWW/ulb/ger.html
Linkliste zur Germanistik.

EducETH: Deutsch - Materialsammlung
http://www.educeth.ethz.ch/deutsch/

Internet Resources for Germanists (E)
http://www.germanistik.net
Linkliste an der University of Wisconsin.

Das Internet im Deutschunterricht
http://www.germanistik.uni-halle.de/wagner/net_im_du/home.html
Materialsammlung.

LdL im Deutschunterricht
http://www.ldl.de/material/berichte/deutsch/deutsch.htm
Erfahrungsberichte und Material für den Einsatz der LdL-Methode (Lernen durch Lehren) im Deutschunterricht.

Institut für Deutsche Sprache Mannheim
http://www.ids-mannheim.de

Der Internationale Deutschlehrer-Verband
http://www.wlu.ca/~wwwidv

Goethe-Institut
http://www.goethe.de
Mit vielen Informationen zu Deutsch als Fremdsprache und zu möglichen Partnerschaftsprojekten im Internet.

8.10.2 Literaturgeschichte und Genres

Deutsche Literaturgeschichte
http://www.snafu.de/~mcthree/literatur/
Übersicht über die Epochen, Personen- und Titelregister, Biographien.

Deutsche Literaturgeschichte
http://www.snafu.de/~henrik.marek/deutsch/deutsch.html
Epochenübersicht (mit Downloadmöglichkeit) und Infos zu ausgewählten Klassikern.

Mediävistik-Homepage der Uni Essen
http://www.mediae.uni-essen.de
Online-Einführung und spielerische Tests zur mittelhochdeutschen Grammatik und Literatur.

19th-century German Stories
http://www.vcu.edu/hasweb/for/menu.html
Illustrierte Online-Versionen des „Struwwelpeter", von „Max und Moritz", „Hans Huckebein" und Grimms Märchen.

Fabeln – Verkleidete Wahrheiten
http://members.aol.com/litwiss/Fabeln.htm

Novellen
http://www.zum.de/schule/Faecher/D/BW/gym/Novellen/index.htm

Volkslieder aus aller Welt
http://ingeb.org/home.html
Umfassende Sammlung mit ca. 6000 Volksliedern (z.t. mit Melodie).

WDR: Lesepuz
http://www.wdr.de/radio/radio5/lilipuz/lesepuz/lesepuz.html
Buchtips von „Lilipuz", der WDR-Homepage für Kinder.

Kinderbücher und Jugendbücher
http://members.aol.com/kroklau/index.htm
Infos und Rezensionen.

8.10.3 Magazine

Literaturcafe
http://www.literaturcafe.de
Gelungener Online-Treffpunkt für Literaturfans mit Diskussionsforen, Kritiken, Links etc.

Universum Hypertext
http://www.snafu.de/~klinger/hyper/start.htm
Magazin zu Literatur im Netz.

8.10.4 Literatur, Autoren

Yahoo Deutschland: Literatur
http://www.yahoo.de/Kunst_und_Kultur/Literatur/

Yahoo Deutschland: Autoren
http://www.yahoo.de/Kunst_und_Kultur/Literatur/Autoren/

Yahoo International: Literature (E)
http://dir.yahoo.com/Arts/Humanities/Literature/
Alle bekannten Genres.

Yahoo-Katalog: Authors (E)
http://www.yahoo.com/Arts/Humanities/Literature/Authors/
Mit zahlreichen Links zu Autoren und Online-Texten.

Projekt Gutenberg (Deutschland)
http://gutenberg.aol.de
Bibliothek mit zahllosen Online-Texten der deutschen Literatur; deutsche Abteilung des weltweiten Projekts Gutenberg.

Literaturlinks
http://www.geocities.com/~aristipp/litlinks/litlinks.htm
Z.Zt. mehr als 15.000 Links zu Online-Texten der deutschen Literatur sowie mehr als 1.500 Links zu ins Deutsche übersetzten Online-Texten, zusammengestellt von Helmut Schulze.

LuBiC - Literatur und Bücher im Cyberspace
http://www.carpe.com/lubic/
Empfehlenswerte Linkliste zur Literatur.

Olli
http://www.carpe.com/lit/
Hinter "Olivers Links zur Literatur" verbirgt sich eine beachtliche, aufwendig erarbeitete Startseite zur Literatur, Autoren, Werken etc.

Deutsche Literatur im Internet
http://www.lib.virginia.edu/wess/germtext.html
Umfangreiche Linkliste der Univeristy of Virginia.

Germanistik-Links
http://www.ub.fu-berlin.de/~goerdten/germref.html
Zahlreiche Links zur Germanistik, u.a. mit mehr als 1.900 Links zu deutschen Autoren.

Autoren
http://www.gymnasium-leichlingen.de/Autoren.html
Lebensstationen, Werke, Sekundärliteratur und Links, erstellt von Schülern des Gymnasiums Leichlingen.

The International Brecht Society (E)
http://polyglot.lss.wisc.edu/german/brecht/

Brecht: Dreigroschenoper - Unterrichtsmaterial
http://www.zum.de/schule/Faecher/D/BW/gym/Brecht/dgoper.htm

Brecht: Leben des Galilei
http://www.zum.de/schule/Faecher/D/BW/gym/Brecht/galilei.htm
http://www.inetw.com/home/bg/d-galil.htm
Infos und Unterrichtsmaterial zum Stück, einzelnen Szenen und dem historischen Hintergrund.

Ansprache von Papst Johannes Paul II. über Galileo Galilei
http://www.stjosef.at/dokumente/papst_galilei.htm
"Schmerzliches Missverständnis im Fall Galilei überwunden..."

Wilhelm Busch: Max und Moritz
http://www.vcu.edu/hasweb/for/mm/mmmenu.html
Online-Version, farbig illustriert.

Frisch: Biedermann und die Brandstifter Unterrichtsmaterial
http://www.zum.de/schule/Faecher/D/Saar/real/Biederma.htm

Johann Wolfgang Goethe (D/E)
http://gutenberg.aol.de/autoren/goethe.htm
http://www.aski.org/casa2.htm
http://www.hnet.uci.edu/tpsaine/gsna.html
Online abrufbare Goethe-Texte in der Gutenberg-Sammlung, das neue Museum "Casa di Goethe" in Rom und die "Goethe Society of North America".

Heinrich Heine
http://gutenberg.aol.de/autoren/heine.htm
Kurzbiographie und einige Werke im Projekt Gutenberg.

Franz Kafka (D/E)
http://gutenberg.aol.de/autoren/kafka.htm
http://www.uwasa.fi/~dw/Kafka-Verbindungen.html —> *ohne Erfolg*
http://www.kades.de/kafka/

The Libyrinth: Franz Kafka (E)
http://www.rpg.net/quail/libyrinth/kafka.html —> *ohne Erfolg*
Aufwendig gestaltete und umfangreiche Sektion des „Libyrinths" mit Material zu Biographie und Werk, Rezensionen, Zitate, Bilder, Links.

Heinrich von Kleist
http://gutenberg.aol.de/autoren/kleist.htm
Kurzbiographie und einige Werke im Projekt Gutenberg.

G.E. Lessing: Nathan der Weise
http://www.ikg.rt.bw.schule.de/virkla/names/schuels/deutsch/nathan.html
Material zu Werk und Hintergrund, Bibliographie.

Karl May Gesellschaft
http://karlmay.uni-bielefeld.de
Einführung, Leben und Werk, Infos zu Sekundärliteratur, Links, Handschrift-Faksimilies, mehrere hundert Illustrationen, vor allem aber frei abrufbare Volltextversionen von: Orienterzählungen („Durch die Wüste" etc.), Winnetou-Erzählungen („Winnetou I" als Text, „Winnetou I-III" als digitale Rekonstruktion der Originalausgabe, erstellt von der Universität Bielefeld, mit ausführlichem Register), Winnetou IV, Der Schatz im Silbersee, Old Firehand, Der Ölprinz

Erich Maria Remarque
http://www.ub.uni-osnabrueck.de/emr/bio.html
Leben und Werk.

Erich Maria Remarque: „Im Westen nichts Neues"
http://www-pluto.informatik.uni-oldenburg.de/~gymwhs/fach/de/im_west/weltkr.htm
http://www.erft.de/schulen/abtei-gym/remark/index.html
Materialien und Schulprojekt zu Buch und Film.

8.10.5   Linguistik

LINSE
http://www.linse.uni-essen.de
Linguistik-Server der Universität Essen mit Fachliteratur, Literaturhinweisen und Links, seit neuestem auch online abrufbaren Publikationen und Seminararbeiten zur Linguistik (ESEL) sowie Infos zu „Linguistik Internet – Das Buch zum Netz".

Linguistic Fun (E)
http://www.facstaff.bucknell.edu/rbeard/fun.html
Leicht verständliche und lockere Einführung in die Linguistik und ihre Fachgebiete.

Stefan Etzel: Sprachentstehung und Spracherwerb
http://members.aol.com/ursprach/frame_ur.htm
Überblick über die Forschung, interessantes Material und Links zum Thema.

Lingua ex machina: Reconciling Darwin and Chomsky with the Human Brain (E)
http://www.williamcalvin.com/1990s/1998LinguaExMachinaPrecis.htm
Vorveröffentlichung des bei MIT Press 1999 erscheinenden Buches von William H. Calvin and Derek Bickerton; besonders interessant für die Phylo- und Ontogenese: Kapitel 9 „Protolanguage Emerging", Kapitel 10 „Why Language Birth Doesn't Have to be Gradual", Kapitel 16 „Darwin and Chomsky together at last".

Linguistic Fun: Language Acquisition – Mama teached me talk ? (E)
http://www.facstaff.bucknell.edu/rbeard/acquisition.html

Linguistic Fun: Slithy Toves of Chimpanzees – Can Chimps Talk ? (E)
http://www.facstaff.bucknell.edu/rbeard/chimps.html

Computerlinguistik
http://verdi.uni-duisburg.de
Einführung und Links.

Computerlinguistik: Brutus (E)
http://www.rpi.edu/~brings
Das Programm, das Kurzgeschichten schreibt.

8.10.6 Rechtschreibung, Rechtschreibreform, Grammatik

Der Duden online
http://www.duden.bifab.de/home.html

Institut für Deutsche Sprache: Rechtschreib-Reform
http://www.ids-mannheim.de/grammis/reform/inhalt.html
Regeln und Wörterverzeichnis - Amtliche Regelung.

Informationen zur LRS
http://www.legasthenie.de
http://legasthenie.org/
http://members.aol.com/klherne/welcome.html

8.10.7 Textanalyse, Kreatives Schreiben

Grundbegriffe und Hilfen zur Textanalyse
http://home.t-online.de/home/juergen.krome/welcome.htm
http://userwst1.fh-reutlingen.de/~komma/deutsch/analyse1.htm
Fachbegriffe, Hilfen zur Texterschließung, Übersichten und Einführung zur Analyse fiktionaler
und nichtfiktionaler Texte.

Typische Fehler in Deutscharbeiten
http://www.tornsdorf.de/toss/lehrer/18fehl.htm

Märchen: Eine Schreibwerkstatt für Kinder
http://www.learn-line.nrw.de/Themen/taarb010.htm

8.10.8 Weitere Unterrichtsideen und Lernhilfen

Zeitung in der Schule
http://www.izop.de
Medienpädagogisches Projekt des IZOP-Instituts.

Forum Computerphilologie
http://computerphilologie.uni-muenchen.de
Zum Einsatz des PCs in der Literaturwissenschaft.

Zitate-Datenbank
http://www.zitate.at

8.11 Englisch

Bitte beachten Sie auch die Kapitel **8.1 Medien und Presse, 8.5 Online-Bibliotheken, 8.6 Zugriff auf echte Bibliotheken (OPACs)** sowie **8.7 Nachschlagewerke und Wörterbücher.**

8.11.1 Allgemein

Yahoo USA (E)
http://www.yahoo.com

Yahoo USA: English (E)
http://dir.yahoo.com/Social_Science/Linguistics_and_Human_Languages/Languages/Specific_Languages/English/

Yahoo USA: United States (E)
http://dir.yahoo.com/Regional/Countries/United_States/

Yahoo UK (E)
http://www.yahoo.co.uk

Yahoo UK: English (E)
http://uk.dir.yahoo.com/Social_Science/Linguistics_and_Human_Languages/Languages/Specific_Languages/English/

Yahoo UK: United Kingdom/Ireland (E)
http://www.yahoo.co.uk/Regional/Countries/United_Kingdom/
http://www.yahoo.co.uk/Regional/Countries/Ireland/

Yahoo Deutschland: Vereinigte Staaten von Amerika
http://www.yahoo.de/Staedte_und_Laender/Laender/Vereinigte_Staaten_von_Amerika/

Yahoo Deutschland: Großbritannien/Irland
http://www.yahoo.de/Staedte_und_Laender/Laender/Grossbritannien/
http://www.yahoo.de/Staedte_und_Laender/Laender/Irland/

Yahoo Deutschland: Englisch
http://www.yahoo.de/Geisteswissenschaften/Sprach__und_Literaturwissenschaft/Sprachen/Englisch/

Dino-Katalog: Anglistik, Amerikanistik
http://www.dino-online.de/seiten/go14san.htm

The English Page (E)
http://educeth.ethz.ch/english/
Große und gut sortierte Sammlung von Links zu landeskundlichen Informationen, Unterrichtsmaterial und -ideen, Begleitinfos zu Lektüren.

Microsoft Encarta: Schoolhouse (E)
http://encarta.msn.com/schoolhouse/default.asp
Umfangreiche Sammlung von Unterrichtseinheiten (in englischer Sprache).

Englischmaterialien des nordrhein-westfälischen Bildungsservers
http://www.learn-line.nrw.de/Faecher/en.htm

Englischunterricht in der Informationsgesellschaft
http://www.englisch.schule.de
Unterrichtsideen und Web-Adressen.

Internetadressen für Englisch- und Französischlehrer
http://www.fmi.uni-passau.de/~bayersdo/#Internet-Adressen
Adresssammlung von Eva Bayersdorfer.

Links für den Englischunterricht
http://www.sester-online.de/englisch/

The Teacher's Site
http://www.englischlehrer.de
Homepage für Englischlehrer von Peter Huuck: Nachrichten, interessante Medien, Links.

Instant Lessons (E)
http://english-to-go.com
Unterrichtsmaterial, angelehnt an Reuters-Nachrichten.

Encyclopedia Britannica online (E)
http://www.eb.com
Probenutzung gratis.

Englischer Konferenzclub (E)
http://www.well.com

8.11.2 Landeskunde USA

8.11.2.1 Landeskunde USA: Allgemein

Länderinfo USA (E)
http://educeth.ethz.ch/english/countryinfo/usa.html
Umfangreiche und sehr gut sortierte Startseite zu landeskundlichen Infos: Political/Physical Map; Education; Facts on Geography, People, Government, Economy, Transportation, Communcations; Geography (Cities, National Parks, Weather); Government; History; Holidays; People (African Americans, The Amish, Native Americans); Religion (Pilgrims, Puritans).

Lycos City Guide
http://cityguide.lycos.com
Infos und Links zu den Städten der Welt, an die man sich über Karten „heranzoomt".

An Outline of American History 1994 (E)
http://odur.let.rug.nl/~usa/H/1994/index.htm
Umfassendes, sehr informatives Werk zu *allen* Kapiteln der amerikanischen Geschichte; als grundlegende Quelle zur Behandlung jedes geschichtlichen Themas geeignet.

An Outline of American Literature (E)
http://odur.let.rug.nl/~usa/LIT/index.htm
Grundlegender, umfangreicher Überblick über die Entwicklung der amerikanischen Literatur und ihre Autoren.

An Outline of American Economy (E)
http://odur.let.rug.nl/~usa/ECO/1991/index.htm
Umfassende Abhandlung über die amerikanische Wirtschaft, ihre Entwicklung und ihre Faktoren.

An Outline of American Geography (E)
http://odur.let.rug.nl/~usa/GEO/index.htm
Detaillierte Topographie der USA.

8.11.2.2 Landeskunde USA: Politik

An Outline of American Government (E)
http://odur.let.rug.nl/~usa/GOV/index.htm
Grundlegender, umfangreicher Überblick über die Entwicklung des politischen Systems der USA, mit fundierten Abhandlungen z.B. zur Entstehung der Verfassung.

C-SPAN (E)
http://www.c-span.org
Organisation der US-Kabel-TV-Sender zur Berichterstattung über das House of Representatives: Mitschriften, historische Dokumente, Reden, Artikel, Berichte, Washington Journal (Magazin) – sehr informative und interessante Quelle.

The White House (E)
http://www.whitehouse.gov
Mit Informationen zum aktuellen Präsidenten, Links zu Reden, Biographien aller amerikanischen Präsidenten, Links zu historischen Dokumenten u.v.m.

White House History and Tours (E)
http://www.whitehouse.gov/WH/glimpse/top.html
Virtueller Besuch des Weißen Hauses.

NatGeo: Inside the White House (E)
http://www.nationalgeographic.com/whitehouse/index.html
Schöne, lehrreiche Online-Simulation: Richten Sie als Präsident das Weiße Haus ein, und lesen Sie die Reaktion der Presse !

Elections (E)
http://www.learn-line.nrw.de/angebote/election/
Infos zu Wahlen in den USA.

US Congress (E)
http://thomas.loc.gov/home/thomas2.html
Offizielle Homepage des Kongresses.

US Senate (E)
http://www.senate.gov

The US Senate Project (E)
http://tqd.advanced.org/2900/
Thinkquest-Projekt: Interaktive Simulation der Arbeitsprozesse des Senats.

CapWeb: The Internet Guide to the US Congress (E)
http://www.capweb.net
Sehr umfangreiche Quelle zum Congress (Aufgaben, Entscheidungsprozesse, Zusammensetzung etc.) und zur US-Politik (inkl. The Jefferson Project, s.u.), mit vielen weiteren Links.

The Jefferson Project (E)
http://www.capweb.net/classic/jefferson/
Umfassende Linksammlung zur US-Politik: Do-it-yourself Politics, State Resources, Political Parties, Political Humor, The Left, The Right, The Issues, Government Resources, Political Watchdogs, International Resources.

US Library of Congress (E)
http://www.loc.gov

USA: Die Demokraten (E)
http://www.democrats.org

USA: Die Republikaner (E)
http://www.rnc.org

The Federal Bureau of Investigation (FBI) (E)
http://www.fbi.gov

Die US-Navy (E)
http://www.navy.mil

8.11.2.3 Landeskunde USA: Geschichte

An Outline of American History 1994 (E)
http://odur.let.rug.nl/~usa/H/1994/index.htm
Umfassendes, sehr informatives Werk zu *allen* Kapiteln der amerikanischen Geschichte; als grundlegende Quelle zur Behandlung jedes geschichtlichen Themas geeignet (von den Anasazi bis zu Bill Clinton).

William M. Brinton's Online Books (E)
http://www.us-history.com/
Alternative, weniger umfangreiche, aber aufwendiger gestaltete Quelle.

The National Archives and Records Administration (E)
http://www.nara.gov
Archiv historischer amerikanischer Dokumente und Daten.

Library of Congress: American Memory (E)
http://lcweb2.loc.gov/ammem/amtitle.new.html
Ausstellung der vielleicht größten Bibliothek weltweit mit 32 Sammlungen zur US-Geschichte, für Bildungszwecke erstellt.

1492 – An Ongoing Voyage (E)
http://sunsite.unc.edu/expo/1492.exhibit/Intro.html
Online-Ausstellung der Library of Congress zur Eroberung Amerikas durch die Europäer.

The Declaration of Independence (E)
http://www.nara.gov/exhall/charters/declaration/decmain.html
Einführung, Bild und Transkript.

The Constitution (E)
http://www.nara.gov/exhall/charters/constitution/conmain.html
Einführung, Bild, Transkript und Links zu Biographien der Unterzeichner.

The Bill of Rights (E)
http://www.nara.gov/exhall/charters/billrights/billmain.html
Einführung, Bild und Transkript.

The American Civil War Homepage (E)
http://sunsite.utk.edu/civil-war/
Vergleichbare Quelle.

The Gettysburg Address (E)
http://www.lcweb.loc.gov/exhibits/gadd/
Entwürfe, Endfassung und Übersetzungen.

JFK Lancer (E)
http://www.jfklancer.com/index.html
Sammelseite mit Material zu Kennedy und dem Attentat, mit eigener Sektion für den Unterricht.

Watergate (E)
http://www.washingtonpost.com/wp-srv/national/longterm/watergate/splash1a.htm
Archiv der Washington Post, die den Skandal aufdeckte.

The Vietnam Experience (E)
http://www.shore.net/~vietnam/
Umfassendes Werk: Materialiensammlung (Bilder, Texte, Erinnerungen) vom Herausgeber der gleichnamigen Buchserie (26 Bände)

Vietnam Veterans (E)
http://www.vietvet.org
Organisation der Vietnam-Veteranen; liefert gutes Bild der schwierigen Bewältigung des Kriegs.

Gulf War (E)
http://www.msstate.edu/Archives/History/USA/GulfWar/gulf.html
Quellen zum Golfkrieg, z.B. Tagebücher.

8.11.2.4 Landeskunde USA: Tourist information

Washington D.C.: A Historical Tour of our Nation´s Capital
http://tqd.advanced.org/2813/

Ney York City Guide (E)
http://www.ny.com

Länderinfo USA (E)
http://educeth.ethz.ch/english/countryinfo/usa.html
Umfangreiche und sehr gut sortierte Startseite zu landeskundlichen Infos, u.a. zu Cities, National
Parks, Weather, The Amish.

Discovery: Amish Online (E)
http://www.discovery.com/area/exploration/amish/amish1.html
Einblick in das tägliche Leben der Amish.

Joel Hartman's Homepage (E)
http://www.missouri.edu/~rsocjoel/
Sehr informative Seite, u.a. mit Seminararbeiten zu Themen wie "Amish Dating Practices" und
"Time of Turmoil" (die "wilden Jahre" der jugendlichen Amish).

NatGeo: Fantastic Journeys – Yellowstone (E)
http://www.nationalgeographic.com/yellowstone/index.html
Entdeckung des Yellowstone Nationalparks; eher für Jüngere.

8.11.4   Landeskunde GB und Irland

8.11.4.1 Landeskunde GB und Irland: Allgemein

Filiale des Schlagwortkatalogs Yahoo für UK und Irland
http://www.yahoo.co.uk

Britannia Internet Magazine (E)
http://www.britannia.com
Mit zahlreichen landeskundlichen Infos zu Politik, Geschichte, Reisen.

The British Council (E)
http://www.britcoun.org/
Offizielle Startseite zu vielen landeskundlichen Informationen.

Cultural Studies: United Kingdom (E)
http://www.liu.se/isk/eng/cs/cshome2.html
Sehr informative Seite der Universität von Linköping, Schweden.

8.11.4.2 Landeskunde GB und Irland: Politik

BBC: UK Politics (E)
http://news.bbc.co.uk/hi/english/uk_politics/

The Queen (E)
http://www.royal.gov.uk

Downing Street 10 (E)
http://www.number-10.gov.uk

Houses of Parliament (E)
http://www.parliament.uk

The House of Commons (E)
http://www.parliament.uk/commons/HSECOM.HTM

Election (E)
http://www.election.co.uk/
Infos zu den letzten Wahlen.

General Election 97 (E)
http://www.ge97.co.uk/
Die Wahlen von 1997.

The House of Lords (E)
http://www.parliament.the-stationery-office.co.uk/pa/ld/ldhome.htm

Britannia: Government (E)
http://britannia.com/gov/

A Brief Overview of British Form of Government (E)
http://www.britannia.com/gov/gov4.html

BBC Special Report: House of Lords
http://news.bbc.co.uk/hi/english/special_report/house_of_lords/default.htm
Zur Zusammensetzung, Funktion und Zukunft des Oberhauses.

The Structure of Her Majesty's Government (E)
http://www.britannia.com/gov/gov11.html

How Parliament Works (E)
http://www.britannia.com/gov/gov10.html

Making the Laws (E)
http://www.britannia.com/gov/gov2.html

Checks and Balances – Parliament's control over the government (E)
http://www.britannia.com/gov/gov.html

The Cabinet (E)
http://www.britannia.com/gov/gov3.html

The Political Party System in Britain (E)
http://www.britannia.com/gov/gov9.html

The Conservative Party (E)
http://www.conservative-party.org.uk/

Labour Party (E)
http://www.labour.org.uk/

The Liberal Democrats (E)
http://www.libdems.org.uk/

The Scottish National Party (E)
http://www.snp.org.uk

Elections (E)
http://www.learn-line.nrw.de/angebote/election/
Infos zu Wahlen in GB und Irland.

Government Information in Wales (E)
http://www.wales.gov.uk

Britain and the European Union (E)
http://www.britannia.com/gov/gov12.html

Canada and the Commonwealth (E)
http://www.rcscanada.org
Zur Bedeutung und Funktion des Commonwealth.

8.11.4.3 Landeskunde GB und Irland: Geschichte

Britannia: British history (E)
http://britannia.com/history/

Stonehenge (E)
http://www.britannia.com/history/h7.html

König Artus (E)
http://www.britannia.com/history/h12.html
http://www.lib.rochester.edu/camelot/arthmenu.htm

The Battle of Hastings (E)
http://www.infokey.com/hon/hastings.htm

Robin Hood (E)
http://www.webspan.net/~amunno/rhintro.html
http://www.benturner.com/robinhood/

The Victorian Web (E)
http://www.stg.brown.edu/projects/hypertext/landow/victorian/victov.html
Infos zur Viktorianischen Zeit.

8.11.4.4 Landeskunde GB und Irland: Institutionen

Die Bank von England (E)
http://www.bankofengland.co.uk/

The BBC (E)
http://www.bbc.co.uk

Oxford University (E)
http://www.ox.ac.uk

University of Cambridge (E)
http://www.cam.ac.uk

8.11.4.5 Landeskunde GB und Irland: Tourist information

Britannia: Tours and Travel, Maps (E)
http://britannia.com/travel/
http://www.britannia.com/maps/mapfram.html

British Tourist Authority (E)
http://www.bta.org.uk
http://www.visitbritain.com/

London (E)
http://www.virtual-london.co.uk
http://www.a-london-guide.co.uk
http://www.londonnet.co.uk
Virtuelle Reiseführer.

London Walks (E)
http://london.walks.com
Streifzüge durch London.

London Transport Travel Information (E)
http://www.londontransport.co.uk

The Royal Palaces and Estates (E)
http://www.royal.gov.uk/palaces/index.htm

Wales (E)
http://www.britannia.com/celtic/wales/index.html
http://www.tourism.wales.gov.uk

Scottish Tourist Board (E)
http://www.holiday.scotland.net/

The Highlands of Scotland Tourist Board (E)
http://www.host.co.uk

Nessie (E)
http://www.nessie.co.uk/
http://www.nessa-project.com/index.html

The Irish Tourist Board (E)
http://www.ireland.travel.ie/body.asp

8.11.4.6 Landeskunde GB und Irland: British sports

Britannia: Sports (E)
http://www.britannia.com/sports/

Sky Sports Online (E)
http://www.skysports.co.uk/skysports/

Soccer (E)
http://www.soccernet.com/
http://www.fa-premier.com/

Rugby (E)
http://www.rfu.com
http://www.sru.org.uk
http://www.scrum.com/rugbytoday/

Wimbledon Tennis (E)
http://www.wimbledon.org/

Golf (E)
http://www.golfweb.com/

Cricinfo: The Home of Cricket on the Internet (E)
http://www.cricinfo.org

8.11.4.7 Landeskunde GB und Irland: Northern Ireland conflict

Northern Ireland Government (E)
http://www.nics.gov.uk

Ireland: Government (E)
http://www.irlgov.ie/irlgov/Contents.htm

CNN: Northern Ireland Special (E)
http://www.cnn.com/SPECIALS/1998/nireland/
Historische Hintergründe des Konflikts, Entwicklung, Aussichten.

Bernard MacLaverty: Cal (E)
http://www.englisch.schule.de/cal/index.htm
LK-Projekt zur Lektüre mit vielen nützlichen Informationen und Links.

Bernard MacLaverty: Cal (E)
http://www.educeth.ch/english/readinglist/maclavertyb/index.html
Infos zu Autor, Buch, weitere Links und Unterrichtshilfen.

8.11.5   Landeskunde diverse

Yahoo Canada (E)
http://www.yahoo.ca

Government of Canada (E/F)
http://canada.gc.ca
Startseite zu zahlreichen landeskundlichen Ressourcen.

About Canada (E)
http://canada.gc.ca/canadiana/cdaind_e.html
Infos zur kanadischen Identität.

Canada Fact Sheets (E)
http://canada.gc.ca/canadiana/faitc/faind_e.html

Australian Commonwealth Government: Entry Point (E)
http://www.fed.gov.au
Startseite zu landeskundlichen Informationen.

Sydney Online (E)
http://www.sydney.com.au/

8.11.6   Textsammlungen

The History Channel: Speeches (E)
http://www.historychannel.com/speeches/

Mystery Net (E)
http://www.mysterynet.com
Homepage zur Kriminalliteratur.

Representative Poetry Online (E)
http://www.library.utoronto.ca/utel/rp/intro.html
Umfangreiches Lyrikarchiv der Universität Toronto.

8.11.7   Literatur, Autoren

Yahoo USA: Literature (E)
http://dir.yahoo.com/Arts/Humanities/Literature/

Yahoo USA: Authors (E)
http://www.yahoo.com/Arts/Humanities/Literature/Authors/
Alle bekannten Genres.

An Outline of American Literature (E)
http://odur.let.rug.nl/~usa/LIT/index.htm
Grundlegender, umfangreicher Überblick über die Entwicklung der amerikanischen Literatur.

Yahoo UK: Literature (E)
http://www.yahoo.co.uk/Arts/Humanities/Literature/

Yahoo UK: Authors (E)
http://www.yahoo.co.uk/Arts/Humanities/Literature/Authors/

Reading List for Class Use (E)
http://educeth.ethz.ch/english/readinglist/welcome.html
Infos zu bekannten Autoren und ihren Werken, mit weiteren Links und Unterrichtsideen bzw. projekten; z.B. zu "Lord of the Flies", "Harold and Maude", "Cal", "Death of a Salesman", "The Catcher in the Rye", "Macbeth", "Of Mice and Men", "The Glass Menagerie", "A Streetcar Named Desire".

Jane Austen Information Page (E)
http://www.pemberley.com/janeinfo/janeinfo.html
Umfassende Infos zu Jane Austen, mit Links zu ihren wichtigsten Werken und Material.

Ray Bradbury (E)
http://www.brookingsbook.com/bradbury/
http://sf.www.lysator.liu.se/sf_archive/sf-texts/html_index/sf-texts/authors/B/Bradbury,Ray.mbox

Charlotte Brontë (E)
http://www.stg.brown.edu/projects/hypertext/landow/victorian/bronte/cbronte/bronteov.html

Emily Brontë (E)
http://www.stg.brown.edu/projects/hypertext/landow/victorian/bronte/ebronte/ebronteov.html

Lewis Carroll: Alice in Wonderland
http://surf.de.uu.net/bookland/classics/carroll/alice.html

Raymond Chandler (E)
http://www.geocities.com/Athens/Parthenon/3224/
http://www.usis.usemb.se/sft/142/sf14213.htm

Charles Dickens (E)
http://lang.nagoya-u.ac.jp/~matsuoka/Dickens.html
http://www.stg.brown.edu/projects/hypertext/landow/victorian/dickens/dickensov.html

Sir Arthur Conan Doyle (E)
http://members.tripod.com/~msherman/holmes.html
*http://www.yahoo.com/Arts/Humanities/Literature/Genres/Mystery/Authors/Doyle__Sir_Arthur_*
Conan__1859_1930_/
Mit allen Sherlock Holmes-Geschichten von Sir Arthur C. Doyle.

William Golding: Lord of the Flies (E)
http://www.educeth.ch/english/readinglist/goldingw/index.html
Infos zu Autor, Buch, weitere Links und Unterrichtshilfen.

Forrest Gump (E)
http://home.t-online.de/home/Schuermann.Roland/gump.htm
Der Film im EU.

O.Henry: The Gift of the Magi
http://www.auburn.edu/%7Evestmon/Gift_of_the_Magi.html
Originaltext "Das Geschenk der Weisen" von O.Henry – eine schöne Geschichte für die letzte Stunde vor den Weihnachtsferien.

Colin Higgins: Harold and Maude (E)
http://www.educeth.ch/english/readinglist/higginsc/index.html
Infos zu Autor, Buch, weitere Links und Unterrichtshilfen.

Aldous Huxley (E)
http://www.primenet.com/~matthew/huxley/index.html

The Libyrinth: James Joyce (E)
http://www.rpg.net/quail/libyrinth/joyce
Aufwendig gestaltete und umfangreiche Sektion des „Libyrinths" mit Material zu Biographie und Werk, Rezensionen, Zitate, Bilder, Links.

Stephen King (E/D)
http://www.stephenking.com
http://www.matthias-schemel.de/king.html

Herman Melville (E)
http://www.melville.org

Arthur Miller: Death of a Salesman (E)
http://www.educeth.ch/english/readinglist/millera/index.html
Infos zu Autor, Werk, weitere Links und Unterrichtshilfen.

Arthur Miller: Concordance to Death of a Salesman (E)
http://www.konbib.nl/dutchess.ned/18/06/info-0289.html
Der Text, Wortliste, Suche im Text.

Arthur Miller's The Crucible: Fact & Fiction (E)
http://www.ogram.org/17thc/crucible.shtml

George Orwell (E)
http://www.k-1.com/Orwell/
http://www.geocities.com/SoHo/Square/4085/
http://www.angelfire.com/biz/Essay/
http://www.angelfire.com/biz2/NOTES/nineteeneightyfour.html

Edgar Allan Poe (E)
http://www.comnet.ca/~forrest/library.html
Online-Bibliothek zu Poe mit Biographie und Werken.

J.D. Salinger: The Catcher in the Rye (E)
http://www.educeth.ch/english/readinglist/salingerjd/index.html

William Shakespeare (E)
http://www.shakespeare.com/
http://daphne.palomar.edu/shakespeare/
Das Shakespeare-Web und weitere Links.

William Shakespeare: Werke (E)
http://www.ub.uni-bielefeld.de/diglib/shakespeare/works/six/
Digitale Reproduktionen der Universität Bielefeld.

Macbeth, King Lear, The Tempest (E)
http://www.educeth.ch/english/readinglist/shakespearew/index.html
Infos zu Autor, Werk, weitere Links und Unterrichtshilfen.

The Macbeth Site (E)
http://tqd.advanced.org/2888/
Thinquest-Projekt: "An annotated, on-line version of the Shakespearean tragedy".

The Julius Caesar Site (E)
http://www.perseus.tufts.edu/JC/
Mit ausführlichem Material zu Shakespeares Drama (Handlung, Charaktere, Hintergründe etc.)
und klassische Quellen, auf welche das Stück zurückgeht.

A Midsummer Night's Dream
http://www.ldl.de/material/berichte/englisch/meyer.doc
Unterrichseinheit nach der LdL-Methode (Lernen durch Lehren) von Michael Meyer.

John Steinbeck (E)
http://www.sjsu.edu/depts/steinbec/srchome.html
The Center for Steinbeck Studies.

John Steinbeck: Of Mice and Men (E)
http://www.educeth.ch/english/readinglist/steinbeckj/index.html

J.R.R. Tolkien (E)
http://www.lord-of-the-rings.com/
http://privat.schlund.de/tolkien/
http://literatur.freepage.de/palantir/
http://www.erols.com/aelfwine/Tolkien/linguistics/resources.html

H.G. Wells: The War of the Worlds (E)
http://www.fourmilab.ch/etexts/www/warworlds/warw.html
HTML-Version, in Kapitel gegliedert.

Walt Whitman (E)
http://www.liglobal.com/Walt/

Oscar Wilde (E)
http://www.bartleby.com/143/index.html
http://www.bibliomania.com/Fiction/wilde/DorianGray/index.html
http://www.stg.brown.edu/projects/hypertext/landow/victorian/decadence/wilde/wildeov.html
Oscar-Wilde-Forum „The Wild Wilde Web", Biographisches, Zitate, Poems etc.

Tennessee Williams: The Glass Menagerie/A Streetcar Named Desire (E)
http://www.educeth.ch/english/readinglist/williamst/index.html
Infos zu Autor, Werk, weitere Links und Unterrichtshilfen.

8.11.8 Songs

Songtexte (E)
http://www.lyrics.ch

Bruce Springsteen Lyrics (E)
http://www.xs4all.nl/~maroen/engels/lyrics.html
Dire Straits Lyrics (E)
http://www.stud.unisg.ch/~tgygax/ds/index.html
http://www.xs4all.nl/~gruson/

Rock'n'Roll Hall of Fame – Lesson Plans (E)
http://www.rockhall.com/educate/lssnplan

Volkslieder aus aller Welt
http://ingeb.org/home.html
Umfassende Sammlung mit ca. 6000 Volksliedern (z.T. mit Melodie).

8.11.9 Unterrichtsideen

Grundkurs-Projekt über vier britische und irische Zeitungen im Web (E)
http://www.schule.tmr.net/hvk/faecher/englisch/12gk.htm

LdL im Englischunterricht
http://www.ldl.de/material/berichte/englisch/englisch.htm
Erfahrungsberichte und Material für den Einsatz der LdL-Methode (Lernen durch Lehren) im Englischunterricht.

Spoken Word Poetry (E)
http://www.learn-line.nrw.de/Faecher/Englisch/ASPOKE/index.html
Ein neuer Zugang zu Lyrik im Englischunterricht.

Fairytales (E)
http://www.learn-line.nrw.de/Themen/Maerchen/eindex.htm
Creative writing.

The Learning Station (E)
http://www.learning-station.com
Online-Unterstützung der Multimedia-CDs „Surfin' California" und „Surfin' England" von WDR, DigiVision und Langenscheidt.

8.11.10 Lernhilfen

Bartlett's Familiar Quotations (E)
http://www.bartleby.com/99/

Comenius – The Virtual English Language Center (E)
http://www.comenius.com
Weiterbildungszentrum für Englisch-Lerner mit vielen Informationen, weiteren Links und Software-Verzeichnis.

Anglizismen, False Friends, Übersetzungsfallen
http://www-stz.dfki.uni-sb.de/~winter/lang/anglizisms-de.html

Watchword (E)
http://titania.cobuild.collins.co.uk/thiswatch.html
Wöchentlicher Kommentar von Collins Cobuild zu aktuellem Sprachgebrauch (mit Archiv).

A Word A Day (E)
http://www.wordsmith.org/awad/index.html
Wer sich hier registriert, erhält jeden Tag per Email eine neue (mehr oder weniger exotische) Vokabel mit Erklärung und Anwendungsbeispielen (einsprachig).

8.11.11 Email-Partner und –Projekte

Intercultural Email Classroom Connections (E)
http://www.stolaf.edu/network/iecc/
Homepage der St.Olaf-Liste (Minnesota), dem wohl größten Forum für Email-Partnerschaften zwischen Schulklassen.

Email-Projekte im Englischunterricht
http://www.englisch.schule.de/email.htm
Homepage von Reiner Donath mit Infos zur Kontaktaufnahme, Hilfen für die Durchführung, Projektbeispiele etc.

Das Transatlantische Klassenzimmer (TAK)
http://www.tak.schule.de
Projekt der Körber-Stiftung zur Vermittlung von Partnerklassen.

ePALS Classroom Exchange (E)
http://www.epals.com
Vermittlung von Email-Partnerklassen.

International Tandem Network (D/E...)
http://www.slf.ruhr-uni-bochum.de/email/idxdeu00.html
Projekt der Ruhr-Universität Bochum: Vermittlung von Email-Partnern in aller Welt zum gemeinsamen Lernen und Kennenlernen der Sprache und Kultur des Partners.

Heinemann Interactive (E)
http://www.hi.com.au
Vermittlung von Email-Partnern, nach Altersgruppen sortiert.

Schools on the Web (E)
http://web66.coled.umn.edu/

8.12 Französisch

Bitte beachten Sie auch die Kapitel **8.1 Medien und Presse, 8.5 Online-Bibliotheken, 8.6 Zugriff auf echte Bibliotheken (OPACs)** sowie **8.7 Nachschlagewerke und Wörterbücher.**

8.12.1 Allgemein

Yahoo France (F)
http://www.yahoo.fr/

Yahoo France: Francais (F)
http://www.yahoo.fr/Sciences_humaines/Langues_et_linguistique/Langues_et_dialectes/Francais/

Yahoo International: France (E)
http://dir.yahoo.com/Regional/Countries/France/

Yahoo International: French (E)
http://www.yahoo.com/Social_Science/Linguistics_and_Human_Languages/Languages/Specific_Languages/French/

Yahoo Deutschland: Frankreich
http://www.yahoo.de/Staedte_und_Laender/Laender/Frankreich/

Yahoo Deutschland: Französisch
http://www.yahoo.de/Geisteswissenschaften/Sprach__und_Literaturwissenschaft/Sprachen/Franzoesisch/

Francelink (E/F)
http://www.francelink.com
Mit gut sortierter Linksammlung.

En Classe (F)
http://www.imaginet.fr/momes/education/index.html
Große Sammlung von Unterrichtsmaterial.

La Page Française/The French Page (E/F)
http://www.acs.appstate.edu/~griffinw/website/french.html
Startseite für Französischlerner zu zahlreichen Links.

Die Französische Nationalbibliothek (F)
http://www.bnf.fr

8.12.2 Landeskunde Frankreich

Premier ministre et Gouvernement (F/E/D/S)
http://www.premier-ministre.gouv.fr/
Homepage des Premierministers und Startseite zu politischen Informationen.

L'Assemblée nationale (F)
http://www.assemblee-nationale.fr

Parti Socialiste (F)
http://www.parti-socialiste.fr

Parti Communiste Français (F)
http://www.pcf.fr

Les Verts (F)
http://www.verts.imaginet.fr

RPR (F)
http://www.rpr.asso.fr

Homepage von Paris (F/E)
http://www.paris.org

Der Louvre (F/E/S)
http://www.louvre.fr

8.12.3 Landeskunde Kanada

Yahoo Canada (E)
http://www.yahoo.ca

Government of Canada (E/F)
http://canada.gc.ca
Startseite zu zahlreichen landeskundlichen Ressourcen.

About Canada (E)
http://canada.gc.ca/canadiana/cdaind_f.html
Infos zur kanadischen Identität.

Canada: Government Overview (E)
http://canada.gc.ca/howgoc/howind_f.html

Canada Fact Sheets (E)
http://canada.gc.ca/canadiana/faitc/faind_f.html
Hervorragende, überschaubare Auskünfte.

Office de la langue française (F/E)
http://www.olf.gouv.qc.ca
Das Büro der französischen Sprache in Kanada.

8.12.4 Literatur, Autoren

Yahoo France: Litterature (F)
http://www.yahoo.fr/Art_et_culture/Litterature/

Yahoo France: Auteurs (F)
http://www.yahoo.fr/Art_et_culture/Litterature/Auteurs/

Yahoo-Katalog: Authors (E)
http://www.yahoo.com/Arts/Humanities/Literature/Authors/

Fontaine: Fables (F)
http://wwwcip.rus.uni-stuttgart.de/~deu12302/bibl/fontaine/fables.htm

Guy de Maupassant (F)
http://ourworld.compuserve.com/homepages/bib_lisieux/maupas.htm
Online-Textsammlung.

Antoine de Saint-Exupéry (E/F)
http://www.westegg.com/exupery/
Bibliographie, Zitate, Links.

Antoine de Saint-Exupéry: Le Petit Prince / The Little Prince / Der kleine Prinz
http://www.inteligente.com/b612/yes.htm
http://littleprince.8m.com
http://www.geocities.com/Athens/Rhodes/1916/index2.html
"The Little Prince"-Homepage (toll!), Biografisches, Online-Text mit versch. Übersetzungen etc.

Jules Verne (E)
http://avery.med.virginia.edu/~mtp0f/flips/jules.html
http://gauss.technion.ac.il/~rl/JulesVerne/
Leben und Werk, mit Online-Versionen in Französisch und Englisch.

Jules Verne: De la Terre a la Lune (F)
http://www.fourmilab.ch/etexts/DeLaTerreALaLune.txt
Mit ausführlicher Einführung zur Online-Version, nach der Originalausgabe von 1865.

Jules Verne: Le Tour du monde en 80 jours (F)
Reine Textversion: *http://www.fourmilab.ch/etexts/tdm80j.txt*
HTML-Version *http://www.fourmilab.ch/etexts/www/tdm80j/*
Mit ausführlicher Einführung zur Online-Version, nach der französischen Originalausgabe von 1873. Die Textversion besteht aus einer kompletten Datei, die HTML-Version ist nach Kapiteln gegliedert und illustriert.

Voltaire Foundation (F)
http://www.voltaire.ox.ac.uk/

8.12.5   Weitere Unterrichtsideen und Lernhilfen

LdL-Methode im FU
http://www.ldl.de/material/berichte/franz/franz.htm
Diverse Artikel zum Einsatz der LdL-Methode (Lernen durch Lehren) im FU: Hausaufgabenbesprechung, Diktate, Vokabelkontrolle und -einführung, Arbeit mit Folien.

Fremdsprachen für Reisende (E/F/S/I)
http://www.travlang.com/languages/

Lückentests Grundwortschatz Französisch
http://goethe-verlag.com/tests/DF/DF.HTM

8.13 Spanisch

Bitte beachten Sie auch die Kapitel **8.1 Medien und Presse, 8.5 Online-Bibliotheken, 8.6 Zugriff auf echte Bibliotheken (OPACs)** sowie **8.7 Nachschlagewerke und Wörterbücher.**

Yahoo España (S)
http://www.yahoo.es

Yahoo España: Español (S)
http://es.dir.yahoo.com/Ciencias_sociales/Lingueistica/Idiomas/Espanol/

Yahoo España: Literatura (S)
http://www.yahoo.es/Arte_y_cultura/Literatura/

Yahoo España: Autores (S)
http://www.yahoo.es/Arte_y_cultura/Literatura/Autores/

Yahoo International: Spain (E)
http://dir.yahoo.com/Regional/Countries/Spain/

Yahoo International: Spanish (E)
http://dir.yahoo.com/Social_Science/Linguistics_and_Human_Languages/Languages/Specific_Languages/Spanish/

Yahoo International: Authors (E)
http://www.yahoo.com/Arts/Humanities/Literature/Authors/
Alle bekannten Genres.

Yahoo Deutschland: Spanien
http://www.yahoo.de/Staedte_und_Laender/Laender/Spanien/

Yahoo Deutschland: Spanisch
http://de.dir.yahoo.com/Geisteswissenschaften/Sprach__und_Literaturwissenschaft/Sprachen/Spanisch/

Web-Verzeichnis für Hispanisten und Katalanisten
http://www.uni-mainz.de/~lustig/hisp/index.html

Der Deutsche Spanischlehrer-Verband
http://www.uni-muenster.de/Romanistik/dsv/

Intercultural Email Classroom Connections (E)
http://www.stolaf.edu/network/iecc/
Homepage der St.Olaf-Liste (Minnesota), dem wohl größten Forum für Email-Partnerschaften zwischen Schulklassen.

ePALS Classroom Exchange (S)
http://www.epals.com/index_sp.html
Vermittlung von Email-Partnerklassen.

D'Història (S)
http://www.uv.es/~apons/un.htm
Quelle zur spanischen Geschichte.

Miguel de Cervantes Saavedra (S)
http://cervantes.alcala.es/inicio.htm
Leben und Werk, online abrufbare Texte, Bilder, Bibliographien etc.

The Libyrinth: Gabriel García Márquez (E)
http://www.rpg.net/quail/libyrinth/gabo
Aufwendig gestaltete und umfangreiche Sektion des „Libyrinths" mit Material zu Biographie
und Werk, Rezensionen, Zitate, Bilder, Links.

The Libyrinth: Jorge Luis Borges (E)
http://www.rpg.net/quail/libyrinth/borges
Aufwendig gestaltete und umfangreiche Sektion des „Libyrinths" mit Material zu Biographie
und Werk, Rezensionen, Zitate, Bilder, Links.

BBC: Nachrichten (E/S)
http://news.bbc.co.uk/hi/spanish/world/default.htm
BBC-Nachrichten in Spanisch (für Lateinamerikaner).

LdL im Spanischunterricht
http://www.ldl.de/material/berichte/span/span.htm
Erfahrungsbericht über eine Landeskunde-Einheit nach der LdL-Methode (Lernen durch Lehren)
im Spanischunterricht.

Materialien für den Spanischunterricht: Peru
http://ilsebill.biologie.uni-freiburg.de/schule/Faecher/Sp/NS/Peru.htm

Gewalt in Diktaturen
http://www.allgaeu.org/ag/projekte/hoelters/hoelters.htm
Bilinguales Unterrichtsprojekt.

Lückentests für die Grundstufe Spanisch
http://www.goethe-verlag.com/tests/DS/DS.HTM

Fremdsprachen für Reisende (E/F/S/I)
http://www.travlang.com/languages/
Basisvokabular für die Reise nach Spanien.

Web Spanish Lessons (E/S)
http://www.hardlink.com/~chambers/Spanish/

8.14 Italienisch

Bitte beachten Sie auch die Kapitel **8.1 Medien und Presse, 8.5 Online-Bibliotheken, 8.6 Zugriff auf echte Bibliotheken (OPACs)** sowie **8.7 Nachschlagewerke und Wörterbücher.**

Yahoo Italia (I)
http://www.yahoo.it

Yahoo Italia: Italiano (I)
http://it.dir.yahoo.com/Scienze_umane_e_sociali/Linguistica/Lingue/Lingue_specifiche/Italiano/

Yahoo Italia: Letteratura (I)
http://www.yahoo.it/Arte_e_cultura/Lettere_e_filosofia/Letteratura/

Yahoo Italia: Autori (I)
http://www.yahoo.it/Arte_e_cultura/Lettere_e_filosofia/Letteratura/Autori/

Yahoo International: Italy (E)
http://dir.yahoo.com/Regional/Countries/Italy/

Yahoo International: Italian (E)
http://dir.yahoo.com/Social_Science/Linguistics_and_Human_Languages/Languages/Specific_Languages/Italian/

Yahoo International: Authors (E)
http://www.yahoo.com/Arts/Humanities/Literature/Authors/
Alle bekannten Genres.

Yahoo Deutschland: Italien
http://www.yahoo.de/Staedte_und_Laender/Laender/Italien/

Yahoo Deutschland: Italienisch
http://www.yahoo.de/Geisteswissenschaften/Sprach__und_Literaturwissenschaft/Sprachen/Italienisch/

Dino-Katalog: Romanistik
http://www.dino-online.de/seiten/go14sro.htm

Italienische Literatur (I)
http://www.crs4.it/HTML/Literature.html
Romane, Klassiker, Lyrik, die Bibel etc.

Liber Liber (Project Manuzio) (I)
http://www.liberliber.it/home/index.htm
Sammlung online abrufbarer Texte.

Corriere della Sera (I)
http://www.corriere.it
Online-Ausgabe der bekannten italienischen Zeitung.

La Stampa (I)
http://www.lastampa.it
Italienische Zeitung.

Umberto Eco (E)
http://www.dsc.unibo.it/dipartimento/people/eco/index.html
Offizielle Hompage an der Universität von Bologna: Info zu Leben und Werk, Bibliographien.

Umberto Eco
http://www.hanser.de
Homepage des Hanser Verlags (über Autoren-Archiv).

Umberto Eco: Porta Ludovica (E)
http://www.rpg.net/quail/libyrinth/eco/
Aufwendig gestaltete und umfangreiche Sektion des „Libyrinths" zu Umberto Eco; hier findet man ausführliches Material zu Biographie und Werk, Rezensionen, Zitate, Bilder, Links.

Umberto Eco: Theoretische Schriften
http://homepage.rz.ruhr-uni-bochum.de/Helge.Schalk/Semiotik/eco.htm

Rom-Führer (I)
http://www.roma2000.it

Pompeji (E)
http://jefferson.village.virginia.edu/pompeii/page-1.html

Der Vesuv (E)
http://www.geo.mtu.edu/~boris/VESUVIO.html

Lückentests zum Grundwortschatz Italienisch
http://www.goethe-verlag.com/tests/DI/DI.HTM

Fremdsprachen für Reisende (E/F/S/I)
http://www.travlang.com/languages/
Basisvokabular für die Reise nach Italien.

8.15   Russisch

Yahoo-Katalog: Russisch
http://www.yahoo.de/Geisteswissenschaften/Sprach_und_Literaturwissenschaft/Sprachen/Russisch/

Yahoo-Katalog: Russland
http://de.dir.yahoo.com/Staedte_und_Laender/Laender/Russische_Foederation/

Dino-Katalog: Slawistik
http://www.dino-online.de/seiten/go14ssl.htm

Russisch als Fremdsprache
http://www.russisch.com
Medien für das Erlernen der russischen Sprache, Leseproben, Russisch am PC etc.

LdL im Russischunterricht
http://www.ldl.de/material/berichte/russ/russ.htm
Erfahrungsberichte und Material für den Einsatz der LdL-Methode im Russischunterricht.

Russia online (R/E)
http://www.online.ru
http://www.online.ru/english/index.html
Startseite zu nationalen und internationalen Nachrichten aus der russischen Presse.

Russian Story – Russian Periodicals online (R/E)
http://www.russianstory.com
Nachrichten, Links zu Zeitungen und Online-Abonnements.

Russia Today (R/E)
http://www.russiatoday.com

The St.Petersburg Times (R/E)
http://www.sptimes.ru

Itar-Tass (R)
http://www.itartass.com

BBC: Nachrichten (E/R)
http://news.bbc.co.uk/hi/russian/world/default.htm

Russian Literature: Middle Ages to Dostoevsky (E)
http://www.umn.edu/lol-russ/hpgary/Russ3421/Russ3421.htm

Fyodor Mikhailovich Dostoevsky (E)
http://www.middlebury.edu/~beyer/courses/previous/ru351/dostoevsky/F.M.Dostoevsky.shtml
Biographie und Lektürehilfen zu diversen Werken.

Fyodor Mikhailovich Dostoevsky: The Brothers Karmozov (E)
http://www.friends-partners.ru/oldfriends/literature/brothers.html
Online-Text.

8.16 Latein und Griechisch

Bitte beachten Sie auch die Kapitel **8.1 Medien und Presse**, **8.5 Online-Bibliotheken**, **8.6 Zugriff auf echte Bibliotheken (OPACs)**, **8.7 Nachschlagewerke und Wörterbücher** sowie **8.17.3 Frühgeschichte und Antike**.

Latinistik Erlangen
http://www.phil.uni-erlangen.de/~p2latein/home.html
Hervorragende Startseite zu Materialien und Online-Artikeln zur lateinischen Sprache, Literatur, römischen Kultur etc. (s.u. KIRKE).

KIRKE
http://www.phil.uni-erlangen.de/~p2latein/kirke/kirkerah.html
Katalog der Internet-Ressourcen für die Klassische Philologie und Alte Geschichte aus Erlangen.

Yahoo-Katalog: Latein
http://www.yahoo.de/Geisteswissenschaften/Sprach__und_Literaturwissenschaft/Sprachen/Latein/

Dino-Katalog: Latinistik
http://www.dino-online.de/seiten/go14sla.htm

Yahoo-Katalog: Griechisch
http://www.yahoo.de/Geisteswissenschaften/Sprach__und_Literaturwissenschaft/Sprachen/Griechisch/

Lateinforum
http://www.lateinforum.de
Startseite zu Latein-Material und –Links.

Lateinseite von Dieter Kaufmann
http://www.geocities.com/CollegePark/Gym/3410/latein.htm
Arbeitsblätter (Grammatik etc.), Übersetzungshilfen, Abbildungen, Links.

Online-Ratgeber zum Latinum
http://members.aol.com/medicamina/latgraec/latinum.htm
Warum man es braucht (z.B. für welche Studienfächer) - hervorragende Seite.

Latein lebendig !
http://www.learn-line.nrw.de/Faecher/Latein/flarb015.htm
Vorschläge zur lebendigen Gestaltung des Lateinunterrichts.

33 Klassenarbeiten zur Cäsar-Lektüre
http://www.altenforst.de/faecher/latein/caesar.htm

Navigium
http://www.navigium.de
Funktionsreiches Programm für Latein-Training am Computer zu Hause und im Unterricht: Vokabel- und Grammatiktraining, Formenanalyse, Übersetzung.

Wochennachrichten in Latein
http://www.yle.fi/fbc/latini/

LdL im Lateinunterricht
http://www.ldl.de/material/berichte/latein/latein.htm
Erfahrungsberichte und Material für den Einsatz der LdL-Methode im Lateinunterricht.

Library of Congress: Greek and Latin Classics Internet Resources (E)
http://lcweb.loc.gov/global/classics/claslink.html
Bibliothek für lateinische und griechische Quellen.

The Perseus Project (E)
http://www.perseus.tufts.edu/
Projekt der Tufts-Universität, Massachussetts mit griechischen und lateinischen Texten, Quellen
zur Übersetzung, Links von Vokabeln zu Wörterbucheinträgen, Sekundärliteratur, Sonderseiten
zu Herkules und dem Antiken Olympia uvm.

OMACL: The Online Medieval and Classical Library (E)
http://sunsite.berkeley.edu/OMACL/
Projekt der Universität Berkeley mit großer Sammlung antiker und mittelalterlicher Texte.

The Internet Classics Archive (E)
http://the-tech.mit.edu/Classics/
Großes Archiv des MIT mit 441 klassischen, v.a. griechischen und lateinischen Texten.

Latin Ressources (E)
http://www.georgetown.edu/irvinemj/classics203/resources/resources.html
Lateinkurse, Grammatik, Latein des Mittelalters, Bibeltext.

Augustus: An Annotated Guide to Online Resoruces (E)
http://www.virgil.org/augustus/
Hervorragende Startseite von Virgil.

Julius Caesar: An Annotated Guide to Online Resoruces (E)
http://www.virgil.org/caesar/

Gaius Julius Caesar
http://www.uni-paderborn.de/Admin/corona/chris/Caesar_0.html
Geschichtliches, durchaus lohnenswert.

Ovid im WWW
http://www.phil.uni-erlangen.de/~p2latein/ovid/start.html
Sammlung von Ressourcen: Texte, Artikel, Bibliographien, Links.

The Cicero Homepage (E)
http://www.utexas.edu/depts/classics/documents/Cic.html
Angebot der University of Texas.

Ciceronis In Catilinam oratio I
http://lehrer1.rz.uni-karlsruhe.de/~za1015/catilin1
Ciceros Text, dargeboten nach der *gradatim*-Methode; als HTML-Dateien oder als Worddateien
zur Verwendung auf Folie verfügbar.

8.17 Geschichte

Zur Geschichte der Vereinigten Staaten und der Britischen Inseln beachten Sie bitte die entsprechenden Abschnitte in Kapitel **8.11 Englisch**. Quellen zur frühen Menschheitsgeschichte liefert das Kapitel **8.20.7 Evolution und Anthropologie**.

8.17.1 Allgemein

DINO-Katalog: Geschichte
http://www.dino-online.de/seiten/go14h.htm

Yahoo-Katalog: Geschichte
http://www.yahoo.de/Geisteswissenschaften/Geschichte/

Yahoo-Katalog: History (E)
http://www.yahoo.com/Arts/Humanities/History/

The World-Wide Web Virtual Library: History (E)
http://history.cc.ukans.edu/history/WWW_history_main.html
Wahrhaft gigantisches Quellenverzeichnis, mit alphabetischer oder chronologischer bzw. geographischer Sortierung.

The History Channel (E)
http://www.historychannel.com/
http://www.historyinternational.com/today/
Homepage des TV-Senders: gelungene Online-Ausstellungen (z.B. "Letters home from World War II"), historische Reden (großes Archiv), Unterrichtsideen, Diskussionen, Links.

History Index (E)
http://www.ukans.edu/history/VL/
Sehr umfangreiche Startseite der Universität von Texas zu historischen Quellen im INternet.

Deutsches Datenzentrum Geschichte
http://www.phil.uni-erlangen.de/~p1ges/vl-dtld.html
Verzeichnis deutschsprachiger Quellen.

Historische Informationsressourcen im Internet
http://www.rz.uni-duesseldorf.de/uni.d/studium.d/faecher.d/phil.d/geschichte.d/_g_infos/internet.htm
Linksammlung der Universität Düsseldorf.

Nachrichtendienst für Historiker
http://www.crispinius.com/nfh2/index.htm
Hervorragende Seite mit aktueller Presseschau, Liste von Geschichtsmagazinen, Links, Newsletter, Presseschau und TV-Programm.

Damals – Geschichte online
http://www.damals.de
Online-Version des Geschichtsmagazins mit Infos zur aktuellen Druckausgabe (Inhaltsverzeichnis, Abstracts der Artikel), Archiv der Inhaltsverzeichnisse von 1993-98 (mit Anzeige des Abstracts des gesuchten Artikels und Möglichkeit zur Nachbestellung des Heftes), erweitertem Ausstellungsteil, Bestellung von Probeheften sowie Links zu vielen Museen, Bibliotheken, Archiven etc.

Geschichte und Unterricht
http://www.rhein-neckar.netsurf.de/~mdz/history.htm
Startseite zu Geschichtslinks.

Hauke Haien Homepage
http://members.aol.com/haukehaien
Aufsätze zu Preußen, Weimarer Republik, Kolonialpolitik, Ursachen für den 1. Weltkrieg.

Klausuren Leistungskurs Geschichte
http://www.altenforst.de/faecher/geschi/decker/index.htm
Mit Beispielen von Schülerarbeiten.

Schullexikon Geschichte
http://www.gzg.fn.bw.schule.de/lexikon/indgesch.htm
Diverse Referate und Jahresarbeiten am Graf-Zeppelin-Gymnasium.

Deutsche Könige, Kaiser und Staatschefs
http://www.chemie.fu-berlin.de/diverse/bib/de-kks.html

Ethnologie im Internet
http://www.ethnologie.de

8.17.2 Archäologie

DINO-Katalog: Archäologie
http://www.dino-online.de/seiten/go14b.htm

Yahoo-Katalog: Archäologie
http://www.yahoo.de/Geisteswissenschaften/Anthropologie_und_Archaeologie/

Yahoo-Katalog: Anthropology and Archaeology (E)
http://www.yahoo.com/Social_Science/Anthropology_and_Archaeology/

Thematischer Index zu archäologischen Ressourcen im WWW
http://www.ufg.uni-freiburg.de/d/link/subject/

Geographischer Index zu archäologischen Ressourcen im WWW
http://www.ufg.uni-freiburg.de/d/link/country/

Archaeology (E)
http://www.archaeology.org
Hochinteressantes wissenschaftliches Magazin mit aktuellen Forschungsberichten online.

ArchNet: Virtual Library - Archaeology (E)
http://www.lib.uconn.edu/archnet/
Große Quellensammlung mit thematischer und geographischer Suchmöglichkeit.

WDR Quarks & Co.: Das Geheimnis der Mumien
http://www.quarks.de/mumien/index.htm

8.17.3 Frühgeschichte und Antike

Ancient World Web (E)
http://www.julen.net/aw/
Große Quellensammlung mit thematischer und geographischer Suchmöglichkeit.

Classics Links (E)
http://www.utexas.edu/depts/classics/
Linksammlung der University of Texas zur Antike.

NatGeo: Die Entdeckung des Grabs von Tut-Ench-Amun
http://www.nationalgeographic.com/egypt/index.html
Interaktive Version der historischen Ausgabe von „National Geographic".

Weltreiche, Kriege und die Großen
http://www.uni-paderborn.de/Admin/corona/chris/Christian.html
Artikel zu Alexander dem Großen, Hannibal, Caesar, Seekriegen.

Die 7 Weltwunder der Antike (E)
http://ce.eng.usf.edu/pharos/wonders/

A Tour of Ancient Olympia (E)
http://olympics.tufts.edu/site.html
Informative und aufwendig gestaltete Seite.

Rom im WWW
http://adyton.phil.uni-erlangen.de/~p2latein/ressourc/roma.html
Startseite zu Infos und Material zu Rom.

Von der Ermordung des Gaius Julius Cäsar
http://user.cs.tu-berlin.de/~ohherde/caesar.htm
Artikel.

Hannibal
http://www.uni-paderborn.de/Admin/corona/chris/Hannibal_0.html
Gut aufbereitete Biographie.

Kalkriese – Die Örtlichkeit der Varusschlacht
http://www.geschichte.uni-osnabrueck.de/projekt/start.html
http://www.altenforst.de/faecher/geschi/kalkries/index.htm
Infos und Forschungen zum niedersächsischen Kalkriese als Ort der Varusschlacht, zur römischen Germanienpolitik, Rezeption des Ereignisses, Quellen etc.

8.17.4 Mittelalter

Das Mittelalter im Internet
http://www.spinfo.uni-koeln.de/mensch/projekt/mahomepaunix.html
Gute Startseite.

Mittelalter
http://www.mittelalter.de
Infos zur Alltagskultur des Mittelalters, Waffen, Rüstungen, Veranstaltungen etc.

Karl der Grosse
http://www.uni-paderborn.de/Admin/corona/chris/Karl_0.html
Biographie.

Kreuzzüge und Stauferzeit
http://www.gzg.fn.bw.schule.de/lexikon/kreuzzug/indexkrz.htm
Projekt zur Geschichte der Kreuzzüge.

The Holy Grail (E)
http://www.geocities.com/Athens/Delphi/3636/indexe.htm
Infos zur Legende des Heiligen Grals.

Stadt, Adel, Region im Mittelalter
http://www.uni-koblenz.de/~graf/index.html

8.17.5 Neuzeit

Venedig – ein kulturelles Zentrum der Renaissance
http://www.dbg.rt.bw.schule.de/lehrer/soppa/fachueb/venedig.htm
Projekt für die Jahrgangsstufe 11 mit Möglichkeit zum fächerübergreifenden Unterricht.

Das Schlachtfeld von Waterloo
http://www.braine-lalleud.com/waterloo/de/

Preussen Online (E)
http://www.michaelectric.com/prussia/

Friedrich der Große
http://user.cs.tu-berlin.de/~blade/fried_1.htm

Die Revolution von 1848/49
http://kant.stepnet.de/FAECHER/GE/1848.HTM
Linksammlung.

8.17.6 Der 1. Weltkrieg und die Weimarer Republik

World War I - Trenches on the Web (E)
http://www.worldwar1.com
Eine der umfangreichsten Infoquellen zu Artikeln zur Geschichte des Krieges (Ursachen, Schlachten, spezielle Aspekte), Biographien, Dokumenten, Karten, Bildern und Fotos, Büchern, Zeitleisten, Forum, Postern, Virtual-Reality Hall, Special Features, Links.

World War I Aviation Page (E)
http://members.tripod.com/~Whitehead/index.html
Die Fliegerasse und ihre Siege.

Der Versailler Vertrag (E)
http://olsnsrv.cs.uni-magdeburg.de/OLSN/Wissen/Geschichte/Vortrag/Versailles/vs_fv_ges.html
http://ac.acusd.edu/History/text/versaillestreaty/vercontents.html

Arbeitsblätter für den Geschichtsunterricht: Weimarer Republik
http://www.zum.de/Faecher/G/BW/weimar/index.htm
Zu den Themen: die Revolution vom November 1918, der Friedensvertrag von Versailles, die Weimarer Verfassung, Krisenjahre der Republik, Außenpolitik, Ursachen und Gründe für das Scheitern, Zeittafel, Begriffsregister.

Die Weimarer Republik - Zeittafel und Quellenrepetitorium
http://members.aol.com/chbuehler/abi/weimar.html

8.17.7 Nationalsozialismus und 2. Weltkrieg

Die Weimarer Republik und das Dritte Reich
http://OLSNsrv.cs.uni-magdeburg.de/OLSN/Wissen/Geschichte/Kapitel/2kp_inh.html
Informative Darstellungen zu vielen wichtigen Aspekten beider politischer Perioden.

Arbeitsblätter für den Geschichtsunterricht: Nationalsozialismus
http://www.zum.de/Faecher/G/BW/nationalsozialismus/index.htm
Zu den Themen: Aufstieg des Nationalsozialismus, Weltanschauung, Machtergeifung und Gleichschaltung, Außenpolitik, Der Weg zum Krieg, Judenverfolgung, Widerstand, Beurteilung und Bewältigung, Zeittafel, Begriffsregister.

Remember - Der Holocaust (E)
http://remember.org/
Umfangreiche Informationsquellen zum Holocaust, historische Fakten und Hintergründe, Augenzeugenberichte, Fotos, umfangreiche Unterrichtsmaterialen und Stundenvorschläge.

ShoaNet – Ein deutschsprachiges Informationsangebot zum Thema Holocaust
http://machno.hbi-stuttgart.de/shoanet/
Umfassende Quelle zum Thema mit Chronik, Biographien, Statistiken, Glossar etc.

ShoaNet: Drittes Reich
http://machno.hbi-stuttgart.de/shoanet/links/reich.htm
Hervorragende Startseite zu Infos zum Dritten Reich.

United States Holocaust Memorial Museum (E)
http://www.ushmm.org
Zur Geschichte des Holocaust, mit einigen sehr guten Online-Ausstellungen.

US Holocaust Memorial Museum: The Nazi Olympics 1936 in Berlin (E)
http://www.ushmm.org/olympics/zindex.htm
Exzellent aufbereitete Online-Ausstellung um die Olypmischen Spiele 1936, mit allgemeinen Informationen zum Dritten Reich.

Jugendliche in der NS-Diktatur
http://media.dickinson.edu/German/Jugendliche
Sehr ausführliche Darstellung.

Arbeitsblätter für den Geschichtsunterricht: Der Weg zum Krieg
http://www.zum.de/Faecher/G/BW/nationalsozialismus/wegzumkrieg.htm

Der Zweite Weltkrieg in Augenzeugenberichten
http://www.be.schule.de/schulen/tag/homepage.htm
Schulprojekt.

The World War II Page (E)
http://gi.grolier.com/wwii/wwii_mainpage.html
Ausführliche und gut aufbereitete Informationen von Grolier, dem Herausgeber der gleichnamigen Enzyklopädie.

Normandy 1944 (E)
http://normandy.eb.com
Ausgezeichnete Online-Dokumentation der Invasion mit detaillierten Informationen und authentischem Bildmaterial. Die erste Adresse zum Thema "D-Day", erstellt von der Encyclopedia Britannica online.

A-Bomb WWW Museum (E)
http://www.csi.ad.jp/ABOMB/index.html
Virtuelles Museum zur Atombombe, speziell zu den Abwürfen über Hiroshima und Nagasaki.

8.17.8   Nachkriegszeit

Deutschland zur Stunde Null
http://home.t-online.de/home/333200000756-0001/index.htm
Unterrichtsprojekt zum Deutschland nach dem Ende des 2.Weltkriegs.

Weichenstellungen – Deutschland in den Besatzungsjahren
http://tiss.zdv.uni-tuebingen.de/webroot/g10/schraut/default.htm
Onlineversion eines Seminars mit Themenstellungen, Literatur, Thesenpapieren, Protokollen,
Hausarbeiten und Bobliographie.

The German Internet Project: The Berlin Wall 1961-1989 (E)
http://www.uncg.edu/~lixlpurc/GIP/berlin_wall.html
Online-Projekt der University of North Carolina.

USA und UdSSR: Grundzüge der Entwicklung der Weltmächte
http://olsnsrv.cs.uni-magdeburg.de/OLSN/Wissen/Geschichte/Kapitel/1kp_inh.html

Soviet Archives (E)
http://www.ncsa.uiuc.edu/SDG/Experimental/soviet.exhibit/soviet.archive.html
Die US Library of Congress informiert aus sowjetischen Archivbeständen u.a. über den Kalten
Krieg.

Verträge zur deutschen Einheit
http://www.jura.uni-sb.de/Vertraege/Einheit/

Haus der Geschichte, Bonn
http://www.hdg.de
Infos zum Museum und seinen Ausstellungen.

8.17.9   Geneaologie und Heraldik

Homepage zur Familienforschung
http://ourworld.compuserve.com/Homepages/FAMILIENFORSCHUNG/
Einführung in die Ahnenforschung, mit Ahnen- und Stammtafeln, Datenbanken, Hinweisen zur
Computergenealogie, Forscherkontakten, Heraldik etc.

Heraldik – Einführung in die Wappenkunde
http://www.geocities.com/Colosseum/1959/wappen.html

8.17.10   Weitere Unterrichtsideen und Lernhilfen

LdL im Geschichtsunterricht
http://www.ldl.de/material/berichte/gesch/gesch.htm
Erfahrungsberichte und Material für den Einsatz der LdL-Methode (Lernen durch Lehren) im
Geschichtsunterricht.

Eine Welt voller Kriege
http://www.hls.sha.bw.schule.de/projekt/projekt.htm
Überblick über die Konflikte dieser Welt.

Entdeckungen und Eroberungen
http://www.ev-stift-gymn.guetersloh.de/entdeckungen/
Fächerübergreifendes Projekt im Geschichts- und Deutschunterricht der 7. Jahrgangsstufe.

8.18 Politik und Sozialwissenschaft

Bitte beachten Sie auch das Kapitel **8.19 Wirtschaft** sowie zu Länder- und Städteinfos Kapitel **8.21 Geographie.**

8.18.1 Politik allgemein

Yahoo-Katalog: Staat und Politik
http://www.yahoo.de/Staat_und_Politik/

Yahoo-Katalog: Politikwissenschaft
http://www.yahoo.de/Geisteswissenschaften/Politikwissenschaft/

Yahoo-Katalog: Politics (E)
http://dir.yahoo.com/Government/Politics/

Yahoo-Katalog: Government (E)
http://www.yahoo.com/Government/

Richard Kimber's Political Science Resources (E)
http://www.psr.keele.ac.uk/psr.htm
Hervorragende Startseite zur Politik weltweit, mit Links zur britischen Politik, Regierungen, Verfassungen, Wahlen, Parteien, politischer Theorie, Textarchiv, Statistiken, Magazinen.

DINO-Katalog: Sozialwissenschaft
http://www.dino-online.de/seiten/go14r.htm

Bundeszentrale für politische Bildung
http://www.bpb.de

Infostelle Kinderpolitik
http://www.kinderpolitik.de
Interaktives Infozentrum für die Politiker der Zukunft.

8.18.2 Deutschland

8.18.2.1 Regierung und Ämter

Der Deutsche Bundestag
http://www.bundestag.de
Tagesordnungen, Sitzungsprotokolle, Steckbriefe der Abgeordneten und weitere Hintergrundinfos.

Deutscher Bundestag: Wahl-Glossar
http://www.bundestag.de/wahlgl/wgloss.htm
Begriffe rund um die Bundestagswahl.

Wahlatlas
http://www.wahlatlas.de
Die Wahlergebnisse der BRD; umfassende, detaillierte Daten.

Der Bundesrat
http://www.bundesrat.de

Bundesrat: Politix
http://www.bundesrat.de/politix/index.html
Schön gestaltete Politk-Seite für Kinder und Jugendliche mit Infos zum Bundesrat, Politik-
Glossar und –Einführung, Basteln eigener Reden etc.

Die Bundesregierung
http://www.bundesregierung.de

Der Bundeskanzler
http://www.bundeskanzler.de
Mit Biographie, politischen Schwerpunkten, Reden und Regierungserklärungen sowie einer
Kanzlergalerie.

Das Bundeskanzleramt
http://www.bundeskanzler.de/02/amtf.html

Der Bundespräsident
http://www.bundespraesident.de/

Das Auswärtige Amt
http://www.auswaertiges-amt.de

BM für Arbeit und Sozialordnung
http://www.bma.de

Das Arbeitsamt
http://www.arbeitsamt.de

BM für Bildung und Forschung
http://www.bmbf.de

BM für Ernährung, Landwirtschaft und Forsten
http://www.bml.de

BM für Familie, Senioren und Jugend
http://www.bmfsfj.de

BM der Finanzen
http://www.bff-online.de/

Die Deutsche Bundesbank
http://www.bundesbank.de

BM der Gesundheit
http://www.bmgesundheit.de

BM des Innern
http://www.bmi.bund.de

BM der Justiz
http://www.bmj.bund.de

BM für Umwelt, Naturschutz und Reaktorsicherheit
http://www.bmu.de

BM für Verkehr, Bau- und Wohnungswesen
http://www.bmv.de

BM der Verteidigung / Bundeswehr
http://www.bundeswehr.de/

BM für Wirtschaft und Technologie
http://www.bmwi.de

BM für wirtschaftliche Zusammenarbeit und Entwicklung
http://www.bmz.de

8.18.2.2 Bundesländer

Baden-Württemberg
http://www.baden-wuerttemberg.de/

Bayern
http://www.bayern.de

Berlin
http://www.berlin.de/

Brandenburg
http://www.brandenburg.de

Bremen
http://www.bremen.de/

Hamburg
http://www.hamburg.de/

Hessen
http://www.hessen.de/

Niedersachsen
http://www.niedersachsen.de/

Nordrhein-Westfalen
http://www.nrw.de/

Saarland
http://www.saarland.de/

Sachsen
http://www.sachsen.de/
Sachsen-Anhalt
http://www.sachsen-anhalt.de/

Schleswig-Holstein
http://www.schleswig-holstein.de

Thüringen
http://www.th-online.de/

8.18.2.3 Parteien

Die CDU
http://www.cdu.de

Die SPD
http://www.spd.de

Die FDP
http://www.liberale.de

Bündnis90/Die Grünen
http://www.gruene.de/

8.18.3   Europa

Die Bundesregierung: Europa
http://www.bundesregierung.de/03/europaf.html
Informationen zu Europa, Euro und weiteren aktuellen Themen von der Bundesregierung.

Homepage der EU (E/D/F/S/I...)
http://europa.eu.int

ABC zur EU
http://europa.eu.int/abc-de.htm
Grundlagen der Europäischen Union.

Verträge zur EU
http://europa.eu.int/abc/obj/treaties/de/detoc.htm
Gründungsvertrag, Maastricht-Vertrag etc.

EUR-Lex: Das Recht der EU
http://europa.eu.int/abc/eur-lex/index_de.htm

Nachrichten der EU
http://europa.eu.int/news-de.htm

Rapid: Datenbank für Pressemitteilungen der EU
http://europa.eu.int/rapid/start/welcome.htm

Europäisches Parlament
http://www.europarl.de

Die Europäische Kommission
http://europa.eu.int/comm/index.htm

Datenbank Europa
http://www.asg.physik.uni-erlangen.de/europa/index.htm
Geographisch-sozialwissenschaftliche Datenbank für die europäischen Staaten.

Eduvinet
http://www.merian.fr.bw.schule.de/eduvinet/tfulld.htm
Unterrichtsmaterial zu Europa, europäischer Kultur, Euro etc.

8.18.4 Währungsunion und Euro

EU: Der Euro
http://www.europa.eu.int/euro
Offizielle Euro-Seiten der EU.

Die Bundesregierung: Der Euro
http://www.bundesregierung.de/03/europaf.html
Grundlegende Informationen, mit einer FAQ-Liste (häufig gestellte Fragen).

Europa-Parlament: Der Euro
http://www.europarl.de/euro
Infos für den „normalen" Bürger.

8.18.5 Weitere Vereinigungen und Institutionen

Die UNO (E)
http://www.un.org

Die NATO (E)
http://www.nato.int

Amnesty International Deutschland
http://www.amnesty.de

The Carter Center (E)
http://www.cartercenter.org
Von Jimmy Carter gegründetes Institut zur Bewältigung globaler Probleme und Förderung der demokratischen und politischen Entwicklung.

8.18.6 Weitere Unterrichtsideen und Lernhilfen

Demokratisch Handeln
http://www.learn-line.nrw.de/Themen/taarb041.htm
Förderprogramm von Jugend und Schule auf dem Learnline-Server.

infas-Institut
http://www.infas.de
Meinungsforschungsinstitut.

WarEyes (E)
http://tqd.advanced.org/2636/page.html
Thinquest-Projekt: Online-Ausstellung zur Realität des Kriegs.

8.19   Wirtschaft

8.19.1   Allgemein

Yahoo-Katalog: Handel und Wirtschaft
http://www.yahoo.de/Handel_und_Wirtschaft/

Yahoo: Finanznachrichten
http://finanzen.yahoo.de

Yahoo International: Economics (E)
http://dir.yahoo.com/Social_Science/Economics/

WWW für Wirtschaftswissenschaftler: Linksammlung
http://www.uni-koeln.de/themen/Wirtschaftswissenschaften/wiso_readme.html

Deutsches Institut für Wirtschaftsforschung
http://www.diw-berlin.de

BM für Wirtschaft und Technologie
http://www.bmwi.de

GENIOS-Wirtschaftsdatenbanken
http://www.genios.de

8.19.2   Magazine und Sendungen

ZDF: WISO
http://www.wiso.de

WDR: Plusminus
http://www.ard.de/plusminus/

Stiftung Warentest
http://www.warentest.de

Handelsblatt
http://www.handelsblatt.de

Business Channel
http://www.bch.de
Mächtiges Online-Finanzmagazin mit Infos u.a. von Capital und Reuters.

The Financial Times Deutschland
http://www.ftd.de

The Financial Times (E)
http://www.ft.com

The Wall Street Journal (E)
http://www.wsj.com

Hoppenstedt
http://www.hoppenstedt.de

8.19.3 Börse

WDR Quarks & Co.: Die Börse leicht erklärt
http://www.quarks.de/boerse/index.htm
Preisgekrönte Einführung in die Börse vom WDR-Wissenschaftsmagazin; als Webseiten oder gepackte Textdatei abrufbar.

Börsenlexikon
http://www.boersenlexikon.de

Telestock (D/E)
http://www.telestock.de
Umfassende Infoquelle für Aktien, Anleihen etc., Kurs-Datenbank, Links zu Unternehmen und den großen Börsen u.v.m.

Hoppenstedt: Charts
http://www.aktiencharts.de
Aktuelle Finanzinfos, Börsendaten, Börsenlexikon etc.

Börsenspiele
http://www.planspiel-boerse.de
http://www.boersenspiel.de

Wertpapiere und Börse
http://www.wiso.gwdg.de/~arink/arbeit/lernwege.htm
Unterrichtsideen.

8.19.4 Banken

Die Deutsche Bundesbank
http://www.bundesbank.de/

Bundesverband deutscher Banken
http://www.bdb.de

Schul-Bank
http://www.schul-bank.de
Unterrichtsmaterial vom Bundesverband deutscher Banken.

Die Weltbank (E)
http://www.worldbank.org

8.19.5 Weitere Unterrichtsideen und Lernhilfen

Unterrichtsmaterial zum Thema Kaufvertrag, Werbung, Markt, Kostenrechnung, Warentest.
http://www.rsdgst.eic.th.schule.de/Themen.htm

Einkommen und Ausgaben der Familie: Computersimulation
http://www.uni-siegen.de/cntr/zfl/simeaf.htm

8.20 Biologie

8.20.1 Allgemein

DINO-Katalog: Biologie
http://www.dino-online.de/seiten/go14d.htm

Yahoo-Katalog: Biologie
http://www.yahoo.de/Naturwissenschaft_und_Technik/Biologie/

Yahoo-Katalog: Biology (E)
http://www.yahoo.com/Science/Biology/

Biologie.de
http://www.biologie.de
Startseite zu biologischen Infos im Netz.

GEO Explorer: Biologie
http://www.geo.de/themen/tiere_pflanzen/index.html
http://www.geo.de/themen/natur_phaenomene/index.html
http://www.geo.de/themen/medizin_psychologie/index.html

Verband Deutscher Biologen e.V.
http://www.vdbiol.de

BioFinder
http://www.biofinder.org
Quellensuche für Biologen.

Unterrichtsmaterial für den Biologieunterricht
http://www.merian.fr.bw.schule.de/mueller/bio.htm
Material zu Bakterien, Neuronen, Enzymen, Blutzucker, Genetik, Photosynthese, Linsenauge und Links.

E.G. Becks Welt der Wissenschaft und Technik: Biologie
http://www.merian.fr.bw.schule.de/beck/
Online-Kurs Klasse 11 (Zellbiologie, Proteine, Enzyme, Ökologie) und Klasse 12 (Funktionelle Pflanzenanatomie, Photosynthese, Dissimilation, Nerven + Sinne, Hormone, Immunbiologie).

Das virtuelle Gymnasium Biologie
http://www.zum.de/ZUM/Faecher/Bio/BW/Virsch/02gybi.html
Online-Lehrmaterialien für die Biologie von der Klasse 5-13.

Learnline: Biologie
http://www.learn-line.nrw.de/Faecher/bi.htm
Angebot des Bildungsservers von NRW.

Interaktive Biologie
http://homepages.muenchen.org/bm779876/biologie/indexbio.html
Der Specht im Ökosystem Wald/Das menschliche Ohr/Das menschliche Auge/Feinbau der Retina/Hormonsystem/Bau des Neurons/Der menschliche Blutkreislauf.

An On-Line Biology Book (E)
http://gened.emc.maricopa.edu/bio/bio181/BIOBK/BioBookTOC.html
Umfassendes Online-Biologiebuch von Michael J. Farabee zu allen grundlegenden Fachgebieten.

8.20.2 Botanik

Lehrbuch Botanik
http://www.uni-hamburg.de/biologie/botol.htm
Umfassendes wie vorbildhaftes Hypertext-Lehrwerk zur Botanik, aufgebaut auf das „Lehrbuch Botanik" von Peter von Sengbusch, mit über 4000 Dateien und 2000 farbigen Bildern: Einführung in die Botanik, Hinweise zur Benutzung eines Bestimmungsbuchs, Klassische Genetik, Moleküle in Pflanzenzellen, Interzelluläre Kommunikation, Wechselwirkung zwischen Pflanzen und Pilzen, Bakterien, Viren, Evolution, Überblick über das Pflanzenreich, Ökologie, Essays, Theorie und Praxis: Praktikumsanleitungen, Sicherheit, Logistik, Kosten.

GEO Explorer: Biologie der Pflanzen
http://www.geo.de/themen/tiere_pflanzen/index.html

An On-Line Biology Book: Plants (E)
http://gened.emc.maricopa.edu/bio/bio181/BIOBK/BioBookPLANTANAT.html
http://gened.emc.maricopa.edu/bio/bio181/BIOBK/BioBookPLANTANATII.html
http://gened.emc.maricopa.edu/bio/bio181/BIOBK/BioBookflowers.html
http://gened.emc.maricopa.edu/bio/bio181/BIOBK/BioBookflowersII.html
http://gened.emc.maricopa.edu/bio/bio181/BIOBK/BioBookPS.html

Der Wald
http://www.wald.de
Der Wald, auch als bedrohter Lebensraum.

Schule im Wald
http://www.faf.de/schule/inhalt_s.htm
Umfangreiche Sammlung von Unterrichtsmaterial (Kopiervorlagen, Spielanleitungen, Arbeitsblätter etc.) zum Thema Wald/Holz/Umwelt.

GEO: Projekt Tropischer Regenwald e.V.
http://www.geo.de/projekte/regenwald/index.html

GEO: Einblicke ins grüne Paradies
http://www.geo.de/projekte/regenwald/paradies/index.html
Grundlageninfos (und mehr) zum Regenwald.

Bundesminsterium für Ernährung, Landwirtschaft und Forsten: Wald und Forsten
http://www.bml.de/wald_forst/wald_inhalt.htm
Wald und Waldzustand.

8.20.3 Cytologie und Biochemie

The Dictionary of Cell Biology (E)
http://www.mblab.gla.ac.uk/~julian/Dict.html
Ausgabe von 1995.

An On-Line Biology Book: Cells (E)
http://gened.emc.maricopa.edu/bio/bio181/BIOBK/BioBookCELL1.html
http://gened.emc.maricopa.edu/bio/bio181/BIOBK/BioBookCELL2.html
http://gened.emc.maricopa.edu/bio/bio181/BIOBK/BioBooktransp.html
http://gened.emc.maricopa.edu/bio/bio181/BIOBK/BioBookmito.html
http://gened.emc.maricopa.edu/bio/bio181/BIOBK/BioBookmeiosis.html

Lehrbuch Botanik
http://www.uni-hamburg.de/biologie/botol.htm
Umfassendes wie vorbildhaftes Hypertext-Lehrwerk zur Botanik, aufgebaut auf das „Lehrbuch Botanik" von Peter von Sengbusch, mit über 4000 Dateien und 2000 farbigen Bildern. U.a. mit Einführung und Informationen zur interzelluläre Kommunikation (ausführliche Information s.o. unter „Botanik").

Biochemie
http://www.biochemie.de

8.20.4 Genetik

Bitte beachten Sie zur Gentechnik in der Landwirtschaft und ökologischen Implikationen auch das Kapitel **8.22.4 Ökologie: Gentechnik**.

Genomics: A Global Resource (E)
http://www.phrma.org/genomics/
Sehr umfassende Startseite zur Gentechnik, mit ausführlichen Quellen zur Rechtslage, Unterkategorien von Prionen, Klonierung, chemisch-biologischen Waffen bis zu Bioethik und Gentherapie, Informationen zu Anwendungsmöglichkeiten der Gentechnik und Linksammlungen.

Lehrbuch Botanik
http://www.uni-hamburg.de/biologie/botol.htm
Umfassendes wie vorbildhaftes Hypertext-Lehrwerk zur Botanik, aufgebaut auf das „Lehrbuch Botanik" von Peter von Sengbusch, mit über 4000 Dateien und 2000 farbigen Bildern. U.a. mit Einführung und Informationen zur Genetik (ausführliche Information s.o. unter „Botanik").

MendelWeb (E)
http://www.netspace.org/MendelWeb/
Umfassende Quelle zur klassischen Genetik, Botanik und Wissenschaftsgeschichte, ausgehend von Gregor Mendels „Versuche über Pflanzen-Hybriden" und C.T. Druerys and William Batesons „Experiments in Plant Hybridization".

An On-Line Biology Book: Genetics (E)
http://gened.emc.maricopa.edu/bio/bio181/BIOBK/BioBookgenintro.html
http://gened.emc.maricopa.edu/bio/bio181/BIOBK/BioBookgeninteract.html
http://gened.emc.maricopa.edu/bio/bio181/BIOBK/BioBookDNAMOLGEN.html
http://gened.emc.maricopa.edu/bio/bio181/BIOBK/BioBookhumgen.html
http://gened.emc.maricopa.edu/bio/bio181/BIOBK/BioBookPROTSYn.html
http://gened.emc.maricopa.edu/bio/bio181/BIOBK/BioBookGENCTRL.html

Aufgaben zur klassischen Genetik
http://www.zum.de/schule/Faecher/Bio/NW/GENAUFG1.HTM

Klassische Genetik
http://www.merian.fr.bw.schule.de/mallig/bio/Repetito/Genetik.html
Online-Kurs für Schüler.

Aa-heterozygot: Einführung in die Stammbaumanalyse
http://www.merian.fr.bw.schule.de/mallig/bio/Repetito/Banaly1.html
Online-Kurs für Schüler.

The Virtual Fly Lab: Gesetze der Vererbung (E)
http://vflylab.calstatela.edu/edesktop/VirtApps/VflyLab/IntroVflyLab.html

Gentechnologie
http://neuro.biologie.uni-freiburg.de/Skriptum/Gentechnik/Einleitung.html
http://www.rrz.uni-hamburg.de/biologie/b_online/d34_2/einleitung.htm
Essay von K.-F. Fischbach: Wissenschaftliche Grundlagen, Anwendungsmöglichkeiten und der Versuch einer Einordnung von Chancen und Risiken.

Gene
http://www.gene.de
Infos zu Genen, Genetik, Genmanipulation, Gentechnik, Klonierung.

GEO Explorer: Ethik – Die Qual der Wahl
http://www.geo.de/themen/kultur_politik/sex/erbinformation1.html
Soll das menschliche Genom entschlüsselt werden ?

National Human Genome Research Institute (E)
http://www.nhgri.nih.gov
Für die Humangenetik zuständige Abteilung des Gesundheitsministeriums der USA. Infos zur Erforschung des menschlichen Genoms und zur Gendiagnostik.

The Human Genome Project (E)
http://www.ornl.gov/hgmis/project/hgp.html

WDR Quarks & Co.: Geklontes Leben
http://www.quarks.de/klonen3/index.htm
Einführung in die Klon-Problematik; als Webseiten oder gepackte Textdatei abrufbar.

Time Magazine: Cloning (E)
http://www.pathfinder.com/TIME/cloning/home.html
Aufwendig und anspruchsvoll gestaltetes Infozentrum zu Dolly, Grundlagen der Klonierung (mit sehr guter Bildertafel zur Entstehung von Dolly), zukünftigen Entwicklungen und Ethik.

Roslin Institute Online: Information on Cloning (E)
http://www2.ri.bbsrc.ac.uk/library/research/cloning/
Hier wurde „Dolly" gezüchtet.

Aktion Anti-Klon
http://members.aol.com/antiklon/
Informationen zur Gentechnik mit Sammlung wissenschaftlicher Artikel und Forum.

Telepolis: Zell- oder Organersatz auf Bestellung?
http://www.heise.de/tp/deutsch/special/klon/6308/1.html
Über die Vermehrung menschlicher Stammzellen außerhalb des Körpers...

SciAm: Cloning for Medicine (E)
http://www.sciam.com/1998/1298issue/1298wilmut.html
Aktueller Artikel von Ian Wilmut, dem Züchter/Erfinder (?) von Dolly, über die medizinischen Nutzungsmöglichkeiten der Klonierungstechnik.

8.20.5 Humanbiologie und menschliches Verhalten

The Visual Human Project (E)
http://www.nlm.nih.gov/research/visible/visible_human.html
http://www.npac.syr.edu/projects/vishuman/VisibleHuman.html
Informationen und Links zum Projekt und der „Visible Human Viewer", mit Hilfe dessen man eine virtuelle Reise durch den menschlichen Körper starten kann.

Workshop Anatomie fürs Internet
http://www.uni-mainz.de/FB/Medizin/Anatomie/workshop/vishuman/Fertig.html
273 ausgewählte Schnittbilder aus dem „Visible Human Male"-Datensatz; zusätzlich gibt es Filme zum Download.

Die Nervenzelle
http://ilsebill.biologie.uni-freiburg.de/schule/Faecher/Bio/Berlin/neuron/neuron.htm
Online-Kurs für Schüler.

WDR Quarks & Co.: Das Herz
http://www.quarks.de/herz/index.htm
Als Webseiten oder gepackte Textdatei abrufbar.

WDR Quarks & Co.: Eine Reise durch Magen und Darm
http://www.quarks.de/reise_magen_darm/index.htm

WDR Quarks & Co.: Unsere Haut
http://www.quarks.de/haut/index.htm

Sexualaufklärung im Internet
http://www.learn-line.nrw.de/Faecher/Biologie/flarb011.htm

Das Immunsystem
http://ilsebill.biologie.uni-freiburg.de/schule/Faecher/Bio/Berlin/Blut/immun.html
Online-Artikel.

8.20.6 Medizin

DINO-Katalog: Medizin
http://www.dino-online.de/seiten/go14m.htm

Yahoo-Katalog: Gesundheit und Medizin
http://www.yahoo.de/Gesundheit/Medizin/

WDR Quarks & Co.: Wie wir sterben
http://www.quarks.de/sterben/index.htm
Einführung in die Problematik des Sterbens; als Webseiten oder gepackte Textdatei abrufbar.

AIDS
http://www.aidshilfe.de

The Big Picture Book of Viruses (E)
http://www.tulane.edu/~dmsander/Big_Virology/BVHomePage.html
Beschreibungen und Abbildungen von (nahezu) jedem bekannten Virus; dazu Links zu weiterem Material und Nachrichten aus der Virologie.

AAK – Arbeitsgemeinschaft Allergiekrankes Kind
http://www.ukrv.de/friends/allergie/home.htm
Infos zu Ursachen und Behandlungsmöglichkeiten bei Kindern, die an Allergien, Asthma und Neurodermitis leiden-

AllergieCheck
http://www.allergiecheck.de
Pollenflugvorhersage, Allergielandkarte, Allergietest und Verhaltenstips für Allergiker.

Institut für Lebensmittelchemie
http://www.chemie.uni-hamburg.de/blc/lc/aks.html
U.a. Informationen zu Lebensmittelallergien.

DAINet: Informationsforum Ernährung
http://www.dainet.de/dain/foren/ernaehrung/index.htm
Verbraucherhinweise, Fachinformation Lebensmittel, Ernährungsempfehlungen und -formen (Vollwert, Vegetarismus etc.), Ernährungsstörungen, Beratung, Einkaufstips u.v.m.

Asthma Information Center
http://www.mdnet.de/asthma/

WDR Quarks & Co.: Faszination Kaffee
http://www.quarks.de/kaffee/index.html
Mit Informationen zur Wirkung; als Webseiten oder gepackte Textdatei abrufbar.

Erste Hilfe für das Kind
http://home.t-online.de/home/planger/fon.htm

8.20.7 Evolution und Anthropologie

Lehrbuch Botanik
http://www.uni-hamburg.de/biologie/botol.htm
Umfassendes wie vorbildhaftes Hypertext-Lehrwerk zur Botanik, aufgebaut auf das „Lehrbuch Botanik" von Peter von Sengbusch, mit über 4000 Dateien und 2000 farbigen Bildern. U.a. mit Einführung und Informationen zur Evolution (ausführliche Information s.o. unter „Botanik").

Introduction to Evolutionary Biology (E)
http://www.talkorigins.org/faqs/faq-intro-to-biology.html
Online-Artikel von Chris Colby aus dem The Talk.Origins-Archiv.

An On-Line Biology Book: Evolution (E)
http://gened.emc.maricopa.edu/bio/bio181/BIOBK/BioBookEVOLI.html
http://gened.emc.maricopa.edu/bio/bio181/BIOBK/BioBookHumEvol.html
http://gened.emc.maricopa.edu/bio/bio181/BIOBK/BioBookEVOLII.html

Biology's Big Bang (E)
http://tqd.advanced.org/3017/
Thinkquest-Projekt: Einführung in die Evolution.

Artbildung am Beispiel der Darwinfinken
http://www.zum.de/ZUM/Faecher/Bio/Berlin/Darwinfinken/darwfin.htm

BdW Highlight: Wie kam das Leben auf die Erde ? / Das neue Bild vom Urmenschen
http://www.wissenschaft.de/bdw/high/high01-98.html
http://www.wissenschaft.de/bdw/high/high03-98.html

Stefan Etzel: Hominiden
http://members.aol.com/ursprach/hominids.htm
Überblick über die Menschheitsentwicklung mit Infos zu den bekannten Hominidenarten; ebenso Material zum Ursprung von Sprache und Links zur Menscheitsgeschichte.

WDR Quarks & Co.: Von Affen und Menschen
http://www.quarks.de/affen/index.htm
Zur Evolution und „Verwandtschaft" von Affe und Mensch.

Naturmuseum Senckenberg
http://senckenberg.uni-frankfurt.de/sm/palant.htm
Hominiden-Fossilien und eine Rekonstruktion von „Lucy".

Das Neanderthal-Museum
http://www.neanderthal.de
Infos zum ersten Fund, zum Neandertaler und seiner Kultur, zur Ausstellung des neuen Museums; außerdem weitere Fachartikel.

Neandertal DNA (E)
http://www.archaeology.org/online/news/dna.html
Fachartikel über die Forschungen von Svante Pääbo an der Universität München et al., in der Neandertaler-DNA mit der des modernen Menschen verglichen wurde. Ergebnis: Unsere Wege trennten sich vor 690.000 bis 550.000 v.Chr. Mit Links zu weiteren Archaelogy-Artikeln.

Stefan Etzel: Sprachenstehung und Spracherwerb
http://members.aol.com/ursprach/frame_ur.htm
Überblick über die Forschung, interessantes Material und Links zum Thema.

William Calvin (E)
http://www.williamcalvin.com
Bekannter Forscher zur menschlichen Evolution und Entwicklung des menschlichen Gehirns, u.a. im Zusammenhang mit klimatischen Veränderungen.

8.20.8   Paläontologie und Paläobotanik

American Museum of Natural History (E)
http://www.amnh.org
Informationen zum Museum und seinen Ausstellungen sowie die Möglichkeit, über das „National Center for Science Literacy, Education and Technology" aktuelle Expeditionen zu begleiten (z.B. die Suche nach Dinosaurier-Fossilien in der Wüste Gobi).

NatGeo: Dinosaur Eggs (E)
http://www.nationalgeographic.com/dinoeggs/index.html
Interaktive Identifizierung von Dino-Eiern und die Rekonstruktion der Saurier, die daraus schlüpften.

BdW Highlight: Die sanften Bestien
http://www.wissenschaft.de/bdw/high/high10-97.html
Neue Erkenntnisse über die Dinos.

Discovering Dinsoaurs (E)
http://dinosaurs.eb.com
Multimedial gestaltete Site von Encyclopedia Britannica online.

Links for Palaeobotanists (E)
http://www.uni-wuerzburg.de/mineralogie/palbot1.html
Links zur Paläobotanik, aber auch zu Paläontologie, Evolution, Klimawandel und weiteren verwandten Forschungszweigen.

8.20.9 Zoologie

8.20.9.1 Allgemein

Yahoo-Katalog: Zoologie
http://www.yahoo.de/Naturwissenschaft_und_Technik/Biologie/Zoologie/

Informationszentrale gegen Vergiftungen
http://www.meb.uni-bonn.de/giftzentrale/tieridx.html
http://www.meb.uni-bonn.de/giftzentrale/pflanidx.html
Infos der Universität Bonn über giftige Tiere und Pflanzen.

Kryptozoologie (E)
http://www.ncf.carleton.ca/~bz050/HomePage.cryptoz.html
Gibt es Yetis, den Sasquatch oder Riesenkraken ?

8.20.9.1 Primaten

Living Links (E)
http://www.emory.edu/LIVING_LINKS/index.html
Zentrum für Studium der Affen und der menschlichen Evolution; u.a. Links zu führenden Wissenschaftlern, z.B. Frans de Waal.

The Jane Goodall Institute (E)
http://www.gsn.org/project/jgi/index.html
Organisation der bekannten Schimpansen-Forscherin.

NatGeo: Jane Goodall (E)
http://www.nationalgeographic.com/faces/goodall/index.html
Biographie, Interview, Archiv, Forum und Links.

Deutsches Primatenzentrum Göttingen
http://www.dpz.gwdg.de

8.20.9.3 Weitere Säugetiere

Bären (E)
http://www.nature-net.com/bears/

Pferde (E)
http://www.ansi.okstate.edu/breeds/horses/

8.20.9.4 Amphibien und Meerestiere

Krokodile und Alligatoren (E)
http://www.bio.bris.ac.uk/research/crocs/cnhc.html

DAINet: Informationsforum Fischerei
http://www.dainet.de/dain/foren/fischerei/index.htm
Bewirtschaftung der Meere und Binnengewässer, Transport und Lagerung, Handel und Handelspolitik, Fischarten und –krankheiten, Aquaristik, Schifffahrt und Verbraucherinformationen.

Sea World & Busch Gardens (E)
http://www.seaworld.org/
Infos über Sea World sowie umfangreiche mit Meerestier-Datenbank, für Bildungszwecke nutzbar.

WhaleNet (E)
http://whale.wheelock.edu
Wal-Material für Schüler und Lehrer.

Virtual Whales (E)
http://fas.sfu.ca/cs/research/Whales/virtual.htm
Beobachtung virtueller Wale (grafisch anspruchsvoll).

8.20.9.5 Vögel

Ornithologie (E)
http://mgfx.com/bird/

8.20.9.6 Insekten

Insect Drawings of Illinois (E)
http://www.life.uiuc.edu/Entomology/insectgifs.html
Große Sammlung von Insekten-Zeichnungen, gut geeignet als Überblick.

NatGeo: Parasites (E)
http://www.nationalgeographic.com/parasites/index.html

Europäische Schmetterlinge
http://europeanbutterflies.com
Umfangreiche Sammlung mit exzellenten Fotos und Naturaufnahmen.

Dangerous Little Monsters - Under the Microscope (D/E)
http://library.advanced.org/11743/
Thinkquest-Projekt zu Milben, Zecken und Hausstauballergien.

8.20.9.7 Zoos und Tierschutz

Zoos.de
http://www.zoos.de
Startseite zu internationalen und nationalen Zoos, mit Tierlexikon.

San Diego Zoo (E)
http://www.sandiegozoo.org/
Viele Infos über die Tiere des Zoos und das Zentrum zur Reproduktion bedrohter Arten.

Erhaltung bedrohter Arten im National Zoological Park (E)
http://www.si.edu/natzoo/zooview/research/research.htm

Der Zoo im Netz
http://www-public.rz.uni-duesseldorf.de/~nast/zoo/netzoo.html
Mit Tierlexikon, Glossar, Links sowie Artikeln und Infos zu den Aufgaben des Zoos von heute.

World Conservation Monitoring Centre (E)
http://www.wcmc.org.uk
Infos des internationalen Zentrums zur Bewahrung bedrohter Tierarten der Erde.

ZooNet Image Archives (E)
http://www.mindspring.com/~zoonet/gallery.html
Archiv mit Tierbildern aus Zoos.

8.20.10 Weitere Unterrichtsideen und Lernhilfen

Naturgut Ophoven
http://www.naturgut-ophoven.de
Das ehemalige Natur- und Schulbiologiezentrum Leverkusen: ein "Zentrum für innovative Umweltbildung" und Projekt der EXPO 2000.

Modellierung und Simulation dynamischer Systeme
http://www.learn-line.nrw.de/Themen/taarb005.htm

Freilandarbeit in der Grundschule
http://www.uni-koblenz.de/~odsgroe/kindgart.htm

Zum Computereinsatz im Biologieunterricht
http://www.uni-koblenz.de/~odsgroe/computer.htm
Ausführlicher Online-Artikel von Hansjörg Groenert.

Bioakustik und Kommunikation bei Tieren
http://www.uni-koblenz.de/~odsgroe/bioakus.htm
Online-Artikel von Hansjörg Groenert zur Analyse von Tierlauten mit dem PC.

Archiv für Tierbilder (E)
http://bioinfo.kordic.re.kr/animal/
Große Datenbank mit frei nutzbaren Tierbildern.

Interaktive Froschsezierung (E)
http://curry.edschool.virginia.edu/go/frog/home.html

Dennis Kunkel's Microscopy (E)
http://www.pbrc.hawaii.edu/%7Ekunkel/
Insckten, Zellen und Moleküle unter dem Mikroskop.

Nanoworld (E)
http://www.uq.oz.au/nanoworld/nanohome.html
Bilder kleiner Lebewesen mit dem Elektronenmikroskop.

Bilder eines Tunnelmikroskops (E)
http://www.almaden.ibm.com/vis/stm/gallery.html
Bilder des STM (Scanning Tunneling Microscope) von IBM, die bis ins Detail der Atome gehen.

8.21 Geographie

Bitte beachten Sie auch die Kapitel **8.18 Politik** und **8.19 Wirtschaft.**

8.21.1 Allgemein

DINO-Katalog: Geowissenschaften
http://www.dino-online.de/seiten/go14g.htm

Yahoo-Katalog: Geographie
http://www.yahoo.de/Naturwissenschaft_und_Technik/Geographie/

Yahoo-Katalog: Geography (E)
http://www.yahoo.com/Science/Geography/

GEOskop Wissenschaftsnews: Geowissenschaften
http://www.geo.de/themen/natur_phaenomene/index.html

Geowissenschaften Online
http://www.geowissenschaften.de
Online-Magazin für Natur, Umwelt und Geowissenschaften.

DINO-Katalog: Stadt und Land
http://www.dino-online.de/land.html
Quellen zu Städten in Deutschland, Österreich und der Schweiz sowie internationale Links.

Yahoo-Katalog: Städte und Länder
http://www.yahoo.de/Staedte_und_Laender/

Lycos City Guide (E)
http://cityguide.lycos.com
Infos und Links zu den Städten der Welt, an die man sich über Karten „heranzoomt".

Weltweiter Städteführer (E)
http://www.city.net

NatGeo: Xpeditions (E)
http://www.nationalgeographic.com/xpeditions/main.html
Ausdruck von Karten, die National Geographic Standards (Lernbereiche und -ziele für den Geographieunterricht, in vielen Staaten der USA Teil des Curriculums), die Visualisierung dieser Standards in einer virtuellen Museumhalle namens „Xpedition Hall" sowie Diskussionsforen.

CIA World Factbook (E)
http://www.odci.gov/cia/publications/factbook/index.html
Vormals geheime Infos zu den Ländern der Erde aus den Archiven des CIA.

Forum Erdkunde
http://www.uni-kiel.de/ewf/geographie/forum/forum.htm
Material und Links für den Erdkundeunterricht.

Erkunde-Materialien
http://134.91.234.23/~gymgoch/faecher/erdkunde/root.htm
Ausführliches Material, Arbeitsblätter und Aufgaben zu: Mediterranraum (Agrarwirtschaft, Klima und Vegetation etc.), Nordsee, Wattenmeer, Israel, Landwirtschaft und Industrie der Niederlande, Toskana.

8.21.2 Karten

Die Welt der Karten
http://www.maps.ethz.ch
Digitale Karten, Kartenkataloge und –archive, Geschichte, Institutionen etc.

NatGeo: Map Machine
http://www.nationalgeographic.com/maps/
Zoomen von Weltkarte auf Länderkarten mit recht ausführlichen Informationen zu jedem Land.

NatGeo: Xpeditions Atlas (E)
http://www.nationalgeographic.com/xpeditions/main.html
Ausdruck von Karten, mit diversen Einstellungsmöglichkeiten.

8.21.3   Geologie und Naturkatastrophen

Yahoo-Katalog: Geologie und Geophysik
http://www.yahoo.de/Naturwissenschaft_und_Technik/Geowissenschaften/Geologie_und_Geophysik/

Deutsche Geologische Gesellschaft
http://www.dgg.de

The Mineral Gallery (E)
http://mineral.galleries.com
Große Datenbank mit Fotos, Beschreibung und Daten zu jedem verzeichneten Mineral.

Die geologische Geschichte der Erde (E)
http://www.ucmp.berkeley.edu/exhibit/geology.html

SciAm: Are the Earth's magnetic poles moving? How do navigators adjust to this change? (E)
http://www.sciam.com/askexpert/geology/geology8/geology8.html

National Geophysical Data Center: Natural Hazards (E)
http://www.ngdc.noaa.gov/seg/hazard/hazards.html
Überblick, Bilder und Daten zu Naturkatastrophen.

WDR Quarks & Co.: Ein Vulkan erwacht
http://www.quarks.de/vulkan/index.htm
Als Webseiten oder gepackte Textdatei abrufbar.

Volcano World (E)
http://volcano.und.nodak.edu/
Startseite zur Vulkanologie.

NatGeo: Fallout – Eye on the Volcano (E)
http://www.nationalgeographic.com/volcanoes/index.html
Aufwendig gestaltetes Material zu vulkanischen Kräften und ihren Auswirkungen am Beispiel des Ausbruchs auf Montserrat.

Erdbebeninfos und -vorhersage (E)
http://www.earthquake.com

Seismik
http://www.eduecth.ethz.ch/geographie/links/seismik.html
Infos und Links von der EducETH.

GEO Explorer: Tsunamis
http://www.geo.de/themen/natur_phaenomene/tsunami/index.html

8.21.4   Meteorologie (inkl. Satellitenbilder)

Informationen zum Klimawandel und ökologischen Problematiken finden sich in Kapitel **8.22.7 Ökologie: Klima**.

DINO-Katalog: Meteorologie
http://www.dino-online.de/seiten/go14n.htm

Wetterbericht vom DINO-Katalog
http://www.dino-online.de/seiten/go01w.htm

Yahoo-Katalog: Wetter
http://de.weather.yahoo.com

Yahoo-Katalog: Weather (E)
http://dir.yahoo.com/News_and_Media/Weather/

Deutsches Klimarechenzentrum DKRZ
http://www.dkrz.de/
Satellitenbilder, Wetterinfos und Animationen.

Zentrales Umwelt- und KlimaDaten-MetaInformationsSystem (ZUDIS)
http://hbksun17.fzk.de:8080/ZUDIS/zudis.html

BdW Highlight: Die Macken des Wetterberichts
http://www.wissenschaft.de/bdw/high/high02-99.html

Das Intelligente Satellitendaten-Informationssystem (ISIS)
http://isis.dlr.de/indexD.html
Das Deutsche Fernerkundungszentrums bietet hier Zugriff auf einen großen Fundus an Satellitenbildern und weiteren Fernerkundungsdaten.

Deutscher Wetterdienst (DWD)
http://www.dwd.de

Wetter online
http://www.wetteronline.de
Aktuelles Wetter und Vorhersagen weltweit.

Focus/Traxxx: Reisewetter weltweit
http://focus.de/D/DR/DRW/drw.htm

El Niño (E)
http://www.elnino.noaa.gov
Umfassende Quelle der National Oceanic and Atmospheric Administration (NOAA) der USA (Einführung, aktuelle Daten und Grafiken, Beobachtungen, Vorhersagen, Links).

SciAm: What is El Niño? Why does it affect the weather all over the world? (E)
http://www.sciam.com/askexpert/environment/environment19/environment19.html

The NOAA El Niño Observing System (E)
http://www.pmel.noaa.gov/toga-tao/.noaa/elnino.html

The US National Hurricane Center (E)
http://www.nhc.noaa.gov/

Unterrichtsprojekt zum Thema Wetter
http://privat.schlund.de/B/BauerJens/wetter/index.htm

8.21.5   Weitere Unterrichtsideen und Lernhilfen

Peru und Internet
http://www.forchheim.baynet.de/rs-ebs/info/projektpp.html
Bericht über Internet-Projekt an einer Realschule.

LdL im Erdkundeunterricht
http://www.ldl.de/material/berichte/erdk/erdk.htm
Erfahrungsberichte und Material für den Einsatz der LdL-Methode (Lernen durch Lehren) im Erdkundeunterricht.

8.22 Ökologie

8.22.1 Allgemein

Yahoo-Katalog: Umwelt und Natur
http://www.yahoo.de/Gesellschaft_und_Soziales/Umwelt_und_Natur/

Yahoo-Katalog: Ecology (E)
http://www.yahoo.com/Science/Ecology/

DINO-Katalog: Umweltschutz und Natur
http://www.dino-online.de/umwelt.html

GEO Explorer: Ökologie
http://www.geo.de/themen/oekologie/index.html

Deutscher Umwelt-Server
http://www.umwelt.de

Fritz-Kids-Club
http://www.fritz-kids-club.com/
Didaktisch beispielhafte Online-Umwelterziehung für Kinder und Jugendliche.

Emil Grünbär-Club
http://www.emil-gruenbaer.de
Umweltforum für Kinder und Jugendliche mit aktuellen Themen, Umweltlexikon, Rätseln etc.

8.22.2 Institutionen, Organisationen, Projekte

Umweltbundesamt
http://www.umweltbundesamt.de
Informationen zu aktuellen Umweltthemen wie Abfall und Recycling, Ozon und Gentechnik.

Umweltstiftung World Wildlife Fund Deutschland
http://www.wwf.de/
Aktuelle Nachrichten zum Umweltschutz, Kampagnen (Aktion „Living Planet", Nationalparks, Klima, Tiger), Bibliothek (Pressemeldungen mit Archiv und Email-Nachrichtenservice, Faktenblätter zu diversen Umweltthemen, Hintergrundinfos, WWF-Journal mit jeweils einem online abrufbaren Schwerpunktartikel), Informationen über die Stiftung und ihre weltweiten Filialen (mit Links zu den dortigen Web-Seiten), „Young Panda" (Jugendprogramm), Kontakt zu Geschäftsstellen und Projektbüros, Bestellung bzw. z.T. Download von WWF-Publikationen.

WWF Global Network (E)
http://www.panda.org
Aktuelle Nachrichten und Kampagnen: Living Planet, Climate Change, Endangered Seas, Forests for Life; außerdem Faktenblätter, Suche in WWF-Datenbank, Publikationen, Presseerklärungen und Multimedia-Bibliothek mit Fotos, Videos, Diashows etc.

Greenpeace Deutschland
http://www.greenpeace.de
Informationen über die Organisation, ihre Entwicklung, ihre Ziele und vor allem über ihre aktuellen Kampagnen: Atomenergie, Chlor & PVC, Energie & Solar, Gentechnik, Giftmüllexporte, Kids bei Greenpeace, Klima: FCKW und Ozonschicht, Verkehr und Sommersmog, Wale und Fischerei, Öl & Offshore, Wälder und Wasser.

Greenpeace International (E)
http://www.greenpeace.org/
Aktuelle Nachrichten und Kampagnen: Klima, Atomenergie, Gentechnik, Ozeane, Wälder.

Das Globe-Projekt
http://www.globe-germany.de
http://www.globe.gov
Weltweites Projekt zur Umwelterziehung, initiiert von der amerikanischen Regierung.

BioNet (D/E/F)
http://www.bionet.schule.de
Förderverein zur Integration von Telekommunikation und Umweltbildung.

8.22.3   Land-, Forst- und Waldwirtschaft

Bundesminsterium für Ernährung, Landwirtschaft und Forsten
http://www.bml.de

Deutsches Agrarinformationsnetz (DAINet)
http://www.dainet.de/
Sehr umfangreicher Schlagwortkatalog für online verfügbare Informationen in der Ernährungs-, Land- und Forstwirtschaft.

WWF: Wälder
http://www.wwf.de/c_bibliothek/c_faktenblaetter/c_faktenblatt_fsc/c_faktenblaetter_fsc5.html
Faktenblatt zum Thema Waldschutz und zum Forest Stewardship Council (FSC), der internationalen „Dachorganisation für die Zertifizierung der nachhaltigen, naturgemäßen und sozio-ökonomisch verträglichen Erzeugung von Holz".

Greenpeace Deutschland: Wälder
http://www.greenpeace.de/GP_DOK_3P/THEMEN/C13UB01.HTM
Ziele der Waldkampagne, Argumente zum Schutz des Waldes, Grundlagentexte zum Waldschutz, Kahlschlag in Kanada, Tropenholz, chlorfreies Papier und Recyclingpapier, Hanf.

Schule im Wald
http://www.faf.de/schule/inhalt_s.htm
Umfangreiche Sammlung von Unterrichtsmaterial (Kopiervorlagen, Spielanleitungen, Arbeitsblätter etc.) zum Thema Wald/Holz/Umwelt.

8.22.4   Gentechnik: Klonen und Lebensmittelchemie

Bitte beachten Sie hierzu auch das Kapitel **8.20.4 Biologie: Genetik.**

Greenpeace Deutschland: Gentechnik
http://www.greenpeace.de/GP_DOK_3P/THEMEN/C05UB01.HTM
Gentechnik in Lebensmitteln, Novel-Food-Verordnung der EG, zur Kennzeichnung gentechnisch
veränderter Lebensmittel, Studie und Hintergrundinformationen, Verbraucheraktion.

Gentechnologie und Landwirtschaft
http://www.rrz.uni-hamburg.de/biologie/b_online/d01_1/gentech.htm
Essay von Heinz Saedler.

Deutsche Forschungsanstalt für Lebensmittelchemie
http://dfa.leb.chemie.tu-muenchen.de/

8.22.5 Schutz der Gewässer und Meere

WWF: Umweltchemikalien
*http://www.wwf.de/c_bibliothek/c_faktenblaetter/c_faktenblatt_chemikalien/c_faktenblaetter_che
mie1.html*
Faktenblatt zu Altstoffen, Chlorverbindungen, Auswirkungen, Testsystemen, Lösungsansätzen
und Vorsorgeprinzip; dazu Literaturhinweise und Download des Faktenblatts.

Greenpeace Deutschland: Wasser
http://www.greenpeace.de/GP_DOK_3P/THEMEN/C14UB01.HTM
Argumente und Ziele der Wasserkampagne, Multimedia-Show „Im Zeichen des Wassers",
Trinkwasser und Pestizide, Mineralwasser.

WWF: Wale
http://www.wwf.de/c_bibliothek/c_faktenblaetter/c_faktenblatt_wale/c_faktenblaetter_wale1.html
Entwicklungsgeschichte, Barten-/Zahnwale, Blauwale, Finn-/Buckelwale, Pottwale, Waljagd,
Walschutz, Aktionen des WWF, Walschutzgebiet, Literaturhinweise, Download des
Faktenblatts.

Greenpeace Deutschland: Meere – Wale und Fischerei
http://www.greenpeace.de/GP_DOK_3P/THEMEN/C10UB01.HTM
Ziele und Argumente der Wal-Kampagne, Walschutzgebiete, Schweinswale in der Nordsee,
Hintergrund und Argumente zur Fischerei, Treibnetze, Sonderbericht zur Antarktis.

8.22.6 Bedrohte Arten

Naturmusem Senckenberg
http://senckenberg.uni-frankfurt.de/sm/schutz.htm
Infos zum Schutz bedrohter Arten, auch zu „Urlaubssouvenirs".

World Conservation Monitoring Centre (E)
http://www.wcmc.org.uk
Infos zur internationalen Bewahrung bedrohter Tierarten.

8.22.7 Klima

Bitte beachten Sie auch das Kapitel **8.21.5 Geographie: Meteorologie.**

Energiesparen und Klima
http://www.dkrz.de/schule
Für Schulen erstelltes Material des Deutschen Klimarechenzentrums zum Thema Treibhauseffekt
und Energiesparen.

WWF: Klima
http://www.wwf.de/c_kampagnen/c_klima/c_klima_start.html
Klima-Novelle, Hintergrundinformationen (Internationale Klimapolitik, Zusammenfassung der Absichtserklärung von Kyoto etc.) und Pressemeldungen.

Treibhaus Erde
http://www.learn-line.nrw.de/Themen/taarb011.htm
Unterrichtsmaterial.

Anthropogener Klimawandel
http://www.hh.schule.de/avh/unt-0.html
Projekt in einem Grundkurs Erdkunde.

NatGeo Millenium: Riddles of a Changing Climate (E)
http://www.nationalgeographic.com/2000/physical/climate/index.html
Virtuelles Labor für Klima, Global Warming und die Einflüsse des Menschen.

Greenpeace Deutschland: FCKW und Ozonschicht
http://www.greenpeace.de/GP_DOK_3P/THEMEN/C08UB01.HTM

8.22.8 Energien

Bitte beachten Sie auch das Kapitel **8.24.3 Physik: Radioaktivität, Kernenergie, Atombombe.**

ILSE - Das interaktive Lernsystem für erneuerbare Energien (D/E)
http://emsolar.ee.tu-berlin.de/~ilse/index2.html
Infos zu Energiepolitik, Solarenergie, Windenergie.

Solarenergie
http://www.solarenergie.com

Forschungsgruppe Windenergie
http://www.uni-muenster.de/Energie/wind
Infos zu Windenergie und –klimatologie, Förderung von Projekten, Naturschutzprobleme, Daten.

WDR Quarks & Co.: Castor, Kernenergie & Co.
http://www.quarks.de/castor/index.htm
Einführung in Grundlagen und Problematik; als Webseiten oder gepackte Textdatei abrufbar.

8.22.9 Weltbevölkerung

Bevölkerungsentwicklung
http://www.learn-line.nrw.de/angebote/bevwachstum/
Material des Bildungsservers NRW.

Die aktuelle Weltbevölkerung
http://www.zum.de/ZUM/Gentechnik/Bevoelkexpl.html
Aktuelle (geschätzte) Statistik der Weltbevölkerungsdaten.

8.23   Mathematik

8.23.1   Allgemein

DINO-Katalog: Mathematik
http://www.dino-online.de/seiten/go14l.htm

Yahoo-Katalog: Mathematik
http://www.yahoo.de/Naturwissenschaft_und_Technik/Mathematik/

Mathe-Treff
http://www.bezreg-duesseldorf.nrw.de/schule/mathe/mathe.htm
Aufgaben, Hilfe bei Problemen, Software, Links etc.

Mathe Online: Eine Galerie multimedialer Lernhilfen
http://www.univie.ac.at/future.media/mo
Lernhilfen, mathematische Hintergründe, Lexikon, Online-Übungsprogramme und Mathelinks.

The Math Forum (E)
http://forum.swarthmore.edu
Großes Archiv für den Mathematikunterricht.

MEGA Mathematics (E)
http://www.c3.lanl.gov/mega-math/index.html
Sehr empfehlenswerte Seite mit Materialien und Übungen.

8.23.2   Geometrie und Algebra

Geometrie mit dem Computer
http://www.learn-line.nrw.de/angebote/geometrie/
Infos, Unterrichtsmaterial, Programme, Forum etc.

Mathe-Werkstatt
http://home.t-online.de/home/elschenbroich/
Umfassende Quelle zur Mathematik in der Schule, vor allem zur Geometrie am Computer.

Ka's Geometriepage
http://www.mathematikunterricht.de
Aufgaben, Material für Mathestunden.

Pythagoras im Unterricht und im WWW
http://www.ham.nw.schule.de/projekte/swmathe/Uonline/index.html

Geometry-Center (E)
http://www.geom.umn.edu/

8.23.3   Pi und Primzahlen

Pi
http://www.dbg.rt.bw.schule.de/lehrer/ritters/mathe/pi/pi.htm
Zur Zahl Pi und ihrer Berechnung.

Pi – Archimedes' Constant (E)
http://www.mathsoft.com/asolve/constant/pi/pi.html
Online-Aufsatz, Bibliographie und Links.

The Prime Page (E)
http://www.utm.edu/research/primes/

8.23.4 Berühmte Mathematiker

Zur Geschichte der Mathematik (E)
http://www.maths.tcd.ie/pub/HistMath/
http://www-groups.dcs.st-and.ac.uk/~history/index.html
http://aleph0.clarku.edu/~djoyce/mathhist/mathhist.html
Startseiten zu Biographien etc.

World of Escher (E)
http://www.worldofescher.com

J.C.F. Gauß (E)
http://www-groups.dcs.st-and.ac.uk/~history/Mathematicians/Gauss.html

Blaise Pascal (E)
http://www.maths.tcd.ie/pub/HistMath/People/Pascal/RouseBall/RB_Pascal.html

Ptolemäus (E)
http://www-groups.dcs.st-and.ac.uk/~history/Mathematicians/Ptolemy.html

8.23.5 Weitere Lernhilfen und Unterrichtsideen

Visualisierung in Mathematik und Mathematikunterricht
http://www.uni-koeln.de/ew-fak/Mathe/Projekte/VisuPro/

Bewegte Mathematik
http://www.muenster.de/~stauff/bewmath.html

LdL im Mathematikunterricht
http://www.ldl.de/material/berichte/mathe/mathe.htm
Erfahrungsberichte und Material für den Einsatz der LdL-Methode im Mathematikunterricht.

Bruno Rechenbär
http://www.rechenbaer.de
Freie Arbeit im Mathematikunterricht an der Grundschule.

Binomische Formeln
http://www.dbg.rt.bw.schule.de/lehrer/ritters/mathe/binform/binform.htm
Online-Übungen.

Interactive Mathematics Miscellany and Puzzles (E)
http://www.cut-the-knot.com
Sammlung mathematischer Knobeleien.

8.24 Physik

8.24.1 Allgemein

DINO-Katalog: Physik
http://www.dino-online.de/seiten/go14o.htm

Yahoo-Katalog: Physik
http://www.yahoo.de/Naturwissenschaft_und_Technik/Physik/

Yahoo-Katalog: Physics (E)
http://www.yahoo.com/Science/Physics/

PhysLINK: Your Guide to Physics on the Web (E)
http://www.physlink.com

Deutsche Physikalische Gesellschaft (DPG)
http://www.dpg-physik.de

Top Physik/Astronomie/Science-Links
http://www.wuerzburg.de/mm-physik/top.htm

Multimedia-Physik
http://www.physiker.com
Umfangreiche Quelle von Peter Krahmer für (überwiegend englischsprachige) Links zu Physik, Astronomie und Mathematik.

Multimedia-Physik: Links zu den Teilgebieten der Physik
http://www.geocities.com/~remark/sucher1.htm
Zahlreiche Links zu Mechanik, Akustik, Elektrik/Elektrodynamik, Optik, Kernphysik, Energie, Geophysik, Relativität, Wärme/Thermodynamik, Elektronik, Atome/Quanten, Teilchenphysik, Umwelt, Meteorologie, Wetter, Astronomie etc.

Unterrichtsmaterialien Physik
http://www.zum.de/schule/dwu/uma.htm

Physik in der Oberstufe
http://www.dbg.rt.bw.schule.de/faecher/physik/phy_h.htm
Unterrichtsmaterial zu Naturphänomenen, Messtechnik, mechanischen Schwingungen und Wellen, Magnetfeldern, elektromagnetischen Schwingungen und Wellen, Magnetfeldern, Elektrostatik, Optik.

Physik
http://educeth.ethz.ch/physik/
Unterrichtsmaterial von EducETH.

8.24.2 Schwingungen, Wellen, Felder

Elektromagnetische Schwingungen und Wellen
http://www.dbg.rt.bw.schule.de/lehrer/ritters/physik/eschwe/p_esw.htm

Magnetische Felder
http://www.dbg.rt.bw.schule.de/lehrer/ritters/physik/magf/p_mf.htm

Mechanische Wellen
http://www.dbg.rt.bw.schule.de/lehrer/ritters/physik/mewell/p_mw.htm

Mechanische Schwingungen
http://www.dbg.rt.bw.schule.de/lehrer/ritters/physik/meschw/p_ms.htm

SciAm: How does a microwave oven cook foods ? (E)
http://www.sciam.com/askexpert/physics/physics15.html

Elektrische Felder
http://www.dbg.rt.bw.schule.de/lehrer/ritters/physik/estat/p_ef.htm

8.24.3 Radioaktivität, Kernenergie, Atombombe

WDR Quarks & Co.: Castor, Kernenergie & Co.
http://www.quarks.de/castor/index.htm
Einführung in Grundlagen und Problematik; als Webseiten oder gepackte Textdatei abrufbar.

Informationskreis Kernenergie
http://www.kernenergie.de

Todd's Atomic page (E)
http://nfdfn.jinr.dubna.su/flnph/neutronics/todd/todd.html
Alles zum Thema Radioaktivität und Kernenergie.

BioNet: RadioData-Projekt (E)
http://www.bionet.schule.de/radiodata/
Messung radioaktiver Strahlung als Internet-Projekt.

Zur Geschichte von Kernspaltung und Atombombe
http://www.tu-harburg.de/b/hapke/atombomb.html

Nuclear Physics: Past, Present and Future (E)
http://tqd.advanced.org/3471/
Thinkquest-Projekt.

A-Bomb WWW Museum (E)
http://www.csi.ad.jp/ABOMB/index.html
Virtuelles Museum zur Atombombe, speziell zu den Abwürfen über Hiroshima und Nagasaki.

Atomic Archive (E)
http://www.atomicarchive.com/main.html
Informationen zur Entwicklung der Atombombe, wissenschaftliche Hintergründe, politische Bezüge und ausführlicher Teacher's Guide zu sich vielfältigen sich ergebenden Themenkomplexen.

Atomic Bomb: Decision (E)
http://www.dannen.com/decision/index.html
Archiv authentischer Dokumente zur Entscheidung, die Bombe gegen Japan anzuwenden; so
z.b. mit dem Brief des Komitees unter Vorsitz von J.R. Oppenheimer mit dem Titel
"Recommendation on the immediate use of nuclear weapons" vom 16.06.1945.

The Hiroshima Archive (E)
http://www.lclark.edu/~history/HIROSHIMA/

8.24.4 Kernfusion

Fusion Energy Education Site (E)
http://fusedweb.pppl.gov
Didaktisierte Einführung in die Fusionsenergie.

SciAm: What is the current scientific thinking on cold fusion ? (E)
http://www.sciam.com/askexpert/physics/physics6.html

SciAm: Why hasn't fusion research so far produced better results ? (E)
http://www.sciam.com/askexpert/physics/physics17.html

8.24.5 Die Relativitätstheorie

The Light Cone (E)
http://physics.syr.edu/courses/modules/LIGHTCONE/
Einführung in die Relativitätstheorie.

Albert Einstein: Image and Impact (E)
http://www.aip.org/history/einstein

SciAm: Is it theoretically possible to travel through time ? (E)
http://www.sciam.com/askexpert/physics/physics18.html

8.24.6 Forschungsstätten und Institutionen

The Smithsonian Institution (E)
http://www.si.edu/organiza/start.htm
Startseite zu 16 Museen und Gallerien sowie zu Forschungsabteilungen und zum „National Zoo".

The Nobel Foundation (E)
http://www.nobel.se

Fraunhofer-Gesellschaft
http://www.fhg.de

Forschungszentrum Jülich
http://www.kfa-juelich.de

DESY - Deutsches Elektronen-Synchrotron
http://www.desy.de

8.24.7 Berühmte Physiker

PhysLINK: History (E)
http://www.physlink.com/history.cfm
Hervorragende Startseite zu zahlreichen spezifischen Quellen.

Center for History of Physics (E)
http://www.aip.org/history/

Nobelpreisträger der Physik (E)
http://www.nobel.se/prize/index.html

BdW Highlight: Einsteins Geniestreich
http://www.wissenschaft.de/bdw/high/high10-99.html

The Galileo Project (E)
http://es.rice.edu/ES/humsoc/Galileo/index.html
Zu Leben und Werk Galileis.

Newtonia (E)
http://www.newton.org.uk
Homepage zu Sir Isaac Newton.

8.24.7 Weitere Unterrichtsideen und Lernhilfen

Dogmen der Naturwissenschaften
http://ourworld.compuserve.com/homepages/Ekkehard_Friebe/
Einführung in bekannte Theorien: Newtons Gravitationsgesetz, Relativitätstheorie, Quantentheorie, Maxwellsche Elektrodynamik etc.

Teilchenphysik für die Schule
http://ourworld.compuserve.com/homepages/Pedro_Waloschek/

Lernprogramm Gravitation
http://www.dhg.fn.bw.schule.de/

Coaster 2 (E)
http://tqd.advanced.org/2745/
Thinkquest-Projekt zu den bei Fahrattraktionen in Vergnügungsparks wirkenden physikalischen Kräften.

A Walk Through Time (E)
http://physics.nist.gov/GenInt/Time/time.html
Die Geschichte der Zeitmessung.

PAKMA: Physik-Aktiv-Messen, Modellieren-Analysieren, Animation
http://didaktik.physik.uni-wuerzburg.de/neuhtml/pakma_d.html
Software mit vielen Beispieldateien, z.B. zum physikalischen Pendel, Fallschirmspringer, Gleiter auf Luftkissenbahn etc.

8.25 Astronomie

8.25.1 Allgemein

DINO-Katalog: Astronomie
http://www.dino-online.de/seiten/go14c.htm

Yahoo-Katalog: Astronomie
http://www.yahoo.de/Naturwissenschaft_und_Technik/Astronomie/

Deutsches Sammelangebot zur Astronomie
http://www.astronomie.de/

Cyberbox: Science
http://www.cyberbox.de/science
Umfangreiche und schön gestaltete Seite zu allen erdenklichen Raumfahrtmissionen, mit interaktiven Angeboten (Chat etc.) zu aktuellen Misisonen.

Unterrichtsmaterial Astronomie
Einführung : *http://www.zum.de/schule/Faecher/A/Sa/LB1/A10G11.HTM*
Geschichte: *http://www.zum.de/schule/Faecher/A/Sa/LB5/A12G.htm*
Sternenhimmel: *http://www.zum.de/schule/Faecher/A/Sa/LB1/A10G12.HTM*

Space Image Libraries (E)
http://www.okstate.edu/aesp/image.html
Exzellente Fotos zu Weltraum und Raumfahrt von der NASA.

The Nine Planets – A Multimedia Tour of the Solar System (E)
http://seds.lpl.arizona.edu/nineplanets/nineplanets/
Ausführliche Informationen zum Sonnensystem und seinen Himmelskörpern.

8.25.2 Weltraum, Sonnensystem, Planeten

Earthrise: Satellitenbilder der Erde (E)
http://earthrise.sdsc.edu
Riesige Sammlung hervorragender Aufnahmen.

NatGeo: Asteroids – Deadly Impact (E)
http://www.nationalgeographic.com/asteroids/index.html
Infos als Online-Adventure.

8.25.3 Raumsonden und Teleskope

Institut für Planetenerkundung: Die Galileo-Mission
http://www.ba.dlr.de/ne/pe/galileo.html
Material zu Jupiter und zur Galileo-Mission und von der „Deutschen Forschungsanstalt für Luft- und Raumfahrt" (DLR).

GEO Explorer: Raumsonde Galileo
http://www.geo.de/themen/kosmos/raumsonde_galileo/index.html

Space Telescope Science Institute: Hubble (E)
http://oposite.stsci.edu/pubinfo/
Neueste Meldungen über Hubble, Hubble-Infos und -Archiv.

NatGeo: Return to Mars (E)
http://www.nationalgeographic.com/mars/frame.html
Die Pathfinder-Mission, mit der Möglichkeit zur virtuellen Tour mit dem Sojourner.

The Mars Academy (E)
http://www.marsacademy.com
Forum zur Erforschung des Mars.

SciAm: How does the gravitational "slingshot" effect used with some space probes work ? (E)
http://www.sciam.com/askexpert/astronomy/astronomy10.html

8.25.4 Forschungseinrichtungen

NASA (E)
http://www.nasa.gov

NASA: Sharing NASA - Online Interactive Projects (E)
http://quest.arc.nasa.gov/interactive.html
Schulprojekte der NASA mit der Möglichkeit, laufende Missionen zu begleiten, z.B. mit
Teilnehmern der Mission Kontakt aufzunehmen.

NASA: Liftoff to Space Exploration (E)
http://liftoff.msfc.nasa.gov
Bildungsangebote: Nachrichten, Infos über Raumstationen, Akademie für Raketen, Leben im
Weltraum, Kid's Space (für die Jüngeren).

NASA: Space-Links (E)
http://spacelink.nasa.gov

NASA: Welcome to the Planets (E)
http://pds.jpl.nasa.gov/planets/
Grundlegende Daten und ausführliche, bebilderte Informationen zu den Planeten, ihren
Besonderheiten und ihren Monden, zu kleineren Himmelskörpern, Raumsonden (Viking,
Voyager, Galileo), zum Hubble-Teleskop und zum Space Shuttle.

Die Deutsche Forschungsanstalt für Luft- und Raumfahrt (DLR)
http://www.dlr.de/

ESA – European Space Agency (E)
http://www.esrin.esa.it/htdocs/esa/progs.html

8.25.5 Weitere Unterrichtsideen und Lernhilfen

Focus: Der aktuelle Sternenhimmel
http://focus.de/sterne

Steven Hawking's Universe (E)
http://www.pbs.org/wnet/hawking/html/home.html
Das Buch liegt hier in einer frei abrufbaren Onlineversion vor ! Zugleich findet sich ein Ratgeber
zur Behandlung im Unterricht unter: *http://www.pbs.org/wnet/hawking/html/tguide.html*

8.26 Chemie

Zu Ökologie und Lebensmittelchemie beachten Sie bitte auch das Kapitel **8.22 Ökologie.**

8.26.1 Allgemein

DINO-Katalog: Chemie
http://www.dino-online.de/seiten/go14e.htm

Yahoo-Katalog: Chemie
http://www.yahoo.de/Naturwissenschaft_und_Technik/Chemie/

Yahoo-Katalog: Chemistry (E)
http://www.yahoo.com/Science/Chemistry/

Chemie
http://www.chemie.de
Infozentrum für Chemie: Suchmaschine, Linkkatalog zu Fachbereichen (national und
international), Chemie-Software, Forum, Branchenverzeichnis, Veranstaltungen, Stellenmarkt,
Werkzeugkasten (nützlich: Chemie-Fachwörterbuch, Periodensystem, Abkürzungsverzeichnis,
Einheiten-Konverter und Molmassen-Berechnung), Newsletter und Pressemitteilungen.

Die Homepage für Chemiker
http://www.chemie.de/~knecht/
Riesiger Katalog mit mehr als 1.300 Links zur Chemie (Empfehlenswerte Links, Arbeitsmarkt,
Chemische Gesellschaften, Chemische Industrie, Datenbanken, Kontakte, Laborinstrumente,
Nachrichten aus der Wissenschaft, Newsgroups, Online-Pogramme, Schilder/Symbole/Zeichen,
Software, Terminkalender, Tutorien/Übungen, Zeitschriften/Bücher/Kataloge, Verlage.

Knecht: Tutorien und Übungen
http://www.chemie.de/~knecht/tutorien.php3
Großes Link-Verzeichnis hauptsächlich englischsprachiger Angebote.

Knecht: Online-Programme zur Chemie
http://www.chemie.de/~knecht/online.php3
Großes Link-Verzeichnis für online nutzbare Datenbanken, Berechnungsprogramme und
Infozentren für Chemie.

Knecht: Chemische Software
http://www.chemie.de/~knecht/software.php3
Großes Link-Verzeichnis für Hersteller chemischer Software, Programme, Demo- und
Testversionen.

Manfred Amann: Die Schulchemie-Website
http://www.schulchemie.de
Animierte Webseite mit Aufgaben und Lösungen zu Allgemeiner Organischer Chemie,
Kohlenhydraten, Fetten, Eiweiß; beeindruckend aufwendige Nachhilfe-Sektion (Schüler fragen,
Lehrer antwortet); Material für Chemiestunden; und zahlreichen weiteren Links.

Abi-Tools Chemie
http://www.abi-tools.de/themen/chemie/chemie_b.htm
Online-Kurs zur Chemie der Oberstufe.

Chemie online (D/E)
http://www.chemieonline.de
Aufgaben, Referate, Skripte, Protokolle, Software, Nachhilfe, Newsletter, Bücher, Chat,
Gästebuch, Forum, TV-Programmführer.

Chemiewelt - Die Chemieseite im Internet
http://www.chemiewelt.de
Grundlagen der Cehmie, Organik, Anorganik, Analytik, Versuche, Download, Links.

Chemieunterricht
http://www.chemieunterricht.de/
Material vom Fachbereich Chemie der Universität Bielefeld (bisher nicht sehr ergiebig).

Naturphänomene in Klasse 5 und 6
http://www.zum.de/ZUM/public/wegerle.html

Chemie im Alltag
http://www.chemall.schule.de/

8.26.2 Datenbanken

Knecht: Chemische Datenbanken
http://www.chemie.de/~knecht/data.phtml
Allgemeine Datenbanken, Physikalische Datenbanken, Kristallstrukturdatenbanken, Organische
Datenbanken, Proteindatenbanken/Biochemie Datenbanken, Datenbanken für Elektrochemie.

Knecht: Gefahrensymbole
http://www.chemie.de/~knecht/sicherheit/index.phtml
http://www.chemie.de/~knecht/sicherheit/Gefahrensymbole.phtml

8.26.3 Elemente und Verbindungen

Web-Elements (E)
http://www.shef.ac.uk/~chem/web-elements/
Interaktives Periodensystem mit sehr anschaulicher Darstellung.

Periodic Table of Elements (E)
http://mwanal.lanl.gov/julie/imagemap/periodic/periodic.html
Zu Geschichte, Eigenschaften und Nutzbarkeit der Elemente.

Abkürzungen chemischer Verbindungen
http://www.chemie.fu-berlin.de/cgi-bin/abbscomp

8.26.4 Chlor und PVC

Greenpeace Deutschland: Chemie – Chlor und PVC
http://www.greenpeace.de/GP_DOK_3P/THEMEN/C03UB01.HTM
Die Chlor-Story (Einführung, Chlorreiches Gift, Produzenten, Produkte, PVC-Ersatzstoffe,
Clean Production) und PVC-Recycling-Studie.

SciAm: How does chlorine added to drinking water kill bacteria and other harmful organisms?
http://www.sciam.com/askexpert/environment/environment22/environment22.html

8.26.5   Polymere und Kunststoffe

Franz-Patat-Zentrum
http://home.welfen-netz.de/fpz-bs/
Wissenschaftliches Forum für Interdisziplinäre Polymerfoschung: Forschungsprogramm und Studien u.a. zu biologisch abbaubare Polymeren und nachwachsende Rohstoffen.

8.26.6   Unternehmen und Institutionen

Gesellschaft Deutscher Chemiker
http://www.gdch.de

Deutsche Forschungsanstalt für Lebensmittelchemie
http://dfa.leb.chemie.tu-muenchen.de/

Verband der Chemischen Industrie
http://www.chemische-industrie.de

BASF (E/D)
http://www.basf.com

BAYER (E/D)
http://www.bayer.com

Hoechst (E/D)
http://www.hoechst.com

Förderverein Chemie-Olympiade
http://www.fcho.schule.de

8.26.7   Weitere Unterrichtsideen und Lernhilfen

Netdays-Projekt: Chemieunterricht und Online-Technologien
http://www.schulchemie.de/netdays.htm

Computer in der Chemie
http://www.chemie.fu-berlin.de/
Exzellente Lehrmaterialien zu Computern in der Chemie, Einführung in Software, Internet etc.

Herstellung von Emmentaler unter Berücksichtigung biochemischer Vorgänge
http://www.allgaeu.org/ag/material/facharb/kaese/kaese1.htm

Papier
http://dc2.uni-bielefeld.de/dc2/papier/
Projekt zur Papierherstellung (Entwicklung, Eigenproduktion, Anleitungen).

8.27 Informatik

8.27.1 Allgemein

DINO-Katalog: Informatik
http://www.dino-online.de/seiten/go14z.htm

DINO-Katalog: Computer und Software
http://www.dino-online.de/computer.html

Yahoo-Katalog: Computer und Internet
http://www.yahoo.de/Computer_und_Internet/

Yahoo-Katalog: Information Technology (E)
http://www.yahoo.com/Science/Information_Technology/

Yahoo-Katalog: Computer Science (E)
http://www.yahoo.com/Science/Computer_Science/

Yahoo-Katalog: Computers and Internet (E)
http://www.yahoo.com/Computers_and_Internet/

The WWW Virtual Library: Computing (E)
http://src.doc.ic.ac.uk/bySubject/Computing/Overview.html

Informatik-Unterrichtsmaterialien des EducETH Zürich
http://educeth.ethz.ch/informatik/
Umfangreiche und interessante Sammlung von Unterrichtsvorschlägen, -plänen und –material zur Informatik, z.T. auch mit Online-Übungen.

8.27.2 Magazine, Sendungen, Institutionen

c't
http://www.heise.de/ct/
Anspruchsvolles Computer-Fachmagazin.

telepolis
http://www.heise.de/tp/
Exzellentes Magazin mit Essays zu Themen der modernen, technisch geprägten Gesellschaft (Informationstechnologien, Gentechnik, Robotik etc.), mit Beiträgen profilierter Autoren wie Stanislaw Lem.

„Die Zeit" zu Computer und Medien
http://www2.zeit.de/tag/computer.html
U.a. mit einer Artikelserie von Dieter E. Zimmer zum Internet als digitaler Bibliothek.

Chip
http://www.chip.de
Fundiertes Computermagazin mit umfassendem Web-Angebot (Software, Links etc.)

PC Magazin (früher: DOS International)
http://www.pc-magazin.de/
Nachrichten, ausgewählte Kurzartikel, Archiv, Links, Shareware etc.

PC-Welt
http://www.pcwelt.de

Computer-Bild online
http://www.computerbild.de

Konr@d
http://www.konrad.stern.de
Modernes Magazin für den „Mensch in der digitalen Welt".

Tomorrow
http://www.tomorrow.de

Der WDR-Computerclub
http://www.wdr.de/tv/Computer-Club/

CERN (E)
http://www.cern.ch
In diesem Kernforschungszentrum wurde von Tim Berners-Lee das WWW erfunden!

8.27.3   Internet, Intranet, Schulnetzwerke

AG Intranet und Internet mit Linux
http://www.dbg.rt.bw.schule.de/lehrer/ritters/info/bagintra/bagintra.htm

Der ct/ODS-Kommunikationsserver im Schulnetzwerk: Erfahrungen und Problemlösungen
http://www.shuttle.schule.de/cux/bleicken/erfahrng.htm

Aufbau eines Schulnetzwerks mit Linux
http://www.dbg.rt.bw.schule.de/lehrer/ritters/info/linux/linux.htm

Die Linux-Homepage (E)
http://www.linux.org

SELF-HTML
http://www.teamone.de/selfaktuell/
Sehr verständlich geschriebener, übersichtlich gestalteter und umfassender HTML-Kurs.

Erste Schritte in Java – eine Online Werkstatt
http://educeth.ethz.ch/informatik/javaStep/

8.27.4   Datenschutz

Datenschutz
http://www.uni-oldenburg.de/datenschutz
Homepage des oldenburgischen Datenschutzbeauftragten mit vielen Links zum Thema.

International Pretty Good Privacy Homepage (E)
http://www.pgpi.com
Erläuterungen, Programme und detallierte Informationen zur Email-Verschlüsselung PGP.

c't:-Krypto-Kampagne
http://www.heise.de/ct/pgpCA/

8.27.5 Programmierung

Informatik Grundkurs Klasse 12: Java, CGI, C++, Pascal
http://www.uni-karlsruhe.de/~za220/htm/kurse/informat/inform.htm

Einführung in C++
http://www.bg.bib.de/~fhdwbm/unterricht/cpp.html

C++ Lehrgang
http://www1.uni-bremen.de/~wboeck/script.htm/

Sortierverfahren in C
http://www.dbg.rt.bw.schule.de/lehrer/ritters/info/sort/sort_h.htm

AOL Programmiererforum
http://members.aol.com/pcdbascht/

Visual Basic (D/E)
http://www.visualbasicug.com/
http://www.geocities.com/SiliconValley/1930/

Einführung in LOGO
http://www.kle.nw.schule.de/gymgoch/faecher/informat/logo/logo.htm

Aus der Spieltheorie: Das Gefangenendilemma
http://www.dbg.rt.bw.schule.de/lehrer/ritters/info/gedil/gedil.htm

8.27.6 Weitere Unterrichtsideen und Lernhilfen

Künstliche Intelligenz-Forschung am MIT (E)
http://www.ai.mit.edu/whatsnew
Das berühmte Massachussetts Institute of Technology mit den neuesten Entwicklungen in der KI und Robotik,.

Deutsches Forschungszentrum für künstliche Intelligenz
http://www.dfki.uni-kl.de/
Vorstellung des Instituts, seiner Forschungsgebiete und Projekte (z.B. zur Sprachverarbeitung, Benutzerschnittstellen, Informationsverarbeitung und Dokumentanalyse).

Artificial Intelligence (E)
http://tqd.advanced.org/2705/
Thinkquest-Projekt zur Vorstellung dieses interessanten Forschungsgebiets.

8.28   Software

Netscape: Netcenter (E)
http://www.netscape.com
Gute Internet-Startseite mit hervorragendem Schlagwortkatalog; außerdem Infos zu den Internet-Tools des populären Herstellers, Download der aktuellen Version des Netscape Navigator etc.

Microsoft (E)
http://www.microsoft.com

IBM (E)
http://www.ibm.de

Sun (E)
http://www.sun.com
U.a. Entwickler der neuen Web-Programmiersprache Java.

Apple (E)
http://www.apple.com

Filez (E)
http://www.filez.com
Riesige Suchmaschine für die Suche nach downloadbaren Programmen und Dateien im Internet.

Download.COM (E)
http://www.download.com
Riesiges Software-Archiv (Shareware, Freeware etc.).

Shareware.COM (E)
http://www.shareware.com

Macromedia (E)
http://www.macromedia.com
WWW-Zubehör, Multimedia-Entwicklungswerkzeuge, Autorensysteme für Lernprogramme.

Asymetrix/Toolbook (E)
http://www.asymetrix.com
Multimedia-Entwicklungswerkzeug.

LucasArts (E)
http://www.lucasarts.com
Am. PC-Spiele-Hersteller u.a. für anspruchsvolle Grafik-Adventures.

Electronic Arts (E)
http://www.ea.com
Am. PC-Spiele-Hersteller; Sport-Simulationen, interaktive Filme.

Gamespot
http://www.gamespot.de
Online-Magazin für PC-Spiele von Ziff-Davis; mit Rezensionen, Tips, Tricks und Lösungen.

8.29 Pädagogik

DINO-Katalog: Erziehungswissenschaften
http://www.dino-online.de/seiten/go14w.htm

Yahoo-Katalog: Pädagogik
http://www.yahoo.de/Bildung_und_Ausbildung/Paedagogik/

Die Düsseldorfer Virtuelle Bibliothek: Linksammlung Erziehungswissenschaft
http://www.uni-duesseldorf.de/WWW/ulb/erz.html

Pädagogik aktuell
http://www.paedagogik.com
Infozentrum zu bekannten Pädagogen und mit ca. 1.200 Stundenentwürfen.

Die Methode „Lernen durch Lehren" (LDL)
http://www.ldl.de
Homepage der Methode nach Dr. Jean-Pol Martin, Universität Eichstätt. Einführung in die Methode, ihre Entwicklung und Ziele, sowie zahlreiche Forschungsbeiträge zum Thema.

Das Lernen lernen
http://www.ni.schule.de/~pohl/lernen/index.htm
Abhandlung zu lernpsychologischen Faktoren und Lernstrategien, die man Schülern vermitteln sollte (Motivation, Biologische und psychologische Grundlagen des Lernens, Mitarbeit, Hausaufgaben, Umgang mit Vokabeln, Regeln, Gedächtnistechniken, Referieren, Prüfungen).

Attention Deficit Order (ADD)
http://www.osn.de/user/hunter/vortr-a1.htm
Online-Artikel zum Aufmerksamkeits-Defizit-Syndrom bei Kindern (Hyperaktivität).

SciAm: What do we know about the nature of attention-deficit disorder (ADD) ? (E)
http://www.sciam.com/askexpert/medicine/medicine9.html

Deutsche Gesellschaft für das hochbegabte Kind
http://www.dghk.de

Pestalozzi
http://pestalozzi.hbi-stuttgart.de/
Umfangreiche Einführung.

The American Montessori Society (E)
http://www.amshq.org

Einführung in die Spieltheorie (E)
http://william-king.www.drexel.edu/top/eco/game/game.html

Medienpädagogischer Forschungsverbund Südwest
http://www.mpfs.de/
U.a. mit dem hervorragenden Infoset "Medienkompetenz und Medienpädagogik in einer sich ändernden Welt.

8.30   Psychologie

DINO-Katalog: Psychologie
http://www.dino-online.de/seiten/go14p.htm

Yahoo-Katalog: Psychologie
http://www.yahoo.de/Geisteswissenschaften/Psychologie/

Yahoo-Katalog: Psychology (E)
http://dir.yahoo.com/Social_Science/Psychology/

GEO Explorer: Medizin und Psychologie
http://www.geo.de/themen/medizin_psychologie/index.html

Psychologie
http://www.psychologie.de
http://www.psych.at
Startseiten mit ausführlichen Sammlungen spezifischer Links.

Die Deutsche Gesellschaft für Psychologie
http://www.dgps.de

intra – das psychologiemagazin
http://www.intra.ch

Psycoloquy (E)
http://www.cogsci.soton.ac.uk/psycoloquy/
Online-Magazin für Psychologie und Neurowissenschaften.

Zentralstelle für Psychologische Information und Dokumentation (ZPID)
http://www.zpid-psychologie.de

BdW Highlight: Dem Bewusstsein auf der Spur
http://www.wissenschaft.de/bdw/high/high07-97.html

Entwicklungspsychologischer Querschnitt nach Freud und Erikson
http://home.t-online.de/home/jneubert/psychoan.htm

Entwicklung des Denkens und der Moral nach Piaget und Kohlberg
http://home.t-online.de/home/jneubert/kogmoral.htm

Einführung in die Analytische Psychologie C.G. Jungs
http://home.t-online.de/home/t.wischmann/jung.htm

SciAm: Do personality traits come from genes or environmental influences ? (E)
http://www.sciam.com/askexpert/biology/biology19.html

Familie & Co. online
http://www.familie.de

8.31 Philosophie

DINO-Katalog: Philosophie
http://www.dino-online.de/seiten/go14y.htm

Yahoo-Katalog: Philosophie
http://www.yahoo.de/Geisteswissenschaften/Philosophie/

Guide to Philosophy on the Internet (E)
http://www.earlham.edu/~peters/philinks.htm
Katalog zu Online-Infos zur Philosophie (Autoren, Texte, Magazine etc.).

Deutscher Philosophie-Knoten
http://www.sozialwiss.uni-hamburg.de/phil/ag/knoten/main.html
Philosophie-Suchmaschine, Startseite zu den bekanntesten Angeboten.

Fachinformation Philosophie
http://kant.stepnet.de/FAECHER/PHILOS.HTM
Unterrichtsmaterial und Links.

Unterrichtsmaterial und Links zur Philosophie im Unterricht
http://132.230.36.11/schule/Faecher/D/SH/phil.htm

PhilNet: Quellen zur Philosophie
http://www.sozialwiss.uni-hamburg.de/phil/ag/internet.html

Sic et non
http://www.cogito.de/sicetnon/
Online-Forum für Philosophie und Kultur.

Deutsche Zeitschrift für Philosophie
http://www.oldenbourg.de/akademie-verlag/office/dzphil/

Logos – Klassische Philosophie im WWW
http://www.t0.or.at/~leohemetsberger/
Dialektik, Logik, Kunst, Religion, Geschichte, Metaphysik, Kunst, Kunstphilosophie.

Deutsche Ludwig Wittgenstein Gesellschaft
http://www.phil.uni-passau.de/dlwg/

Theodor W. Adorno
http://userpage.fu-berlin.de/~murfit/adorno.htm

Immanuel Kant
http://kant.stepnet.de/FAECHER/PHILOS.HTM

Nietzsche im Internet
http://www.weimar-klassik.de/navigate/x0i_100d.html#nietzsche

8.32   Religion

8.32.1   Allgemein

DINO-Katalog: Theologie
http://www.dino-online.de/seiten/go14t.htm

Yahoo-Katalog: Religion
http://www.yahoo.de/Gesellschaft_und_Soziales/Religion/

Yahoo-Katalog: Religion and Spirituality (E)
http://dir.yahoo.com/Society_and_Culture/Religion_and_Spirituality/

International Bible and Theology Gateways (E)
http://www.uni-passau.de/ktf/gateways.html

Werkstatt Schule
http://www.zum.de/schule/Faecher/evR/BW/
Zahlreiche Materialien zum Christentum und anderen Religionen für den Einsatz im Unterricht.

Link-Liste Religionsunterricht
http://www.fuchs-lobenhofer.de/liliru.htm
Katalog für Unterichtsideen und –material im Internet.

Materialien zur Oberstufenreligion
http://www.buber.de/christl/unterrichtsmaterialien/index.html
Material zu den Themen Gottesglaube, Atheismus, Sozialer Gerechtigkeit und Euthanasie.

Die Brücke
http://www.uni-bremen.de/~relipaed
Zeitschrift für Schule und Religionsunterricht.

Reliprax
http://www.reliprax.de
Zeitschrift für Religionspädagogen.

8.32.2   Christentum

Christweb
http://www.christweb.de/
Suchmaschine für deutschsprachige christliche Internet-Angebote.

Jesus.de - Der christliche Internet-Guide
http://www.jesus.de
Suchmaschine und Schlagwortkatalog.

Jesus Online - Das Magazin zum Leben
http://www.jesus-online.de/

Kirche Online
http://www.kirchen.de

Evangelische Kirche in Deutschland
http://www.ekd.de

Katholische Kirche in Deutschland
http://katholische-kirche.de/index.html

Der Vatikan (D/E/S/F/I)
http://www.vatican.va

Die Bibel online
http://www.ettl.co.at/bibel/
Suche und Zugriff auf Volltext.

Bibel-Gateway
http://bible.gospelcom.net/
Suche nach Bibelstellen im WWW.

Computereinsatz in der Exegese
http://www.uni-passau.de/ktf/bibel/bibel_computer.html

The Holy Grail (E)
http://www.geocities.com/Athens/Delphi/3636/indexe.htm

The Ark of the Covenant (E)
http://www.indyfan.com/ark/
Infos zur Bundeslade von einer Indiana Jones-Fanseite... anschauen !

Die Qumran-Funde
http://www.uni-passau.de/ktf/bibel/qumran.html

Logos – das Christliche Software- und Computermagazin
http://members.aol.com/PGrasse/welcome.html

Das verlorene Schaf im Internet
http://www.spiel-raum.de
Ein „interaktiver Spiel- und Denkraum" zum Gleichnis vom verlorenen Schaf.

8.32.3 Andere Religionen

Judentum
http://machno.hbi-stuttgart.de/shoanet/links/juden.htm
http://www.torah.org/
Ausführliche Linkliste des ShoaNet und weitere Quellen.

Materialien zur Religionswissenschaft: Judentum
http://www.payer.de/judentum/judentum.htm
Umfassende Einführung von Alois Payer.

Buddhismus
http://www.payer.de/budlink.htm
Infos, Artikel und Erläuterungen von Alois Payer.

Der Dalai Lama (E)
http://www.tibet.org/dalailama.html

Hinduismus
http://www.payer.de/hindlink.htm
Infos, Artikel und Erläuterungen von Alois Payer.

Islam (E)
http://www.islam.de
Startseite zum Islam, u.a. mit Online-Version des Korans.

Islam
http://www.payer.de/isllink.htm
Infos, Artikel und Erläuterungen von Alois Payer.

Der Koran in Englisch (E)
http://etext.virginia.edu/koran.html

Religio: Sektenhandbuch für Deutschland
http://www.religio.de

8.32.4   Weitere Unterrichtsideen und Lernhilfen

Reli-Rallye – Kreuz und quer durchs Internet
http://members.aol.com/EHSDober/reli/index.html

WDR Quarks & Co.: Wie wir sterben
http://www.quarks.de/sterben/index.htm
Einführung in die Problematik des Sterbens; als Webseiten oder gepackte Textdatei abrufbar.

Online-Pfarrer
http://www.bayern-evangelisch.de
Seelsorge der Evangelische-Lutherischen Kirche Bayern via Internet.

Die Datenautobahn-Kirche
http://www.autobahnkirche.de
Angebot der katholischen Glaubensinformation; mit Information zu Glauben, Kirchen in Deutschland, Gebeten, Meditation, Links etc.

Bibel und Literatur: Biblische Texte gespiegelt in literarischen Texten
http://www.zum.de/schule/Faecher/kR/BW/textefr.htm

Klosterführer online
http://www.kath.de/gruenewald/kloster/index.htm

8.33 Musik

8.33.1 Allgemein

DINO-Katalog: Musik
http://www.dino-online.de/seiten/go05mu.htm

Yahoo-Katalog: Musik
http://www.yahoo.de/Unterhaltung/Musik/

Yahoo-Katalog: Music (E)
http://www.yahoo.com/Entertainment/Music/

Musikwissenschaftliche Links weltweit
http://www.uni-koeln.de/phil-fak/muwi/world.html
Große Linksammlung.

MIZ online - Deutsches Musikinformationszentrum
http://www.miz.org
Links zu Musik, zeitgenössischen Komponisten, Institutionen etc.

Musikinstrumente
http://www.musikinstrumente.de/
Links zu Bands, Herstellern, Magazinen, Shops etc. – sehr hilfreich.

Music-Hotlist (E)
http://sln.fi.edu/tfi/hotlists/music.html
Linksammlung zu Opern, Klassik, Jazz, Reggae, Instrumenten, Ressourcen für Lehrer etc.

MusicNet – The Online Guide to Music Education (E)
http://tqd.advanced.org/3306/
Thinkquest-Projekt mit Musik-Enzyklopädie, didaktischen Hinweisen und interaktiven Übungen.

Sound
http://sound.de
Online-Musikmagazin.

Fortissimo
http://tqd.advanced.org/2791/index.html
Thinquest-Projekt: Musiklexikon (berühmte Komponisten, Instrumente etc.).

Amazon: Music (E)
http://www.amazon.com
Sehr gute, differenzierte Einteilung in Sparten, aktuelle Infos und Online-Shopping.

CDNow (E)
http://www.cdnow.com
CD-Recherche und Online-Einkauf.

8.33.2 Klassik

Klassik online
http://www.klassik.com
Sehr gute Startseite mit Informationen rund um die Klassik, zu Meistewerken und Meisterkomponisten (Bach, Bartók, Beethoven, Bernstein, Bizet, Barhms, Bruckner, Chopin, Gershwin, Händel, Haydn, Hindemith, Liszt, Mendelssohn Bartholdy, Mozart, Prokofiev, Puccini, Rachmaninov, Ravel, Schubert, Schumann, Strauß, Tschaikowsky, Verdi, Vivaldi, Wagner, Weill etc.).

Music Masters
http://www.austria-tourism.at
Klicken Sie im linken Rahmen auf "Berühmte Personen": biographische Infos zu Mozart, Bruckner, Haydn, Mahler, Beethoven, Brahms, die "Walzerkönige", Schubert, Lehár etc.

Johann Sebastian Bach Homepage (E)
http://www.jsbach.org

Johann Sebastian Bach: Brandenburgische Konzerte – Unterrichtsprojekt
http://www.bzn.rt.bw.schule.de/bach/index.htm

Ludwig van Beethoven Homepage (E)
http://www.geocities.com/Vienna/Strasse/3732/

8.33.3 Oper

Opernarchiv
http://www.opernarchiv.net

Die Wiener Staatsoper / Der Wiener Opernball
http://www.austria-tourism.at
Klicken Sie im linken Rahmen auf "Kultur": aktueller Spielplan, Termine und Geschichtliches.

8.33.4 Popmusik, Jazz, Country etc.

The House of Blues
http://www.ikg.rt.bw.schule.de/virkla/names/schuels/blues/index.htm

Planet Garth (E)
http://www.planetgarth.com
Homepage zu Garth Brooks, dem erfolgreichsten Musiker (bestselling solo artist) aller Zeiten (nur noch ein paar Millionen Alben, dann hat er auch noch die Beatles überholt und mehr Alben verkauft als jeder andere Einzelkünstler oder Band!).

Countrymusic (E)
http://www.countrymusic-usa.com

Musicals
http://www.musical.de
http://stud-www.uni-marburg.de/~Vigier/musicald.html

8.34 Kunst

8.34.1 Allgemein

DINO-Katalog: Kunst- und Musikwissenschaften
http://www.dino-online.de/seiten/go14j.htm

DINO-Katalog: Malerei
http://www.dino-online.de/seiten/go05ma.htm

Yahoo-Katalog: Kunst
http://www.yahoo.de/Kunst_und_Kultur/Bildende_Kunst/

Yahoo-Katalog: Arts (E)
http://www.yahoo.com/Arts/

Düsseldorfer Virtuelle Bibliothek: Kunstwissenschaft
http://www.uni-duesseldorf.de/WWW/ulb/kun.html

Mailingliste des Netzwerks der Kunsterziehung
http://www.tu-bs.de/schulen/thg_wf/germart.html

8.34.2 Museen und Bildarchive

Deutsche Galerien
http://www.galerie.de/

Musée du Louvre (F/E/S)
http://www.louvre.fr

Carol Gerten's Fine Art (E)
http://sunsite.auc.dk/cgfa/
Virtuelles Museum mit Zugriff auf Bilder und Biographien bekannter Maler, sortiert nach Ländern und Epochen – sehr umfangreiches, nützliches Archiv.

Artchive (E)
http://www.artchive.com
Großes und gut sortiertes Bildarchiv.

Archiv für Kunst und Geschichte
http://www.akg.de
Riesiges Archiv mit diversen Ausstellungen.

8.34.3 Bekannte Künstler

Leonardo da Vinci
http://museum.brandx.net
Bilder und Biographisches.

Why is the Mona Lisa smiling? (E)
http://library.advanced.org/13681/data/davin2.shtml
Thinkquest-Projekt.

Pablo Picasso (D/E)
http://www.clubinternet.com/picasso/

Rembrandt und die bürgerliche Kultur im Holland des 17. Jahrhunderts
http://www.screendesign.de/rembrandt.htm
Online-Biographie mit Bibliographie, Links und Museumsverzeichnis.

8.34.4   Fotografie

Fotos online
http://www.fotos-online.de/
Erste Adresse für Fotografie.

Workshop photomeeting
http://www.photomeeting.de/workshop/index.htm
Sehr informativer Online-Kurs zum Fotografieren.

8.34.5   Comics und Cartoons

Comics: The Language of the World (E)
http://tqd.advanced.org/3177/
Thinkquest-Projekt.

D.O.N.A.L.D.
http://www.donald.org
Die „Deutsche Organisation nichtkommerzieller Anhänger des lauteren Donaldismus": *die*
Donaldisten-Vereinigung und Startseite zu interessanten Links.

Carl Barks (E)
http://www.fortunecity.com/westwood/blumarine/14/index.html
Der berühmte Zeichner von Donald, Dagobert etc.: Nachrichten, Biographie, Bilder („Classic
Moments"), seltenes Material, Links.

8.34.6   Weitere Unterrichtsideen und Lernhilfen

Internet – Kunst – Schule
http://members.aol.com/tartpage/intstart.htm
"Computer- und Internetkunst als Grundlage neuer pädagogischer Konzepte für die Schule."

Barock
http://www.uni-karlsruhe.de/~za146/barock/index.html
Fächerübergreifendes Projekt für die 11. Jahrgangsstufe.

Venedig
http://www.dbg.rt.bw.schule.de/lehrer/soppa/fachueb/venedig.htm
Projekt für die Jahrgangsstufe 11 mit Möglichkeit zum fächerübergreifenden Unterricht.

8.35   Museen im WWW

DINO-Katalog: Museen
http://www.dino-online.de/seiten/go05m.htm

Yahoo-Katalog: Museen, Galerien und Sammlungen
http://de.dir.yahoo.com/Kunst_und_Kultur/Museen_und_Ausstellungen/

Yahoo-Katalog: Museen und Ausstellungen für Naturwissenschaft und Technik
http://www.yahoo.de/Naturwissenschaft_und_Technik/Museen_und_Ausstellungen/

Yahoo-Katalog: Museums, Galleries and Centres (E)
http://dir.yahoo.com/Arts/Museums__Galleries__and_Centers/

Deutschsprachige Museen
http://webmuseen.de
Links zu den deutschen Museen im Internet.

Virtueller Museumskatalog für Deutschland
http://www.hco.hagen.de/germany.html

Die Expo 2000
http://www.expo2000.de

Das Deutsche Museum
http://www.deutsches-museum.de
Mit Links zu anderen Museen.

The British Museum (E)
http://www.british-museum.ac.uk

The Smithsonian Institution (E)
http://www.si.edu/organiza/start.htm
Startseite zu 16 Museen und Gallerien sowie zu Forschungsabteilungen und zum „National Zoo".

American Museum of Natural History (E)
http://www.amnh.org

The National Musem of Science and Industry, London (E)
http://www.nmsi.ac.uk

Der Louvre (F/E)
http://www.louvre.fr

The Metropolitan Museum of Art (E)
http://www.metmuseum.org/

Detroit Institute of Arts (E)
http://www.dia.org
Online-Ausstellung klassischer Kunst.

8.36 Sport

8.36.1 Allgemein

Yahoo-Katalog: Sport
http://www.yahoo.de/Sport_und_Freizeit/Sport/

Yahoo-Katalog: Sports (E)
http://www.yahoo.com/Recreation/Sports/

DINO-Katalog: Sport
http://www.dino-online.de/sport.html

Sportbox
http://www.sportbox.de
Infocenter zum Thema Sport: Nachrichten, Sportmedizin, Sportmanagement, Sportartikel News,
Sport-Links Deutschland und International, Literatur, Verbände und Vereine sowie Auszüge aus
dem Sport-Kompendium von Peter Casper. Darin fachwissenschaftliche Informationen zu:
– (fast) allen Sportarten (Bedeutung, Idee, Techniken, Ausrüstung, Geschichte etc.)
– Training und Wettkampf (Ausdauer-, Schnellkraft-, Spiel-, Technisch-akrobatische Sportarten
und Zweikampfsportarten, Biomechanik in den Sportarten)
– Ernährung (Ernährungsphysiologische Grundlagen und Aspekte für die sportliche Aktivität,
das Training und den Wettkampf)

Sportpädagogik Online – Sportunterricht im Internet
http://www.sportpaedagogik-online.de
Umfassende Startseite zu sportpädagogischen Informationen, Artikeln zum Sportunterricht,
Vorschlägen für Unterrichtseinheiten, Unterrichtsmaterial; eigenes Material von Rolf Dober und
viele Links.

Die schnelle Sportstunde
http://members.aol.com/kakoja/
Grundkurs-Entwürfe für Fußball und Fitness/Aerobic, Stundenentwürfe für Basketball, Fußball,
Handball, Volleyball, Dreisprung, Turnen und Links; von G.Buettner.

Deutscher Sportlehrerverband
http://www.dslv.de/homepage.htm
Mit der Zeitschrift „Sportunterricht".

Sport1
http://www.sport1.de/
Professionelles Online-Magazin (Kooperation von SAT1, DSF und Sport-Bild) mit aktuellen
Nachrichten, Berichten, Daten etc.

Sport im deutschen Internet
http://www.sport.de/

8.36.2 Sportarten

Deutscher Sportbund
http://www.dsb.de

Sportbox-Kompendium: Ausdauersportarten
http://www.sportbox.de/Kompendium/ktiii10.htm
Leistungs-, entwicklungs- und trainingskennzeichnende Merkmale.

Sportbox-Kompendium: Schnellkraftsportarten
http://www.sportbox.de/Kompendium/ktiii24b.htm
Krafttraining, athletische Ausbildung, Übungen, Training, Verhütung von Verletzungen etc.

Sportbox-Kompendium: Zweikampfsportarten
http://www.sportbox.de/Kompendium/ktiii5a.htm
Beispiel Fechten: Anforderungen, Training, Kontrolle, Motivation etc.

Sportbox-Kompendium: Biomechanik in den Sportarten
http://www.sportbox.de/Kompendium/ktiii7a.htm
Untersuchungsmethoden, Messgrößen, Biomechanik in den Zweikampfsportarten etc.

8.36.2.1 Fußball

Deutscher Fußballbund
http://www.dfb.de

Fußball
http://www.fussball.de

Sport1: Fußball (ehemals: www.ran.de)
http://www.sport1.de/Fussball/News/NewsMain.html

8.36.2.2 Tennis

Deutscher Tennisbund
http://www.dtb-tennis.de

Tennis: ATP-Tour der Herren (E)
http://www.atptour.de

Tennis: WTA-Tour der Damen (E)
http://www.wtatour.com

Wimbledon Tennis (E)
http://www.wimbledon.org

Tennis: Kognitive Strukturen beim Tennis-Lernen
http://www.uni-kassel.de/fb3/psych/pers/zimmermann/spopsy/11-55/feld-12.htm

8.36.2.3 Basketball, Volleyball, Handball

Deutscher Basketballbund
http://www.basketball-bund.de

Deutscher Volleyball-Verband
http://www.volleyballverband.de

Deutscher Handballbund
http://www.dhb.de

8.36.2.4 Leichtathletik

Deutscher Leichtathletik-Verband
http://www.dlv-sport.de/

Leichtathletik in der Schule
http://members.aol.com/rolfdober/sportpaed/leicht.html

Dreisprung in der Schule
http://members.aol.com/sportpaed/dreispr/index.html

Hochsprung im Sportunterricht
http://members.aol.com/sportpaed/hoch/index.html

Hürdenlauf im Sportunterricht
http://members.aol.com/sportpaed/hrde/index.html

8.36.2.5 Schwimmen

Deutscher Schimmverband
http://www.dsv.de/

Kraulschwimmen lernen
http://members.aol.com/sportpaed/sw/kraul.html

8.36.2.6 Gymnastik

Sportbox-Kompendium: Rhythmische Sportgymnastik
http://www.sportbox.de/Kompendium/ktiii4a.htm
Entwicklungsstand und Tendenzen, Anforderungen, Training, tänzerische Ausbildung, technische Vorbereitung, Aufbau, Spezialisierung etc.

Dehn- und Kräftigungsgymnastik
http://www.vereine.comcity.de/shrj/stretching.html

8.36.2.7 US-Sportarten

Sports Illustrated (E)
http://www.cnnsi.com
Nachrichten und Infos zum US-Sport.

National Basketball Association NBA (E)
http://www.nba.com

National Football League (E)
http://www.nfl.com

National Hockey League (E)
http://www.nhl.com

Major League Baseball (E)
http://www.majorleaguebaseball.com

Baseball als Schulsport
http://www.asn-sbg.ac.at/schulen/htlsaal/base.html

8.36.3 Weitere Unterrichtsideen und Lernhilfen

Animierte Lehrbildreihen
http://members.aol.com/sportpaed/anspogif/index.html
http://members.aol.com/sportpaed/anspogif/laani.html
Animationen (GIF-Dateien) zu Leichtathletik, Handball, Schwimmen, Skifahren, Volleyball, Tennis, Badminton.

Internet und Sportunterricht
http://www.math.uni-goettingen.de/schiedek/AVMedien.html
http://members.aol.com/rolfdober/sportpaed/konzept.html
Seminararbeit und Einführung.

Bewegungsanalyse und -korrektur per Video
http://www.uni-koblenz.de/~dkthron/cube/mivip.html

LdL im Sportunterricht
http://www.ldl.de/material/berichte/sport/sport.htm
Erfahrungsberichte und Material für den Einsatz der LdL-Methode (Lernen durch Lehren) im Sportunterricht.

Sport und Gesundheit
http://members.aol.com/sportpaed/gesund/index.html
Zur Gesundheit als Zielsetzung des Sportunterrichts.

Sportbox-Kompendium: Psychologie im Sport
http://www.sportbox.de/Kompendium/ktiii6a.htm

Sportpsychologie
http://www.uni-kassel.de/fb3/psych/pers/zimmermann/spopsy/inhalt.htm
Einführung und Links.

Erste Hilfe für das Kind
http://home.t-online.de/home/planger/fon.htm

9. Anhang

9.1 Glossar

<u>Account</u> – Konto, d.h. Zugang zu einem Online-Dienst oder Internet-Provider.

<u>ActiveX</u> – von Microsoft entwickelte Technologie zur Steuerung interaktiver Inhalte, vor allem für das <u>World Wide Web</u>.

<u>ADSL</u> (Asymmetric Digital Subscriber Line) – Übertragungssystem, das über die herkömmliche analoge Telefonleitung durch Ausschöpfung ungenutzter Frequenzen Datenübertragungsraten von 32 KBit/s bis zu 8,192 MBit/s ermöglicht (in einer Richtung, vorzugsweise für die Übertragung von Daten von Provider bzw. Vermittlungsstelle zum Heim-PC; für die andere Richtung steht eine Rate von bis zu 1,088 MBit/s zur Verfügung).

<u>AOL</u> (America Online) – zur Zeit größter Online-Dienst amerikanischen Ursprungs, inzwischen mit deutschem Ableger durch die Bertelsmann AG. Übernahm auch den ehemaligen Konkurrenten Compuserve, der sich eher als Provider für professionelle Kunden versteht.

<u>Applet</u> – in <u>Java</u> programmiertes Programm, üblicherweise Teil einer <u>Web-Seite</u>.

<u>Baud</u> – Maß für die Geschwindigkeit der Datenübertragung: 1 Baud = 1 Bit pro Sekunde.

<u>Bookmark</u> – ein Lesezeichen, das die Adresse einer angewählten WWW-Seite speichert, so dass diese beim nächsten Mal schneller aufgerufen werden kann.

<u>Browser</u> – die Bedienungssoftware für das World Wide Web sowie für andere Internet-Funktionen. Je nach Ausstattung ermöglicht ein Browser z.B. auch Email, FTP und Gopher.

<u>BTX/BTX-plus</u> – siehe T-Online

<u>CGI</u> – CGI-Skripte sind kleine Programme auf Web-Servern, die vom Benutzer im Browser eingegebene Daten, z.B. bei der Suche in einem Schlagwortkatalog, aufnehmen, verarbeiten und eine entsprechende Antwort zurückschicken (z.B. das Suchergebnis).

Client – grundsätzlich jedes Programm, das auf dem eigenen Rechner installiert ist und in der Kommunikation innerhalb eines Datennetzes zum Einsatz kommt. Das Gegenstück ist ein Server.

Compuserve – großer amerikanischer Online-Dienst mit Profil eher für professionelle Anwender; inzwischen von AOL übernommen, aber immer noch eigenständig aktiv.

Content Provider – Anbieter von Inhalten, die über Medien wie TV, CD-ROM oder Internet verbreitet werden; z.b. Wissens-, Lern- und Unterhaltungsangebote.

Cyberspace – Meist werden die Online-Dienste, das Internet und vor allem das WWW als "Cyberspace" bezeichnet. Grundsätzlich kann jedoch auch ein virtueller, d.h. mit dem Computer künstlich erzeugter Raum gemeint sein. Der Begriff "Cyberspace" stammt aus dem Roman "Neuromancer" von William Gibson. Der Roman thematisiert das Leben in einer Gesellschaft, in der alle Computer der Welt zu einem gigantischen Netzwerk zusammengeschlossen sind.

Decoder – ein Computerprogramm zur Anwahl und Bedienung eines Online-Dienstes.

DFÜ – Datenfernübertragung.

Domäne/Domain – die eindeutig identifizierbare eines Servers im Internet, z.B. www.cybrary.de.

Download/downloaden – das Herunterladen einer Datei auf den eigenen PC. Bei diesem Vorgang schickt ein Server aus dem Datennetz eine Kopie der angeforderten Datei an Ihren PC.

E-Commerce – elektronischer Handel, d.h. das Ein- und Verkaufen über Datennetze, vor allem das Internet (auch "Online-Shopping").

Email – elektronische Post, die über Datennetze ausgetauscht wird.

Emoticon – ein kleines grafisches Zeichen (Icon), das aus Tastaturzeichen gebildet wird; mit nach links geneigtem Kopf gelesen, vermittelt es einen Eindruck über die Emotionen oder die Persönlichkeit eines Autors/Sprechers. Emoticons werden besonders häufig in Emails, Artikeln und Chat-Beiträgen verwendet.

FAQ (Frequently Asked Questions) – eine Auflistung häufig gestellter Fragen zu einem bestimmten Thema; häufig auf WWW-Seiten und Newsgruppen zu finden, um Einsteigern einen ersten Einblick und Hilfestellung zu verschaffen.

Favorit – Bezeichnung des Microsoft Internet Explorers für ein Lesezeichen; dieses speichert die Adresse einer angewählten WWW-Seite, so dass sie beim nächsten Mal schneller aufgerufen werden kann.

Flatrate/Flatrate-Tarif – Pauschaltarif, der alle anfallenden Kosten bei einem Vorgang, z.b. bei der Nutzung eines Internet-Providers, abdeckt; streng genommen müsste ein Flatrate-Tarif nicht nur alle Nutzungsgebühren, sondern auch die anfallenden Telefonkosten beinhalten.

Frames – Rahmen, die WWW-Seiten in mehrere Fenster aufteilen. Sie können von älteren Browsern oft nicht dargestellt werden (Explorer und Navigator ab Version 3).

FTP (File Transfer Protocol) – eine besondere Übertragungsart von Daten im Internet, mit deren Hilfe Dateien von einem anderen Computer im Internet abgerufen und auf den eigenen PC heruntergeladen werden -> Download.

Gopher – durch diese Internet-Funktion erhält man Zugriff auf spezielle Server, die als riesige Datenarchive dienen. Meist enthalten diese Archive große Textsammlungen, die man wie die Verzeichnisstruktur auf dem eigenen Computer durchsuchen und aus denen den gewünschten Text einfach herunterladen kann.

Homebanking – die Verwaltung von Bankgeschäften vom PC aus; trotz des aufkommenden Internet-Banking immer noch eine Domäne von T-Online.

Homepage – die Hauptseite eines WWW-Anbieters, auf der ein Besucher im Regelfall ankommt. Von hier aus gelangt er zu den einzelnen, spezifischen Angeboten. Eine Homepage ist so etwas wie die Empfangshalle oder das Foyer einer Web-Site.

HTML (Hypertext Markup Language) – das Format, in dem Seiten für das World Wide Web geschrieben sind und übertragen werden.

HTTP (Hypertext Transfer Protocol) – Protokoll für die Datenübertragung im World Wide Web.

Hyperlink – Verknüpfung mit einer Web-Seite, die beim Anklicken des Hyperlinks aufgerufen wird. Hyperlinks sind normalerweise durch eine blaue Unterstreichung gekennzeichnet.

Hypertext – Text auf dem Computer, der Querverweise (sogenannte Hyperlinks) auf weitere Dokumente enthält; klickt man ein solches Link mit der Maus an, gelangt man zu dem Dokument, auf welches das Link verweist.

IBM-kompatibler PC – zu dem Urmodell des Personal Computers der Firma IBM kompatibler Computer, der mit dem Betriebssystem MS-DOS, Windows oder OS 2 läuft. Der allgemein nur "PC" genannte Computer ist nicht mit Apple-Computern kompatibel, d.h. die Programme sind nicht einfach zwischen den Systemen austauschbar.

Internet-Banking – Homebanking über die Dienste des Internet; scheint in bezug auf die Sicherheit der Daten noch zu angreifbar, um empfohlen werden zu können. Eine Alternative ist das Homebanking über T-Online, das als sicher gilt.

IP (Internet Protocol) – technische Spezifikation für die Art, in der Daten im Internet übertragen werden.

ISDN (Integrated Services Digital Network) –Telefonkabelnetze, die keine Töne mehr übertragen, sondern digitale Daten. Kennzeichen solcher Netze sind eine höhere Übertragungsgeschwindigkeit und -kapazität. Da über ISDN in einer Sekunde wesentlich mehr Daten übertragen werden können als über das alte, analoge Telefonnetz, ist auch die Übertragungsqualität besser: Die Stimme wird deutlicher und klarer. Den Austausch von Computerdaten über Internet etc. unterstützt ISDN durch seine hohe Geschwindigkeit.

ISDN-Karte –Einsteckkarte für den PC, mit deren Hilfe der Computer mit dem ISDN-Telefonanschluss verbunden wird.

Java – von Sun entwickelte Programmiersprache, die auf einem Bytecode (statt Maschinencode) aufbaut und daher prinzipiell auf jedem Computersystem lauffähig ist; Java wird insbesondere für die Erstellung von Programmen auf Web-Seiten benutzt.

kompatibel – zueinander passend, einem bestimmten System angepasst. Computer benötigen Daten in einem festgelegten Format, um sie zu verstehen. Liegen die Daten in einem anderen Format vor, kann der Computer sie nicht verarbeiten. So kann ein IBM-kompatibler PC normalerweise keine Programme oder Daten von einem Apple-Computer lesen. Man sagt dann auch, die Computer seien zueinander nicht kompatibel.

Konto – Zugang zu einem Online-Dienst oder Internet-Provider.

Lesezeichen – speichert die Adresse einer angewählten WWW-Seite, so dass diese beim nächsten Mal schneller aufgerufen werden kann.

Link – Verknüpfung mit einer Web-Seite, die beim Anklicken des Hyperlinks aufgerufen wird. Links (auch "Hyperlinks") sind normalerweise blau gekennzeichnet.

Modem – ein Zusatzgerät für den PC, das Daten in Töne umwandelt und ins Telefonnetz schickt. Umgekehrt wandelt das Gerät auch Töne aus der Telefonleitung in Daten um, damit sie im Computer verarbeitet werden können. Daher auch die Abkürzung Modem für MODulator-DEModulator.

Netiquette – der Online-Knigge: Verhaltensregeln für jeden Teilnehmer des Internet bzw. der Online-Dienste.

Newsgruppen/Newsgroups – Diskussionsforen im Internet in Form von elektronischen Texten (Artikel). Die Artikel einer Newsgruppe werden in eine Liste eingeordnet, aus der jeder Internet-Benutzer einen Artikel aufrufen und lesen kann. Ebenso kann der Benutzer eigene Artikel in der Newsgruppe postieren. Eine guter Vergleich sind Pinnwände.

online – grundsätzlich: mit einem Computer verbunden; "online" zu sein bedeutet heutzutage vor allem, im Internet präsent zu sein oder einen Internet-Anschluss zu besitzen.

Online-Dienst – Anbieter von Informationen und Kommunikationslösungen, die in einem eigenen Datennetz des Dienstes oder im Internet angeboten werden.

PGP (Pretty Good Privacy) – Verschlüsselungsmethode für Emails.

Plug-in – Zusatz-Softwaremodul für den Browser, um besondere Inhalte (wie z.B. Audiodateien oder Videos in einem bestimmten Format) wiedergeben zu können.

PPP (Point to Point Protocol) – Übertragungsprotokoll für den Verbindungsaufbau zwischen PC und Internet-Provider.

Protokoll – ein Format, in dem Daten im Internet übertragen werden oder abgerufen werden können. Das IP = Internet Protocol ist die generelle Übertragungsart von Daten im Internet. Über das FTP = File Transfer Protocol können Dateien von einem anderen Computer im Internet abgerufen und übertragen werden.

Provider – ein Dienstleister, der dem Kunden Zugang zum Internet verschafft; und zwar in Form einer Telefonnummer, die der Kunde per Modem oder ISDN-Karte anwählen kann und über welche er ins Internet gelangt.

Server – ein Computer, der Daten in ein Netzwerk speist und den Datenverkehr steuert. Im Regelfall sehr leistungsstarke (Groß-)Rechner.

Service-Provider – siehe Provider

Site/Web-Site – das Angebot eines Unternehmens, einer staatlichen Institution, Bildungseinrichtung, Vereinigung oder Privatperson im World Wide Web. Eine Web-Site besteht meist aus mehreren Seiten, die von der Homepage aus aufgerufen werden.

SSL (Secure Socket Layer) – verschlüsseltes Protokoll für die Übertragung von sensiblen Daten, z.B. beim E-Commerce.

Surfen – Modewort für den Aufenthalt eines Benutzers im Internet, vor allem im World Wide Web.

TCP/IP (Transport Control Protocol/Internet Protocol) – Basisprotokoll für die Übertragung von Daten im Internet.

T-Online – rein deutschprachiger Online-Dienst der Deutschen Telekom AG (ehemals BTX); ca. 2,5 Million Mitglieder.

URL (Uniform Resource Locator) – die Adresse eines Servers bzw. eines dort abrufbaren Dokuments im Internet. Eine WWW-Adresse sieht z.B. folgendermaßen aus: http://www.coca-cola.com

Viren – kleine Programme, die sich selbständig an Dateien anhängen und so in Computersysteme eindringen; dort beeinträchtigen sie den Ablauf des Systems bis hin zur Zerstörung von Daten.

WAP (Wireless Application Protocol) – Protokoll zur Datenübertragung zwischen mobilen Geräten, v.a. zur Nutzung von Webseiten mit Handys.

Web-Seite/Web-Site – ein Dokument im WWW, das sich beim Aufruf als Seite mit Text, Grafiken und sogar Animation oder Ton darstellt; auch: das gesamte Angebot eines Unternehmens, einer staatlichen Institution, Bildungseinrichtung, Vereinigung oder Privatperson im World Wide Web des Internet. Eine Web-Seite oder -Site besteht dann meist aus mehreren Seiten, die von der Homepage aus aufgerufen werden.

World Wide Web (WWW oder W3) – ein Teilnetz des Internet, in dem Dokumente von einem anderen Computer abgerufen und auf den eigenen PC (für die Zeit der Ansicht) übertragen werden. Diese Dokumente können Text, Bilder, Ton und sogar Videos enthalten. Sie sind in einem speziellen Format verfasst, dem HTML-Format.

9.2 Weiterführende Literatur

Bergmann, Wolfgang: Computerkids – Die neue Generation verstehen lernen. Kreuz, Zürich 1996.

Bertelsmann Stiftung: Computer, Internet, Multimedia – Potentiale für Schule und Unterricht – Ergebnisse einer Schul-Evaluation. Verlag Bertelsmann Stiftung, Gütersloh 1998.

Dertouzos, Michael: What Will Be – How the New World of Information Will Change Our Lives. HarperEdge/Harper Collins, New York 1997.

Döring, Nicola: Sozialpsychologie des Internet. Hogrefe Verlag, Kornwestheim 1999.

Donath, Reinhard & Volkmer, Ingrid: Das Transatlantische Klassenzimmer. Edition Körber-Stiftung, Hamburg 1997.

Dyson, Esther: Release 2.0. Die Internet-Gesellschaft. Spielregeln für unsere digitale Zukunft. Droemer, München 1997.

Gates, Bill: The Road Ahead. Viking Penguin, New York 1995. *deutsch:* Der Weg nach vorn – Die Zukunft der Informationsgesellschaft. Heyne, München 1997.

Gershenfeld, Neil: Wenn die Dinge denken lernen. Econ, München 1999.

Gibbson, William: Neuromancer (Science-Fiction-Roman -> Prägung des Begriffs „Cyberspace".). Heyne, München 1985.

Gilster, Paul: Digital Literacy. Wiley, New York 1997.

Hasebrook, Joachim: Multimedia-Psychologie. Spektrum Akademischer Verlag, Heidelberg 1995.

Johnson, Steven: Interface Culture – How New Technology Transforms the Way We Create and Communicate. Harper, San Francisco 1997. *deutsch:* Interface Culture. Wie neue Technologien Kreativität und Kommunikation verändern. Klett-Cotta, Stuttgart 1999.

Katz, Jon: How Two Lost Boys Rode the Internet Out of Idaho. Villard, 2000.

Kofler, Michael: Linux. Installation, Konfiguration, Anwendung. Addison-Wesley, München 1999.

Krämer, Sybille: Medien, Computer, Realität. Suhrkamp, Frankfurt/Main 1998.

Luhmann, Niklas: Die Realität der Massenmedien. Westdeutscher Verlag, Wiesbaden 1999.

Lynch, Patrick J.: Erfolgreiches Web-Design (Humboldt Taschenbücher). Humboldt-Taschenbuch-Verlag, München 1999.

Münz, Stefan & Nefzger, Wolfgang: HTML 4.0 Handbuch. Franzis, Feldkirchen 1998.

Neuberger, Christoph & Tonnemacher, Jan: Online – Die Zukunft der Zeitung? Westdeutscher Verlag, Opladen 1999.

Postman, Neil: Wir amüsieren uns zu Tode – Urteilsbildung im Zeitalter der Unterhaltungsindustrie. S.Fischer, Frankfurt/Main 1985.

Postman, Neil: Das Technopol – Die Macht der Technologien und die Entmündigung der Gesellschaft. S.Fischer, Frankfurt/Main 1992.

Reeves, Byron & Nass, Clifford: The Media Equation – How People Treat Computers, Television, and New Media Like Real People. Cambridge University Press, New York 1996.

Runkehl, Jens: Sprache und Kommunikation im Internet. Überblick und Analysen. Westdeutscher Verlag, Wiesbaden 1998.

Rushkoff, Douglas: Playing the Future – How Kids can teach us to thrive in an age of chaos. Harper Collins, New York 1996.

Schmid, Hans-Christian & Gutmann, Michael: 23 – Die Geschichte des Hackers Karl Koch. DTV, München 1998.

Seabrook, John: Deeper – my two-year odysee in cyberspace. Simon & Schuster, New York 1997. *deutsch*: Odyssee im Cyberspace. Leben in virtuellen Welten. Metropolitan, Düsseldorf 1997.

Stoll, Clifford: Die Wüste Internet – Geisterfahrten auf der Datenautobahn. S.Fischer, Frankfurt/Main 1998.

Stoll, Clifford: Kuckucksei. S.Fischer, Frankfurt/Main 1998.

Thiemann, Uwe: Microsoft Frontpage – Das Handbuch. Microsoft Press, München 1999.

Thiemann, Uwe: Microsoft Frontpage 2000 auf einen Blick. Microsoft Press, München 2000.

Zimmermann, Philip [et.al.]: PGP – Pretty Good Privacy – Der Briefumschlag für Ihre elektronische Post. Art D'Ameublement, Bielefeld 1999.

9.3 Danksagung

Mein Dank gilt in diesem Jahr besonders meinen Söhnen: dem älteren dafür, dass er manchen Computermarathon auf unnachahmliche Art und Weise beendet (sorry, wenn Sie auf das Buch warten mussten); und dem jüngeren dafür, dass er Tastenkombinationen entdeckt, von denen ich nie wusste, dass es sie gibt.
An alle anderen: *If you wonna run cool, you've got to run … on heavy heavy fuel!!*

                                                                                J.H.